책을 통해서 만날 수 밖에 없는
현실이지만, 머지않아 독자들을
직접 만날 수 있기를 희망하면서
멀리서나마 따뜻한 마음의 인사를
보냅니다.

송 두 율

불타는 얼음

# 불타는 얼음

경계인 송두율의 자전적 에세이

1판1쇄 | 2017년 3월 27일

지은이 | 송두율

펴낸이 | 정민용
편집장 | 안중철
편집 | 윤상훈, 이진실, 최미정
표지디자인 | 공미경

펴낸 곳 | 후마니타스(주)
등록 | 2002년 2월 19일 제300-2003-108호
주소 | 서울 마포구 양화로 6길 19(서교동) 3층
전화 | 편집_02.739.9929/9930 영업_02.722.9960 팩스_0505.333.9960

블로그 | humabook.blog.me
페이스북 | facebook.com/humanitasbook
트위터 | @humanitasbook
이메일 | humanitasbooks@gmail.com

인쇄 | 천일_031.955.8083 제본 | 일진_031.908.1407

값 18,000원

ⓒ 송두율
ISBN 978-89-6437-272-2 03300

이 도서의 국립중앙도서관 출판예정도서목록(CIP)은 서지정보유통지원시스템 홈페이지(http://seoji.nl.go.kr)와
국가자료공동목록시스템(http://www.nl.go.kr/kolisnet)에서 이용하실 수 있습니다.(CIP제어번호: CIP2017007029)

# 불타는 얼음

경계인 송두율의 자전적 에세이

송두율 지음

후마니타스

# 차례

아내와 두 아들에게

# 들어가면서

서울구치소에 있을 때 내가 스스로 짠 하루 일과표에는 독서 시간이 들어 있다. 오전에는 주로 재판 관계로 바빴고 오후가 되어야 차분히 책을 읽을 수 있었다. 전공인 철학이나 사회과학보다는 종교나 문학 그리고 예술 관련 서적들이 가슴에 더 와닿는 상황이었기 때문에 이런저런 주제를 떠올리며 가족이나 친지에게 책들을 부탁했다. 마침 독일에 잠시 들렀다 서울에 다시 온 둘째 아들 린이 내가 부탁한 파블로 네루다Pablo Neruda의 회고록인 『내가 살아온 삶을 고백한다』 *Confieso que he vivido*의 독일어 번역판을 들여보냈다. 처음 1974년에 스페인어로 출간된 이 자서전은 비교적 늦은 1989년에야 독일어로 번역되었다. 우리말 번역본은, 내가 다시 독일로 돌아온 후인 2008년에 『파블로 네루다 자서전 : 사랑하고 노래하고 투쟁하다』(민음사)라는 제목으로 출간되었다.

박해받는 자들을 위한 그의 삶은 투쟁과 망명으로 점철되었지만, 시詩라는 무기를 들고 생의 마지막까지 싸울 수 있었던 이 위대한 칠레 민중 시인의 회고록은 내게 큰 감동을 지폈다. 나는 아내에게 보낸 편지에서도 이런 감동을 전하며, 언젠가 나도 그런 작품을 쓰고 싶다는 욕심을 토로했다. 시와 추억과 고백으로 자신의 색깔과 향기를 발산하는, 하나의 거대한 화폭인 이 작품은 내게 동기를 부여했다. 그러나 1971년에 노벨 문학상을 받은 작가이자 20세기가 낳은 걸출한 시인이었던 네루다의 회고록, 나도 그런 작품을 남기겠다고 생각한 것은 그저 욕심이었다. 이 회고록은 1973년 9월 11일, 모네다Moneda 궁에서 스스로 총을 들고 민중 정권을 지키다가 장렬하게 전사한 그의 친구 아옌데Salvador Allende 대통령을 추억하며 비통해 하면서 끝을 맺는데, 그 자신 또한 12일 뒤인 9월 23일 친구 곁으로 떠났다.

　　네루다의 회고록과 맥락은 다르지만 내게 중요한 시사점을 제공한 자서전이 또 하나 있다. 토마스 만Thomas Mann의 장남 클라우스 만Klaus Mann이 남긴 『전환점』Der Wendepunkt이라는 작품이다. 일제강점기에 조선 땅을 밟기도 했던 그는 자신이 직접 체험했던 제1차 세계대전과 제2차 세계대전 사이에 유럽 정신사를 관통했던 큰 흐름을 수려한 문장으로 그려 냈다. 이 책의 영어판은 미국에 망명 중인 1942년에 'The Turning Point'라는 제목으로 뉴욕에서 출판되었다. 독일어판은 그가 스스로 세상을 등진 후인 1955년에야 나왔다. 그러나 같은 기록이나 서술이라 할지라도 영미 독자들에게는 어렵거나 불편해서 특별히 부연했던 부분이, 독일의 독자들에게는 필요가 없었으므로 그대로 번역되지는 않았다.

　　클라우스 만은 프랑스 칸에서 삶의 마지막 순간을 보냈는데(이곳에는 그가 자주 찾았던 게이 바, 잔지바Zanzibar가 있었다), 독일 망명 문학의 정수라고 할 수 있는 이 작품의 말미에는 영어판에는 없는, 그가 생의 마지막에 어머니와 누이 에리카Erika Mann에게 보낸 많은 편지가 추가로 수록되었다. 모국어인 독일어로 어머니와, 가장 가까웠던 누이에게 쓴 편지를 외국어인 영어로 번역한다는 것 자체가 생뚱맞게, 심지어 희극적으로 보였을지도 모른다.

나도 이 문제를 두고 고민했다. 이 책도 원래는 독일 말로 쓰기 시작했다. 그러나 써가는 도중에, 독일어로 쓴 책을 후에 우리말로 그대로 옮기는 작업이 쉽지 않겠다는 생각이 들었다. 독일의 독자와 한국의 독자가 서로 다른 역사적·정치사회적 그리고 문화적 배경에서 자랐기 때문에 필자인 내가 직접 번역한다 하더라도 많은 문제가 있으리라 판단했다. 그래서 그때까지 작업했던 부분을 현재 독일어로 집필 중인 『현대성의 구성』Zur Konstitution der Moderne의 일부로 다시 작업하기로 하고, 지금 이 회고록을 준비하는 데 2016년 초부터 본격적으로 매달렸다. 이렇게, 네루다로부터 얻은 자극과 영감, 그리고 이중 언어 때문에 생기는 클라우스 만의 고민을 나름대로 이해하며 이 책을 내놓게 되었다.

말 그대로 자신의 삶을 자신이 서술하는 '자서전'이 아예 대필되는 경우도 있고, 소설적 요소를 가미하거나, 사실과 환상을 뒤섞어 이 둘 사이의 경계를 모호하게 만드는 경우도 있다. 전형적인 자서전이 연대기적으로 삶을 서술하는 것에 반해, 최근에는 자서전도 탈현대라는 시대적 조류 때문인지, 새로운 의미를 생산하는 서술 자체를 중시하고 자기 정체성과 역사도 아예 그 속에서 구성하는 방향으로 변하고 있다. 그러나 나는 이 둘을 절충해서 연대기에 따라 서술하면서도 그 속에서 내가 겪었던 사건의 의미를 재구성하려고 했다. 사실과 허구, 기억과 상상을 가르는 경계는 아직도 내 삶 속에서 분명하기 때문이다. 따라서 이 책의 부제를 '자전적 에세이'라고 했다.

2017년은 외국 땅에서 내가 햇수로 꼭 반세기를 보내는 해다. 그냥 보내기는 허전하여 지난날을 조용히 돌아보며 떠오른 생각들을 정리하는 일을 시작했다. 주위의 독일 동료들이 하나둘 내 곁을 떠나는 것을 보며, 더 늦기 전에 서둘러야 한다는 강박감도 생겨서 얼마 전부터 집중적으로 작업에 들어갔다. 이 책이 우리말로 남기는 나의 마지막 책이 될 것이라고 생각하니 정말 많은 상념들이 내 머리를 떠나지 않았다. 하지만 다행히 이를 헤치고 작업을 마칠 수 있었다.

무릇 인간관계에는 좋은 인연도 있고 나쁜 인연도 있다. 좋은 인연만을 기억하고 간직하고 싶지만 그렇지 못한 인연도 있게 마련이다. 그러나 빛이 있으면 그림자가 있듯이, 함께 안고 갈 수밖에 없다. 지구촌에서 갈등이 가장 첨예한 땅의 하나인 한반도를 반세기 전에 떠났기 때문에 일찍이 모든 것을 잊고 지낼 수도 있었지만, 나는 그렇게 하지 못했다. 아니 그럴 수 없었다. 그로 말미암아 생긴 여러 인연은, 그것이 선연이든 악연이든 이 책 속에 그대로 남기기로 했다.

앞에서도 언급했지만 나는 사실과 허구, 기억과 상상 사이의 경계선을 지키기 위해 글로 표현할 수 없는 부분들을 일종의 '병렬적 텍스트'Paratext라고 할 수 있는 사진의 도움을 빌리기로 했다. 그리고 우리 가족의 새로운 '경계인', 손자 유기를 위해 쓴 편지는 내가 미래 세대에게 띄우는 편지이기도 하다.

이 책은 먼저, 내가 지금까지 살아오면서 좋은 인연을 맺었던 모든 이들에게 바친다. 글을 쓰면서 나는 실로 무수한 사람들의 이름, 얼굴, 음성을 하나하나 떠올렸으며, 그때그때 맺었던 소중한 인연들을 내 기억으로부터 다시 불러냈다.

우리 부부를 두고 어떤 분이 '영원한 이상주의자들의 만남'이라고 말하기도 했지만, 이런 부부의 인연으로 인해 고행의 길을 함께 걸을 수밖에 없었던 동지인 아내, 그런 부모 곁에서 그리고 외국 땅에서 성장했지만 초지일관 자신이 가야 할 길을 가고 있는 두 아들, 준儁과 린麟에게 이 책을 바친다.

열두 권째이면서 동시에 마지막이 될, 이 우리말 단행본을 후마니타스가, 2007년 출간했던 『미완의 귀향과 그 이후』에 이어 출간하기로 했다. 당시 그 책의 출간을 둘러싼 갈등이 적지 않았음에도 불구하고 출판을 결단했던 후마니타스와 맺었던 좋은 인연의 연속이라고 생각하며 후마니타스의 건투를 진심으로 빈다.

대서양의 한 화산도火山島 테네리페Tenerife에서
2017년 새해의 해돋이를 보면서
송두율

# 제1부

# 꿈을 키우며

"외적 또는 내적인 사건이 안고 있는 영혼의 진실은
숭엄한 순간에 드러나는데
여기에는 도와주는 어떠한 손길도 필요 없다."
— 슈테판 츠바이크

## 기억 속에 없는 어머니

한 인간의 성장을 기록할 때 빠트릴 수 없는 중요한 시간은 유년기와 소년기일 것이다. 이 시기에 때로는 희미하게 때로는 강렬하게 인각된, 그 잊을 수 없는 순간들을 우리는 흡사 남몰래 숨겨 온 보물 상자를 열어 보듯이 잠시 꺼내 보곤 한다. 아련한 추억은 대체로 실제보다 더 아름답게, 또는 더 고통스럽게 여겨지지만 어떤 형태로든 오늘의 삶 속에 살아 있다. 우리 삶의 시작이자 많은 추억의 큰 원천은 무엇보다 '어머니'일 것이다. 그런데 내게는 그런 어머니에 대한 추억이 없다. 내가 두 살 반이 되었을 때 어머니가 세상을 떠났다. 기억의 편린조차 남기지 않고 떠났기에 나는 어머니에 대한 꿈을 한 번도 꾸어 본 적이 없다.

천주교 신자였던 친할아버지는, 내 어머니의 제사를 지내지는 않았지만 그날 항상 꽃을 준비했으므로 나는 기일을 기억할 수 있었다. 그러나 사진 없는 추모의 시간이었다. 이런 간략한 추모식도 할아버지가 1963년 겨울, 세상을 뜨시고 나서는 더 이상 없었다. 전쟁의 상흔에 이어 도시 개발로 모든 것이 변한 강릉 땅에서 나중에 아버지가 어머니의 흔적을 찾아보려 했지만 실패했다는 이야기도 어렴풋이 들렸다. 설사 찾았다 하더라도 외국에서 오랜 망명 생활을 하는 내가 쉽게 갈 수도 없었을 것이다.

1967년 여름, 나는 서독 유학길에 도쿄에 열흘 동안 머물 수 있었다. 출발하기 직전에, 아버지는 그곳에 아직 나의 외할머니와 이모 두 분이 살고 있다고 했다. 도쿄에 작은아버지와 고모 한 분이 계신다는 것은 알고 있었지만, 외가에 관한 이야기를 아버지로부터 직접 들은

외할머니, 두 이모와 함께(도쿄, 1967년 7월)

적은 없었다. 그때까지 그 이야기를 가슴속에 묻고 지내신 것은 아마도 내가 이미 그 사실을 알고 있었다고 생각하셨거나, 아니면 혹시라도 내가 성장기의 어려움에 부딪쳤을 때 일본에 있는 외가를 찾을까 우려하셨기 때문인 듯하다.

도쿄 하네다羽田 공항에 도착했을 때 스페인 여성처럼 선이 굵고 시원스럽게 생긴 여인이 자신이 후미코文子 막내 이모라고 하며 붉은 장미 꽃다발을 내 가슴에 안겨 주었다. 그러면서 돌아가신 어머니가 장미를 무척 좋아했다고 말했다. 외할머니, 그리고 어머니 바로 밑의 아이코愛子 이모와도 반가운 인사를 나누었다. 제주도가 고향이었던 외할머니는 물론, 두 이모들도 여전히 제주도 사투리와 억양을 간직하고 있었고, 우리말 단어가 선뜻 생각나지 않으면 일본말을 사이사이에 섞어 사용했다. 돌아가신 외할아버지가 우리말을 잊지 말아야한다고 고집해서 두 이모를, 당시 민족 교육을 중시했던 조선 학교에 보냈다고 했다.

하루코春子로 불렸던, 딸 셋 중 맏이였던 어머니는 아주 미인이어서 어린 나를 안고 시내에 나가면 모두 뒤돌아보았다고, 두 이모가 말해 주었다. 어머니 바로 위로는 오빠 한 분이 있었는데 태평양전쟁 시기 남양군도南洋群島에 끌려가 전사했다.

외할머니는, 어린 나를 안고 니가타新潟에서 귀국선에 올랐던 큰딸이, 조국 땅이지만 낯설고 물설은 외지인 강릉에서 나를 남겨 두고 사망했다는 소식을 접했을 때, 귀국을 반대하지 못한 것을 두고두고 후회했다며, 연구차 종종 일본에 들르던 아버지께 나를 보내 달라고 간청했다고 한다. 우리말과 풍습에 서툴러 객지에서 고생하다가 세상을 떠난 딸이 남긴 삶의 흔적을 가까이 두고 싶은 마음이었겠지만

어머니(1943년 10월)

아버지가 단호하게 거절했다는 이야기를, 외할머니는 섭섭했던 듯 전해 주었다. 여담이지만, 재일동포 작가 이회성 씨는 내가 만약 일본에서 성장했으면 어떻게 되었을지 상상해 보았는데, 아마 도쿄 대학 東京大學을 나왔다 해도 결국 불고깃집이나 했을 거라고 이야기한 적이 있다.

좌우간 그때 나는 난생처음으로 상상이 아닌 진짜 어머니 모습을 희미한 사진으로나마 대할 수 있었다. 색이 바랜 결혼사진이었지만 나는 어머니 얼굴을 확대한 사진을 그 뒤로 간직하고 있다. 우리 집을 방문한 많은 사람들은 이 사진을 보고 전형적인 동양 미인인 저 여성은 도대체 누구냐고 묻는다. 그리고 내 대답을 들으면 대개는 말문을 닫는다. 어머니를 너무 일찍 잃은 사람에 대한 일종의 예의였을 것이다. 그렇게 나는 어머니에 대한 기억을 하나도 갖지 못한 채, 해방 이후 함께 귀국한 조부모님과 작은아버지 그리고 작은 고모와 함께 살았다. 어머니와 사별한 후 아버지는 주로 서울에서 생활했기 때문이다.

할아버지는 내성적이었고, 할머니는 활달한 분이었다. 두 분이 일본으로 건너간 경위와 사정을 정확히는 잘 모르지만, 처음에는 오사카에서 살다가 나중에 도쿄로 이사를 갔다고 한다. 그 발단은 아버지 때문이었다. 아버지가 중학교에 다닐 때 성질 고약한 일본 학생들이 성가시게 굴자 아버지는 이들 중 한 녀석을 유도로 보기 좋게 내쳤다. 복수하겠다고 늘 칼을 품고 다니는 이들을 피해 도쿄로 황급히 이사를 갔다는 것이다.

아버지는 도쿄 물리학교에 진학했다. 이 학교는 꽤 유별난 학교였다. 도쿄 이과대학의 전신으로 일본이 메이지유신 이후 물리학, 화학,

수학 분야의 전문 엘리트를 양성하기 위해 1881년에 창립했으며, 일본에서 가장 오래된 자연과학계의 전문 사학私學이었다. 초대 총장이 프랑스 유학생 출신이어서 그런지 학사 행정도 자유로운 프랑스나 독일의 그것과 매우 유사했다. 입학은 쉬우나 졸업은 아주 힘들다고 소문이 났는데, 일본 근대문학의 선구자 나쓰메 소세키夏目漱石의 중편소설 『도련님』ぼっちゃん의 주인공 수학 교사도 이 학교 출신으로 설정되어 있다. 그러고 보니 아버지의 친구분들이었던, 한국의 물리학, 화학, 수학계의 제1세대에 속하는 많은 학자들이 이 학교 출신이었다.

## 한국 최초의 컴퓨터

1947년 봄 어머니와 사별한 뒤 아버지는 강릉에서 친구의 여동생을 만났고 그 뒤로 서울에서 생활했다. 이 여성이 나의 새어머니가 되었는데, 당시 서울대학교를 다녔던 미모의 재원이었다. 그러나 그분과 직접 대면한 것은, 한국전쟁이 장기적인 대치 국면으로 전환되면서 아버지가 광주의과대학(후에 전남대학교에 통합)에 물리학 교수로 부임할 때였다. 휴전이 성립되기 전이었으므로 모든 것이 불안정할 때였다.

초가을 어느 날이었다. 새어머니와 함께 길을 가다가 가시덤불 위에 빨간 고추잠자리 한 마리가 앉아 있는 것을 보았다. 내가 잠자리를 잡아 달라고 조르니 어머니가 잠자리를 잡다가 그만 가시에 손가락이 찔려 피가 났는데, 이 때문에 내심 미안했던 기억이 아직도 선명하다.

한국전쟁의 전선이 급속히 남쪽으로 이동하고 인민군이 광주를 점령했던 1950년 여름에 이미 나는 조부모님과 작은아버지, 그리고 전남여고를 다니는 작은 고모와 함께 광주에서 생활하고 있었다. 해방 후 물리학과 수학 분야의 교수나 전문 교원이 절대적으로 부족했으므로 전국적으로 아버지를 모시겠다는 쟁탈전이 벌어지자 아버지는 일본에 있던 20대 초반의 작은아버지를 한국으로 불러들였다. 수학을 전공한 작은아버지는 귀국해서 강릉여고, 이리농림, 마지막으로 광주서중에서 교편을 잡았다. 우리말을 잘하지는 못했지만 젊고 유능한 수학 교사였으므로 '아마노 보짱'*이라는 애칭으로 학생들 사이에 잘 알려졌다. 후에 내가 광주서중에 들어갔다는 소식을 일본에서 전해 듣고 작은아버지가 아주 기뻐했다고 한다. 작은아버지는 당시 양심적인 젊은 인텔리가 대부분 그랬듯이 부패하고 무능한 이승만 정권에 환멸을 느꼈고, 학생들 사이에서 '좌익 선생'으로 알려졌다. 내가 광주서중에 입학한 뒤, 작은아버지의 옛 동료였던 선생님이 "네가 '아마노 보짱' 선생의 조카냐?"며 놀란 표정을 짓던 모습이 아직도 생생하다.

작은아버지가 학생들을 가르칠 당시, 광주서중에서도 좌우익 학생들이 서로 극렬하게 대립했다고 한다. 이때 우파 학생 대표였고 학도호국단 총재 안호상으로부터 표창까지 받았던 배양태라는 사람이, 작은아버지가 좌익 학생을 두둔한다며 집에 와서 자주 행패를 부렸다고 할아버지가 전해 준 이야기가 생각난다.

---

* 아마노(天野)는 우리가 일본에서 사용했던 일본식 성(姓)이었고 '도련님'을 뜻하는 일본말 보짱(ぼちゃん)을 붙여 그렇게 불렀다.

작은아버지와 함께(도쿄, 2002년 12월)

어쨌든 작은아버지는 결국 전쟁이 끝나기 직전에 다시 일본으로 돌아갔고, 당시 가족의 생계를 돕기 위해 대학교수가 아니라 사업가의 길을 택했다. 수학자답게 매사에 정확했지만 모험심이 있어야 성공할 수 있는 사업계에서 작은아버지는 거부가 되지는 못했다. 그러나 생활은 상대적으로 안정되었으며, 서예 분야에서 남다른 실력을 발휘해 '선생' 칭호도 받았고, 텔레비전에 출연해 바둑 대국을 설명하는, 일본 아마 바둑계의 최강자 가운데 한 사람이 되었다. 작은아버지는 이후 나의 유학과 연구 생활을 물심양면으로 지원해 주었고, 내가 연구에 필요하다고 하면 아무리 비싸고 구하기 힘든 자료라 할지라도 공수해 주었다. 이런 작은아버지는, 자신은 한국에서도 잘살 수 있지만 형님이 일본에서 살았다면 마음고생하지 않고 훌륭한 학자로 일생을 편안하게 지냈을 것이라고 종종 내게 말했다. 아버지와 달리 작은아버지는 90세를 넘겨 장수하고 계시니 정말 다행이다.

언젠가 미국 뉴욕 주립대학 스토니부르크 분교에서 불교 철학을 가르치는 박성배 교수를 체코 프라하의 한 학회에서 우연히 만난 적이 있는데, 내게 아버지에 관한 일화를 들려주었다. 불교 철학을 전공하기 전에 광주의대를 다녔으며, 그때 아버지로부터 물리학과 수학을 배웠다는 것이다. 당시 "수학은 절대로 거짓말을 하지 않는데 수학을 싫어하는 한국 사람이 많다."는 아버지의 말을 그는 잊지 않고 있었다. 아버지로서는, 일본 사회에서 조선 사람으로 사는 것이 싫어서 귀국했으나 정작 조국의 말과 풍습에 적응하기 쉽지 않았을 것이고, 더욱이 일제로부터 해방되었다고는 하지만 일제를 대신한 미군정과 부패하고 무능했던 이승만 정권 아래 친일파들이 반공을 내세우며 다시 득세하고 있는 현실을 보면서 그렇게 표현했는지도 모르겠다.

아버지는 물리학자였지만 발명가이기도 했다. 아버지가 한국 최초의 컴퓨터를 발명한 계기가 있어 그 일화를 소개한다. 어느 날 아버지는 서울에서 교통사고를 당해 병원에 입원했는데, 병원의 한 간호사가 우리말이 서툰 그에게 한글을 가르쳐 주었다. 이때 그는 한글의 과학적 구조를 발견하고 이를 기계화해야겠다는 구상을 했다. 그 뒤로 아버지는 집중적으로 한글 타자기 개발에 몰두했고, 마침내 개발에 성공해, 1949년 10월 경복궁에서 열렸던 제1회 전국과학전람회에 출품했다. 한글 타자기를 최초로 발명한 사람은 안과의사 공병우씨로 알려져 있지만 기록에 따르면 당시 아버지와 공병우 씨의 한글 타자기는 동시에 입상했다. 그 뒤로 공병우 씨는 수동식 타자기를 꾸준히 개발하고 시장화했지만, 아버지는 수동식 타자기보다는 텔레타이프라이터를 개발해 머지않아 도래할 정보 통신 시대에 맞는 한글의 기계화에 주력했고, 1958년 개발에 성공했다.

그러나 당시 국가나 대학의 지원이 전혀 없는 상황에서 지속적인 연구 개발을 위해서는 일본에 가야 했는데, 한일 간에는 국교도 없었으므로 모든 것이 수월하지 않았다. 아버지가 연구 때문에 일본으로 건너가 있을 동안 어머니는 두 동생을 데리고 제주도로 내려가 신성여고에서 교편을 잡았다. 제주도에는 교육계에 아버지의 지인들이 많아서 어머니가 직장 생활을 하기에 그쪽이 오히려 편했던 것이다.

이런 어려운 조건 속에서 아버지는 일본 오키덴키沖電氣의 협력으로 오늘날 우리가 사용하는 한글 컴퓨터의 길을 열었다. 이 두벌식 전신 타자기의 발명을 두고, 당시 『동아일보』는 "송 타자기는 일종의 기계뇌 장치에 의한 사고하고 판단하는 기계라는 점에 각계의 경이와 절찬을 모으고 있다."고 소개했으며, "이 타자기의 발명으로 말미암아 우리의 자랑인 한글 문자가 세계를 향하는 혁명이라고 말할 수 있다."는 전문가의 평을 실었다("경이적 한글 타자기 완성", 『동아일보』 1956/01/30).

1967년 아이비엠IBM이 도입되면서 한국에서 처음으로 컴퓨터를 사용하게 되었다는, 종래의 잘못된 과학 기술사를 교정해야 한다는 보도는 2007년 초여름에야 나왔다.

한국에서 개발한 첫 컴퓨터는 어떤 것이고, 누가 개발했을까. 최근 한양대가 1962년 당시 이 대학 이만영(현 경희대 석좌교수) 교수가 개발한 것이 한국 최초의 컴퓨터라고 공개했다. 그러나 그보다 4년이나 앞선 58년 개발된 컴퓨터가 있다는 사실이 처음으로 밝혀졌다. 개발자는 당시 전남대 물리학과 송계범(작고) 교수다.

송 교수는 재독 철학자이면서 반체제 인사로 널리 알려진 송두율 교수의 아버지이기도 하다("IT 코리아 역사 바뀌나", 『중앙일보』 2007/06/01).

여담이지만, 이 기사에 달린 댓글들이 무척 재미있었다. 그중에는 "훌륭한 일을 하셨는데 왜 빨갱이 간첩 새끼는 낳았지요?"라는 글도 보여 나 혼자 웃은 적이 있다.

어떻든 아버지에게는 집념에 찬 연구 생활이 삶의 모두였지만 정치적인 문세에도 예민한 감각을 가졌고, 그 때문에 이래저래 마음고생도 많았다. 한글 텔레타이프라이터의 개발에 성공한 이후, 지방에 있는 것이 아무래도 개발된 기계의 보급 사업 등에 여러모로 불편해서 전남대학교 교수직을 사직하고 1959년 당시 서울 문리대와 법대

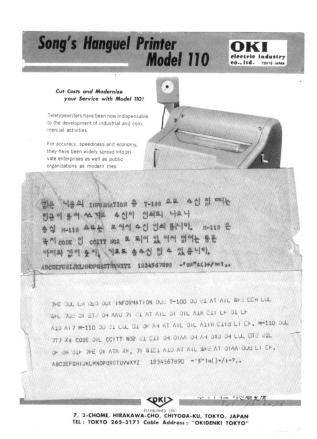

'전기뇌'가 설치된 한글 텔레타이프라이터 M-110(1963년).
당시 체신부·내무부·국방부·한국은행 등에서 사용했다. 후에 M-300, SK-4550,
SK-4551 등의 모델이 뒤따랐다.

우리나라의 최초의 컴퓨터인 한글 텔레타이프라이터에 대한 보도(『경향신문』 1958/12/02)

사이에 있었던 중앙공업연구소로 자리를 옮겼다. 그리고 이듬해에 전 가족이 서울로 이사했다. 그 뒤로 연구에 전념한 아버지는 당시로서는 한국에서 가장 권위 있었던 3·1문화상(1961년)과 대한민국 발명상(1966년)을 수상했다.

## 평범한 모범생

한국전쟁의 전선이 교착상태에 빠진 1951년 봄, 나는 광주 중앙국민학교에 입학했다. 해방 전에는 일본 학생들이 주로 다녔으며 수영장까지 딸린 큰 학교였다. 국민학교에 다니는 내내 나는 담임선생들로부터 귀여움을 받았던 것으로 기억되는데, 내가 말썽을 부리지 않는 학생이기도 했지만, 아버지가 교수였으므로 이래저래 기대가 컸기 때문일 것이다.

반장도 맡았고, 전교 대표로 조례 때 구령도 해야 했는데, 원래 내성적이고 남 앞에 나서기를 싫어했기에 그리 달갑지만은 않았다. 반장은 부모님이 자주 학교에 들러야 했지만 아버지는 늘 바빴으므로 어머니가 대신 가야 했는데, 그게 걸렸던 것 같다. 한편으로는 어머니가 너무 젊어 친어머니가 아닌 사실이 알려질 것 같았고, 다른 한편으로는 그런 일로 어머니를 성가시게 만들 것 같았다.

그리고 당시에 학생들은 매달 '월사금'을 학교에 내야 했는데, 형편이 안 되는 학생들의 집을 담임선생 대신 방문해 독촉하는 일도 반장의 몫이었다. 어린 나이에도 그 일은 참 괴로웠다. 대학교수는 국가공무원이라 나는 월사금을 면제받았는데, 친구들의 집을 찾아가 보면 너무나 가난해서 얼마 되지 않는 돈을 내지 못해 아이들까지 마음고생을 하는 모습에 많은 생각이 들었다.

이 무렵 나는 책 읽기를 좋아했는데, 이때 읽은 책들 가운데 『플루타르코스 영웅전』, 『삼국지』, 『수호지』 등과 함께, 연암 박지원의 『허생전』이 아직도 기억이 난다. 옛날 문체도 섞여 있고 장정도 볼품없었던 이 낡은 책에는 도적들도 선해져 남쪽 나라에서 평화롭게 살게 된다는 이야기가 실려 있었고, 이 남쪽 나라가, 부모님 고향으로 여름방학 때 자주 들렀던 제주도와 겹쳐지면서 유토피아에 대한 어린 내 상상력을 발동시켰다.

나는 그림 그리는 것을 좋아했고, 동네 친구들과 몰려다니며 심한 장난을 즐기기도 했다. 곧 탄로 나기 마련이었지만 어느 날은 학교에 가기 싫어서 반장의 처지를 망각하고 친구들과 등굣길에 놀다가 귀가해 아버지께 혼난 적도 있다. 그러나 공부에는 별 문제가 없어서 늘 우등상을 받았고, 전라도의 수재들이 모인다는 광주서중에도 어렵지 않게 입학할 수 있었다. 1학년 때 성적은 보통이었으나, 2학년부터는 당시 대학 입시생을 위한 참고서였던 메들리의 『삼위일체 영어』를 통달할 정도로 상위권에 속했다.

대개는 서중학교를 나와 광주일고에 진학하는 것이 자연스러운 일이었지만 나는 가족이 서울로 이사할 예정이라서 경기고등학교를 지망했다. 경기중학교 출신 학생이 자동적으로 고등학교에 진학하고 나머지 한 학급만 전국에서 뽑는 입시라 쉽지는 않으리라 생각했지만 큰 걱정은 하지 않았다.

서울에 올라와 시험을 치렀는데, 뜻밖에도 낙방을 했다. 입시에서 처음으로 겪은 실패라 실망과 좌절감이 컸다. 아버지도 낙심해, 오래

전부터 잘 알던, 당시 경기고등학교의 김원규 교장에게 알아보니, 몇 점 차이로 아쉽게 떨어졌으니 재수를 하면 어떻겠느냐고 했다. 하지만 나는 그럴 생각이 없었다. 아버지는 도쿄 물리학교의 선배이자 서울 공대 교수로 있다가 후에 중동고등학교 교장으로 자리를 옮긴 방성희 씨가 생각나, 후기에서 제일 좋다는데 이 학교에 지원해 보는 것이 어떻겠느냐고 권유했다. 합격자 발표를 하는 날, 아버지와 함께 학교에 가보니 수석 합격이라 등록금 면제에 장학금을 준다고 해, 입시에 한 차례 실패해 의기소침해진 마음을 어느 정도 달래 주었다.

이때는 마침 4·19가 있었던 1960년의 봄이었다. 아직은 날씨가 쌀쌀했고 서울 지리도 어두웠다. 거처에서 멀지 않은 서울대학교 문리대 근처 동숭동 뒷산에서 총소리를 들었는데, 바로 경무대 앞에서 시위 학생들을 향해 발포한 소리였다는 사실을 이튿날 신문에서 보고 알았다. 역시 이후에 알게 된 사실이지만 당시 고등학생으로 시위에 참가해 희생자를 낸 학교도 중동고등학교였다.

고등학교에 입학했지만, 장래의 진로에 대한 고민이 한창 많을 나이에 정작 상담할 대상이 없었다. 그래서 공부에 매달리기보다 시간나는 대로 문학과 철학 책을 탐독하고, 종로에 있는 음악다방 르네상스에 들리기도 했다. 그러나 이공계에 대한 생각이 전혀 없지는 않아서, 3학년에 올라가면서 이공계를 선택해 대학입시를 준비했다.

이때 내 인생의 길을 바꾼 한 분을 만났다. 송찬식 선생이었다. 서울대 대학원에 적을 두고 강사로서 한국사를 가르쳤는데, 어느 날 나를 교무실로 불렀다. 선생은 내게 무슨 과에 진학할 생각인지를 물었고, 나는 물리학이나 건축학을 전공하고 싶다고 했다. 그는 네가 아니어도 그 분야를 전공할 사람은 많다며, 철학을 공부하고 싶지 않느냐는, 의외의 질문을 던졌다. 그러면서 우리는 민족 분단의 고통을 겪고 있는데 이를 극복하기 위한 훌륭한 철학이 절대로 필요하며, 이를 해결할 때 정말 위대한 철학이 될 것이라는 요지의 말을 했다. 그 뒤로 나는 점차 철학을 전공하는 쪽으로 마음을 굳혔으나 계속 이공계반에 남아 있었다. 진로 문제를 놓고 아버지와도 상의했다. 아버지는 물리학을 공부하고 그 바탕 위에서 철학을 전공하는 것이 좋다는 쪽이었고, 담임선생은 서울 공대에 몇 명이 합격하느냐가 당시 좋은 고등학교의 척도였으므로 서울 공대에 지원하기를 바랐다. 지원 마감일이 가까워졌고 결국 서울대 철학과를 택했다.

## 대학 시절

막상 입학해 보니 대학 생활은 생각했던 것과 많이 달랐다. 언제부터인지는 몰라도 판에 박힌 듯한 교과과정은 서양철학 일변도였고, 유일한 한국 철학 관련 강의는 박종홍 선생이 맡았다. 중국 철학이나 불교 철학에 대한 강의도 있었으나 주로 외부 강사가 담당했다. 이마저도 타이완이나 일본에서 출간된 관련 서적을 우리말로 옮기는 수준이었다.

1963년도 입학 동기는 모두 20명이었지만 군대나 신상 문제로 말미암아 4년 후에 함께 졸업한 동기는 10명 정도였던 것으로 기억된다. (이들 가운데 '농부 철학자' 윤구병과 박정삼이 있다. 나중에 우리는 2003년 서울에서 재회했다. 당시 국정원 제2차장이었던 박정삼이 나를 조사하고 고발하는 처지에 놓이게 되었으니, 우리의 젊은 시절을 떠올리면 기막힌 상황이 아닐 수 없었다. 이때 심정을 윤구병은 이렇게 기록하고 있다. "세상 사람들아, 송두율의 얼굴을 보아라, 눈빛을 보아라. 그리고 이 사람이 쓴 글들을 보아라. 마찬가지 눈으로 박정삼의 얼굴을 보아라, 눈빛을 보아라. 그리고 이 사람이 국회에서 증언하는 목소리를 들어 봐라. 그러고 나서 자신 있거든 돌을 던져라. 이 두 사람 다 나에게는 언제 어디서고 와락 끌어안고 어깨에 팔 두르고 만나자마자 포장마차로 직행하고 싶은 주책없는 중늙은이 친구일 뿐이다. 우리 셋 사이를 갈라놓은 잔혹한 칼날이 바로 한반도를 두 동강으로 갈라놓았다는 몸서리쳐지는 현실을 두 눈 부릅뜨고 똑바로 보자. 그리고 우리 후손들에게만은 어떤 일이 있어도 이런 '분단 현실'을 대물림하지 말자. 두 율아, 정삼아, 우리 셋만이라도 손가락 걸고 다짐하자."*)

공부가 따분해진 것과는 반대로 사회나 정치적 문제는 계속 소용돌이쳤다. 베트남전쟁이 본격적으로 확대되면서 미국의 강력한 후견과 압력 속에 한일 국교 정상화가 수면 위로 떠올랐다. 1964년 3월부터 시작된 6·3 한일 국교 정상화 반대 시위는 내가 현실에 참여하게 된 첫걸음이었다. 시위하다가 잡혀 동대문 경찰서 유치장에 끌려가기도 했고, 단식투쟁에 참여하면서 여러 친구들과 사귀게 되었다. 시인 김지하, 민주화 운동의 산 증인인 김정남, 농민운동과 생태계 운동의 선구자 박재일과 같은 선배도 있었다. (물론 그때 함께 있었던 친구들 가운데 일찍부터 다른 길을 택한 사람도 있었고, 나이 들어 가면서 변절 논란을 빚은 사람들도 있다. 어찌 되었든, 그들은 당시 이 땅에서, 유신의 광풍 속에서 싸웠지만 나는 이역만리에 떨어져 있었다. 나중에 어렵사리 37년

---

* 윤구병, "송두율, 박정삼, 나 윤구병 이 세 사람," 『작은책』 2003년 11월호.

만에 귀국했다가 예기치 못한 폭풍에 휩싸여 9개월간의 구치소 생활을 마치고 밖으로 나오니, 이 세 선배가 우리 부부를 신촌에 있는 한 한식집에 초대해 따뜻하게 위로한 기억이 있다. 이들 중 박재일 선배가 그간 다시 만나지 못할 길을 먼저 떠났으니 가슴이 아프다.)

대학 2학년부터 현실 참여에 열심이었지만, 외국어 학습에도 열을 올렸다. 시작은 일본어였다. 당시는 한국어로 된 외국어 교재가 별로 없었기 때문에 일본어를 통해 다른 언어를 배우는 식이었다. 프랑스어, 중국어, 러시아어를 깨치면서 고전 희랍어와 라틴어도 졸업할 때까지 꾸준히 독학했다. 당시 불온서적으로 분류되어 소유하는 것만으로도 〈반공법〉으로 처벌받았던 책들을 일본어로 먼저 읽었다. 이와나미岩波 문고에서 나온 『공산당선언』, 레닌의 『국가와 혁명』, 마오쩌둥毛澤東의 『모순론』 등을 청계천 고서점에서 사다가 밤새 탐독했다. 월북한 경제학자 백남운의 『조선경제사』 일본어판을 운 좋게 서울대 도서관에서 대출할 수 있었고, 역시 일어판이었던 마르쿠제의 『이성과 혁명』 등도 접할 수 있었다. 해방 이후에도 별 변화가 없었던 철학과의 교과과정보다는, 대학 밖의 세계가 안고 있는 문제를 독학이나 친구들과의 토론을 통해서 접할 수밖에 없었다.

이때 독일어로 읽었던 헤르만 헤세Hermann Hesse의 『나르치스와 골트문트』Narziss und Goldmund가 특히 생각나는데, 골트문트가 임종 때 "어머니 없이는 죽을 수 없다"Ohne Mutter kann man nicht sterben라고 친구 나르치스에게 남겼던 말을 나는 아직도 기억하고 있다. 골트문트는 바람 끼가 있던 어머니가 일찍 집을 나갔으므로 수도원에서 자랐는데, 풍부한 예술적 감수성을 타고난 탓에 후에 방랑과 모험의 길에 들어섰다. 그랬던 그가 죽음 앞에서, 자신과는 달리 이성적이며 사려 깊은 친구 나르치스에게 자신이 그토록 희구했던 '어머니'를 이제 만날 수 있게 되었다고 술회하면서 마지막으로 남긴 말이었다. (후에 유학을 떠났던 1967년 8월, 하이델베르크에 도착한 지 얼마 안 됐을 때 나는 이 소설의 실제 배경이었던 조그만 도시 마울브론Maulbronn의 수도원을 찾았다. 자동차로 한 시간 거리에 있었는데, 소설에서 느꼈던 그 음산한 분위기를 실제로 느낄 수 있었다. 헤세 자신도 이 수도원학교 출신이었는데 자유롭지 못했던 그 시절을 후에 무척이나 증오했다. 유네스코 세계문화유산에도 등재된 이 수도원학교는, 지동설을 주창했던 요하네스 케플러Johannes Kepler, 시인 프리드리히 횔덜린Friedrich Hölderlin도 다녔다.)

원전으로 읽었던 또 다른 소설로는 스탕달Stendahl의 『적과 흑』*Le Rouge et le Noire*이 있다. 남프랑스의 프로방스Provence 출신인 주인공 줄리앙 소렐은 프랑스혁명 이후 다시 온 반동의 시절에 나폴레옹의 열렬한 추종자였다. 그의 방황과 갈등, 그리고 정치 무대의 중심 파리에서의 모험과 좌절에 대한 이야기는 격동기를 살아가는 젊은이의 운명에 대해 많은 것을 생각하게 만들었다. (후에 2009년 여름 두 번에 걸쳐 지중해 연안을 따라 여행을 떠났을 때 이 소설의 무대였던 시골 도시 베리에르Verriers에 들러 볼 생각이었으나, 이는 가공의 마을이었다. 실제 이 마을과 비슷한 곳은 멀리 스위스 국경에서 가까운 아름다운 소도시 돌Dole로, 세균학자 루이 파스퇴르Louis Pasteur의 고향이다.)

3학년 때는 학생회 일도 맡아 보았는데, 문리대 학생회장으로 선출된 정치학과 최희조 군이 정학 처분을 당해, 학술부장이었던 내가 회장 대행직을 맡았다. 후에는 당시 민주공화당에서 시작한 '근대화 프로젝트'에도 잠시 관여했다. 민주공화당은 처음으로 이른바 공채 형식으로 중견 간부들을 뽑았는데, 이 가운데에는 정치적 야심이 있었던 고등학교 선생이나 신문 기자들이 있었다. 당시 문리대 심리학과 출신의 황 모라는 사람이 나에 관한 이야기를 어디서 들었는지 연구 프로젝트에 참여할 것을 권유했다. 나는 졸업을 한 학기 남겨 둔 상태였지만 더 이상 학점을 이수할 필요가 없어 프로젝트에 참여했다. 유학을 떠나기로 결심한 후에는 프로젝트도 그만두었다.

이 프로젝트에는 대여섯 명이 참여했는데 내가 가장 어렸고, 문리대 심리학과 강사였던 김화중, 후에 국회의원이 되었던 이영일 등이 참여했던 기억이 난다. 또한 문리대 사학과 출신으로 5·16 이후 잠시 구속되었던 김상립도 있었다. 그는 비슷한 시기에 교도소에서 오지호 화백을 알게 되었는데, 오 화백은 한국 최초의 인상주의 대가였으며, '민자통 사건'*으로 구속된 바 있었다. 그분이 송계범 교수에 대해 자주 이야기를 해서 출소하면 꼭 인사드리려 했는데 그 아들을 먼저 알게 되었다고 말하기도 했다. 프로젝트에 참여하면서 나는 '근대화'의 여러 이론을 나름대로 공부해 문제의식을 키워 나갔는데, 이는 그 후 독일에서 쓴 학위논문 "헤겔, 마르크스 그리고 베버에 있어서 동양 세계의 의미"에 담기게 되었다. 예를 들면, 제3세계에 있어서 전통과 근대를 상호 배타적인 요소로만 파악하는, 이른바 근대화 이론의 원류原流였던 막스 베버의 사회학에 대한 비판 같은 부분이 그랬다.

---

* 민족자주통일중앙협의회는 4·19 직후 평화통일론을 주장한 혁신계 인사들이 1960년에 조직한 단체이다. 그러나 북한에 동조했다는 혐의로, 5·16 쿠데타 이후인 1961년 5월 18일 영장도 없이 구속되어 혁명재판소에서 재판을 받았으며, 중형을 선고받았다. 2012년 재심 청구 사건에서 무죄가 선고되었다.

졸업을 앞두고 이래저래 진로에 대한 고민도 깊어졌다. 대학원에 진학해서 계속 철학을 공부할 것인가, 당시 인문계 출신이 택할 수 있는 거의 유일한 직업이었던 신문기자가 될 것인가, 아니면 아예 유학을 떠날 것인가를 두고 고민을 거듭했다. 결국, 내가 성급하게 현실에 참여할까 봐 걱정하셨던 아버지의 적극적인 권고, 그리고 베트남전쟁의 확전과 중국의 문화대혁명이 몰고 오는 격동기의 세계정세를 파악하기 위해 이른바 '운동권'도 직접 외국에서 식견을 넓힐 필요가 있다는 주위 친구들의 권유를 고려해 유학을 떠나기로 결심했다. 처음에는 프랑스 유학을 생각했다. 서방국가들 가운데 중국과 최초로 외교 관계를 수립한 프랑스에서 철학과 사회과학을 폭넓게 공부하고 싶었고, 그곳에 가면 중국에 가는 길이 혹시나 열리지 않을까 생각했다. 그러나 아버지의 친구분이었던 불문학자 양원달 교수가 자신의 경험에 비추어, 프랑스보다는 좀 더 안정된 서독에서 차분히 공부하는 것이 좋을 것 같다고 해, 결국 서독으로 방향을 돌렸다.

1967년 봄, 대학 졸업과 더불어 유학 준비를 시작했다. 요즘 같으면 인터넷으로 기초적인 정보를 쉽게 얻을 수 있지만 당시에는 서독 유학을 다녀온 사람을 직접 만나 이야기를 들어 보는 수밖에 없었다. 그래서 우선, 서울대 철학과에서 헤겔 철학 강의를 맡기 시작한 임석진 박사와, 독문과에서 시간 강사로 있던 천병희 선생을 만나 유학 정보를 얻었다. 결국 하이델베르크 대학을 선택했는데, 철학과 최혜성 선배의 형님인 최준성 선생이 당시 그곳에서 철학을 공부한다고 했다. 그러나 하이델베르크를 선택한 직접적인 이유는 무엇보다도 칼 뢰비트Karl Löwith 교수가 그곳에 있다는 정보 때문이었다. 당시 나는 그가 센다이仙台에서 쓴 명저 『헤겔에서 니체까지』 *Von Hegel zu Nietzsche*

를 읽고 유럽 지성사의 큰 흐름을 파악하는 데 많은 도움을 받았다. 그는 원래 유대인 출신이라 나치 치하의 독일에서 강단에 설 수 없어 이탈리아를 거쳐 일본 센다이의 도호쿠東北 제대에 잠시 있다가, 일본이 독일·이탈리아와 '삼국동맹'을 맺자 곧 미국으로 건너갔다. 그랬던 그가 하이델베르크에 있다는 소식은 무척 반가운 것이었다.

## 동베를린 사건

그런데 1967년 6월 초부터 이상한 소문이 나돌기 시작했다. 임석진·천병희 씨 등이 연루된 모종의 큰 사건이 곧 터진다는 풍문이었다. 내가 여권과 서독 사증을 받았던 7월 초, 중앙정보부는 서독과 프랑스에 체류하는 유학생과 교민 등이 동베를린의 북한 대사관과 평양을 드나들고 간첩 교육을 받으며 대남 적화 활동을 벌였다고 발표했다. '동베를린 사건'*으로 알려졌는데, 여기에는 이름만 들어 봤던 작곡가 윤이상 선생과 이응로 화백이 포함되었으며, 내가 얼마 전까지도 만났던 임석진·천병희 씨도 구속되었다는 것이다.

---

* 1967년 7월 8일 중앙정보부가 발표한 대규모 공안 사건. 동베를린을 거점으로 문화 예술계의 유이상·이응로, 학계의 황성모·임석진 등 194명이 대남 적화 공작을 벌였다고 발표했다. 재판 결과 사형 2명, 실형 15명, 집행유예 15명, 선고유예 1명, 형 면제 3명을 선고했다. 그러나 1970년 광복절을 기해 사형수 정규명·정하룡까지 모두 석방되었다. 2006년 1월 26일 '국정원 과거사건 진실규명을 통한 발전위원회'는 당시 정부가 단순 대북 접촉과 동조 행위를 <국가보안법>과 <형법>상의 간첩죄를 무리하게 적용해 사건의 외연과 범죄 사실을 확대, 과장했다고 밝혔다. 또한 사건 조사 과정에서 자행된 불법 연행과 가혹행위 등에 대해 사과할 것을 정부에 권고했다.

중앙정보부의 동베를린 사건 발표를 대서특필한 기사(『경향신문』 1967/07/08, 1면)

개인적으로 연루된 바는 없지만, 한독 관계가 나빠지면 혹시 유학 계획에 차질이 생기지나 않을까 해서 서둘러 비행기 표를 구해 7월 15일에 서울을 떠났다. 그때 김포공항에서 찍은 사진에는 이 세상에 이미 없는 친구들도 있고, 그 후에 소식이 완전히 끊긴 친구들도 있어서 내 젊은 날의 흔적을 가끔 더듬게 만든다. 5년 정도를 기약했던 외국 생활이 그 열 배를 넘겨 이제 반세기가 되었으니 정말 많은 시간이 흐른 것이다.

비행기를 타기 직전에 아버지는, 유학 생활을 건강하게 잘 보내고, 이 순간부터는 '세계인'이라 생각하고 살아갈 것을 당부하면서, 송금이 여의치 않을 때는 도쿄에 있는 작은아버지에게 지원을 요청할 수 있다고 했다. 비행기에 오르니 내 옆자리에 마침 미국으로 유학을 떠나는 송상용 선배가 앉아 있었다. 그는 문리대 화학과를 나와 대학원에서 철학을 전공했고, 내가 대학을 다닐 때 조교이기도 했다. 귀국 후에는 한국에서 불모지와 같았던 과학기술사 분야의 기초를 닦았다. 내가 귀국해 고생할 때 학계 원로의 한 사람으로 나의 석방을 위해 많은 노력을 하기도 했다.

앞에서도 말했듯이, 나는 도쿄에 들러 열흘을 머물렀다. 그동안 다시는 만나지 못할 길을 떠난 지 이미 오래인 친할머니와 작은 고모의 위패를 모신 절에도 다녀왔다. 처음 보는 외가 친척들을 만나고, 시내를 관광하고, 하코네箱根 온천에도 다녀왔다. 이미 올림픽경기를 치렀던 도쿄는, 여전히 가난과 독재로 찌든 서울과 비교할 수 없을 정도로 모든 것이 정돈되어 있었다.

위 _ 서독 유학을 떠나던 날 김포공항에 환송 나왔던 친구들과 함께(1967년 7월 15일)
아래 _ 유학 떠나기 전 가족사진(1967년)

나는 간다神田에 있는 고서점을 뒤지면서 많은 시간을 보냈다. 주로 중국 관련 서적을 구입했는데, 이때 베이징에서 나온 『마오쩌둥 선집』 네 권도 구입했다. 마오쩌둥 사후에 발간된 제5권은 독일에서 나중에 구입할 수 있었다. 꽤 많은 책을 산 탓에, 독일로 떠나기 전에 먼저 배편으로 부쳐야 했다. 다른 한편, 도쿄에 잠시 머물면서 가장 인상 깊었던 장면으로, 까만 치마와 흰 저고리를 단정히 입고 아침 등굣길에 나선 발랄한 조총련계 여학생들의 모습도 생각난다. 외국 땅에서도 자신들의 얼을 지키며 살아가는 여학생들을 보며, 내가 만약 일본에서 자랐다면 어떤 모습으로 살고 있을까 자문해 보기도 했다.

그렇게 도쿄에서 열흘간 정신없이 바쁘게 지내고 나서, 7월 26일 알래스카를 경유하는 코펜하겐행 비행기에 몸을 실었다. 코펜하겐에서 비행기를 갈아타고 프랑크푸르트 공항에 내려, 다시 기차를 갈아타고 목적지 하이델베르크로 가는 긴 여정이었다. 비행기가 이륙하고 얼마쯤 지났을 때, 뒤쪽에서 어린 아기의 울음소리가 자주 들려왔다. 옆에 앉아 있던 중년의 덴마크 여성이 그쪽에 다녀오더니, 어떤 덴마크 인 부부가 한국 고아를 입양해서 데려가는데, 아이가 아직 낯설어서 그런지 상당히 보챈다고 내게 말을 걸었다. 순간 나는 부끄러움에 말문을 열지 못했다. 어떤 국가나 사회, 아니 한 가정이 자기 피붙이도 제대로 키우지 못해 외국 땅으로 입양시켜야 하는 판국에, 같은 비행기를 타고 팔자 좋게 유학 가는 내 모습이 너무나 부끄러웠다. 코펜하겐 공항에서 헤어진 그 아이는 지금쯤 쉰 살이 되었을 것이다. 낳은 부모가 주지 못한 사랑을 벽안의 양부모로부터 받아 잘 성장해서 행복한 삶을 꾸리고 있는지 궁금하다. 걱정되는 것은, 이혼율이 높은 북유럽 사회에서 양부모마저 이혼할 경우 결국 갈 곳이 없어 방황하게 된다는, 한국 입양아의 운명에 대한 이야기를 종종 들었기 때문이다.

서울에서 이미 사증을 받고 입국하는데도 프랑크푸르트 공항에서 입국 수속은 예상 밖으로 꽤나 까다로웠다. 나중에 들으니 동베를린 사건 때 한국의 중앙정보부 요원과 현지에서 이들을 도와 관련자들을 한국으로 납치해 가는 데 협조한 교포들로 인해, 한국인의 출입국 동향을 독일 경찰과 정보 당국이 예의 주목하고 있었다는 것이다. 내가 나름대로 이 사건의 전말을 비교적 자세히 파악한 것은 하이델베르크에 도착한 뒤였다. 박정희 정부는 악화된 한독 관계를 개선하기 위해 독일에서 유학했던 안호상 씨를 특사로 파견했다. 그는 이승만 시절에 문교부 장관을 지냈으며, 히틀러 청년단Hitlerjugend을 본떠 학도호국단을 창설했던 인물이다. 그가 하이델베르크 대학을 방문했을 당시 독일 학생들이 시위하는 것을 나도 목격했다.

나는, 동베를린 사건에 연루되어 한국으로 끌려갔다 먼저 풀려나 1968년 여름에 하이델베르크로 다시 돌아온 독문학 전공 김종대 씨를 만났다. 사건의 진원지였던 임석진 박사의 동생 임석훈 씨 그리고 1970년 8·15 특별사면으로 석방되어 독일로 돌아온 정규명 선생도 후에 프랑크푸르트에서 만날 수 있었다. 이 두 사람은 한 도시에 살았지만 서로 내왕조차 없었다. 그리고 동베를린 사건에 직간접으로 연루되었던 사람들 가운데, 1970년대 중반부터 독일과 유럽에서 활발했던 반독재·민주화 운동에 참여한 사람은 그리 많지 않았다.

어쨌든, 많은 시간이 흘렀지만 다행히 2007년 10월 진실위가 과거사 정리 차원에서 보고서를 발간해 동베를린 사건의 전말을 밝혔다. 동베를린 사건의 악몽과 고통을 딛고 서서 또다시 민주화와 통일 운동에 적극적으로 참여했던 이응노, 윤이상, 정규명 선생의 영혼이 조금이라도 위안을 받았으면 한다.


## 하이델베르크로

영화 〈황태자의 첫사랑〉의 무대였던 하이델베르크는 독일에서 전쟁의 상흔이 없는 몇 안 되는 도시 가운데 하나로, 두 개의 낮은 산 사이를 네카Neckar 강이 흐르는 아름다운 고도이다. 도착한 날로 나는 앞으로 거처할 집 주소를 들고 시내 외곽으로 향했다. 곱게 보이는 60대 중반쯤의 할머니가 말하기를, 내가 들어갈 방에 신학을 전공하는 독일 여학생이 살고 있는데, 이틀 후에야 이사를 나간다고 했다. 다른 도리가 없어 나는 시내에 있는 호텔에서 이틀 밤을 지내야 했다. 남편을 전쟁에서 잃고 딸 하나를 키워 출가시키고 혼자 사는 쾨르너Körner 할머니는 방 두 개를 학생들에게 세를 놓았다. 목욕탕이 없어서 주말에는 근처 초등학교 샤워장을 이용해야 했고, 난로에 조개탄을 태우는 낡은 집이었다. 그러나 할머니가 아주 친절해서, 내가 하이델베르크를 떠난 뒤에도 서로 오랫동안 연락하고 지냈다.

2011년 여름 어느 날, 하이델베르크의 이웃 도시 만하임에 사는 큰아들 준 내외와 함께 이 집을 다시 찾을 기회가 있었다. 새롭게 단장한 집 앞에서 할머니의 외손자 위르겐Jürgen의 이름이 적힌 문패를 발견했다. 초인종을 누르고 내 이름을 말하니 그는 너무나 놀라면서 우리를 맞았다. 그는 곧 여동생 유타Jutta에게도 연락했다. 실로 43년 만의 만남이었다. 그는 내가 해준 불고기 요리가 아주 맛있었다며 여섯 살 때 기억을 이야기했다. 그리고 2003년 가을, 내가 서울에서 고역을 치를 때 텔레비전 뉴스를 보면서 걱정했다고 말했다. 종종 내 무릎 위에 앉아 놀던 유타는 당시 너무 어려서 나를 기억하지 못했지만, 40대 중반의 여인이 되어 있었다.

1967년 8월 방학 기간에 개설된 대학의 여름학교와 10월부터 시작하는 겨울 학기 동안, 나는 주로 어학에 집중하면서 독일 생활에 적응하는 데 시간을 보냈다. 1968년 여름 학기부터는 전공인 철학, 부전공인 사회학 및 역사학 강의를 듣고 세미나에도 참석했다. 위르겐 하버마스Jürgen Habermas가 그의 철학을 "역사적 의식으로부터의 금욕적 퇴각"이라고 평했던 뢰비트 교수는 이미 은퇴해서 스위스에 살고 있었다. 해석학Hermeneutik의 권위자인 한스 게오르그 가다머Hans-Georg Gadamer 교수 역시 은퇴했으나 강의는 계속했다. 두 사람은 에드문트 후설Edmund Husserl과 마르틴 하이데거Martin Heidegger 문하에서 함께 공부했지만 뢰비트 교수는 유대인이었기에 외국에서 떠돌았던 반면, 가다머는 하이델베르크 대학에 자리를 잡았으며 전후에 뢰비트를 동료 교수로 초빙했다. 가다머가 역사의 근원적 의미의 해석에 천착했다면, 뢰비트는 고대 그리스나 동양에서 중시했던 자연과 우주의 질서에서 철학의 본질적인 문제를 보았다.

이들보다 한 세대 후에 속하는 교수로는 독일관념론 분야에 디터 헨리히Dieter Henrich, 분석철학에는 에른스트 투겐트하트Ernst Tugendhat가 있었으며, 나중에 독일 철학계에서 주목받았던 오토 푀겔러Otto Pöggeler, 만프레드 리델Manfred Riedel 등이 사강사Privatdozent로 있었다.

1968년 여름방학 동안 나는 철학과 도서관에서 일했다. 당시 우수하다는 평판을 받은 학생으로 나와 동갑인 스위스 출신의 페터 비에리Peter Bieri도 있었다. 그는 후에 베를린 자유대학의 철학 교수가 되었지만 빠른 속도로 미국화하는 독일 대학의 분위기에 항의해 정년이 되기 전에 퇴임했다. 그는 파스칼 메르시어Pascal Mercier라는 필명의, 꽤 유명한 소설가로도 활동하고 있는데, 그의 작품으로는 『리스본행 야간열차』*Nachzug nach Lissabon*가 잘 알려져 있다. 이 소설은 포르투갈의 안토니오 드 올리베이라 살라자르António de Oliveira Salazar 독재에 저항했던 청춘 남녀의 투쟁과 사랑, 추억을 그린 작품으로, 영화로도 만들어져 아내와 함께 집 근처 영화관에서 본 기억이 있다.

사회학과에는 비엔나 출신의 보수적인 에른스트 토피치Ernst Topitsch 교수가 있었는데, '68년'을 경험한 뒤 다음해 고향인 오스트리아의 그라츠Graz로 돌아갔다. 역사학과에는 베르너 콘체Werner Conze가 있었다. '개념사'Begriffsgeschichte 연구의 시조라고 볼 수 있는 그도 나치 성향의 학자로 비판받았으나 내가 하이델베르크 대학을 떠난 이듬해인 1969년에 이 대학의 총장이 되었다.

아직 서투른 독일어 실력으로 강의를 듣자니 힘들었지만 열심히 쫓아다녔다. 1968년 4월 여름 학기가 시작되자 서베를린·프랑크푸르트·파리·버클리 등지에서 학생들이 베트남전쟁에 반대하는 시위를 벌였다. 그러나 당시 뛰어난 학생운동 지도자였던 루디 두치케 Rudi Dutschke가 하이델베르크에까지 와서 연설도 했지만 하이델베르크는 이상하리만치 조용했다.

나는 점차 초조해지기 시작했다. 플라톤의 철학도 헤겔의 철학도 중요하며, 이를 새롭게 조명하는 것 역시 필요한 작업이었지만 독일로 유학을 온 원래 목적과는 거리가 있었기 때문이다. 이런 상황에서 전공을 아예 건축학으로 바꾸어 볼까도 생각했다. 이 소식을 들은 아

위 _ 칼 뢰비트 교수와 그의 주저『헤겔에서 니체까지』. 필자가 독일 유학을 결심한 동기를 제공했다.
아래 _ 한스 게오르그 가다머 교수와 그의 주저『진리와 방법』

버지는 초지를 그렇게 쉽게 포기해서는 안 된다는 뜻을 전해 오셨다. 나는 뢰비트 교수의 조교였던 헤르만 브라운Hermann Braun을 찾아갔다. (그는 당시 30대 말이었는데, 후에 빌레펠트에 있는 신학대학의 교수가 되었다.) 뢰비트 교수는 은퇴했지만 남아 있는 잡무들이 있어서 그가 이를 대신 맡아 보고 있었다. 내 이야기를 경청하던 그는 혹시 하버마스라는 교수를 아느냐고 물었다. 이름을 들어 본 적이 없다고 하자 브라운 박사는, 하버마스 교수가 3년 전까지 하이델베르크 대학에 있었는데 지금은 막스 호르크하이머Max Horkheimer 교수의 후임으로 프랑크푸르트 대학에 있다고 했다. 하버마스 교수가 내게는 가장 좋은 지도 교수가 될 것 같다며 그의 저서 몇 권을 소개했다.

집에 가는 길에 우선 하버마스의 책 『이론과 실천』*Theorie und Praxis*을 사서 읽기 시작했는데, 헤겔에서 마르크스로 넘어가는 서구 지성사적인 긴장을 사회철학과 정치철학의 맥락 속에서 비판적으로 분석하는 그의 시도에 강한 인상을 받았다. 이때부터 나는, 가다머의 해석학과 뢰비트의 자연철학이 지배적인 하이델베르크의 지적 분위기에서 벗어나, "철학자들은 지금까지 세계를 다양하게 해석해 왔을 뿐이다. 그러나 중요한 것은 세계를 변혁시키는 것이다."라는 저 유명한 마르크스의 『포이어바흐에 관한 테제』를 확인하면서, 새로운 시대가 요구하는 이론과 실천 사이의 긴장을 문제 삼았던 프랑크푸르트로 향했다. 위르겐의 아버지가 많지 않은 내 짐을, 자동차로 한 시간가량 걸리는 프랑크푸르트까지 친절하게 실어다 주었다. 이때가 1968년 8월이었으니 꼭 일 년 만에 하이델베르크를 떠난 셈이다.

## 프랑크푸르트로

상업과 금융의 도시인 프랑크푸르트는 하이델베르크와는 분위기가 완전히 달랐다. 외곽에 있는 한 민가에 방 한 칸을 얻어 새로운 생활을 시작했는데, 집주인이 프랑크푸르트 공항의 우체국 직원이었고 집이 공항에서 멀지 않았기에 이착륙하는 비행기 소리에 가끔 고향 생각을 떠올리기도 했다.

새로운 방향은 잡았으나 앞으로 걸어야 할 길이 분명하지 않았으므로 많은 고민으로 잠을 설치곤 했다. 원래 하이델베르크에서 구상했던 논문의 주제는 "헤겔과 후설에 있어서 역사성의 개념"에 대한 비교 연구였다. 헤겔이 말하는 정신의 자기 발현으로서의 총체적 역사성과, 후설의 내면화하는 시간성 속에 숨어 있는 역사의 의미를 비교해 보려고 했다.

그런데 1968년 여름을 지나면서 베트남의 민족해방전쟁, 중국의 문화대혁명, 쿠바 위기 등, 이론과 실천의 구체적 매개점의 하나였던 '제3세계' 문제가 내 머리를 떠나지 않았다. 1968년 연말에 머리도 식힐 겸 해서 오스트리아와 스위스로 짧은 여행을 떠났는데, 이때 '헤겔, 마르크스 그리고 막스 베버에 있어서 동양 세계의 의미'에 관한 구체적인 구상을 가다듬을 수 있었다. 서구의 타자, 식민화의 대상, 그리고 이 타자의 자기 긍정을 위한 해방 투쟁, 이에 대한 서구의 반응과 이의 심층에 흐르는 철학적인 문제를 파헤쳐 보자는 것이었다. 헤겔, 마르크스, 베버를 택한 이유는 근대 유럽의 사상 궤적에서 이들만큼 서양의 타자로서의 동양 세계에 대해 종합적인 의미를 부여한 사상가들이 없었다고 판단했기 때문이다. 그러나 워낙 이들의 사상

체계와 저작이 방대하기 때문에 변방 출신의 20대 철학도에게는 상당한 부담이었다.

여행에서 돌아오자마자 이런 논문 요지를 하버마스 교수에게 보내고 면담을 요청했다. 이때가 1969년 2월이었다. 면담 시간에 그는 깊은 관심을 보였으며 논문 지도를 흔쾌히 약속했다. 그리고 자신의 조교인 알브레히트 벨머Albrecht Wellmer와 오스카 네크트Oskar Negt, 그리고 테오도르 비젠그룬트 아도르노Theodor Wiesengrund Adorno 교수의 조교였던 알프레드 슈미트Alfred Schmidt를 소개해 주며, 논문 작성에 관해 이들과도 앞으로 상의해 보라고 했다. 이때 하버마스 교수의 나이가 불과 39세, 나는 24세였다. 아시아에서 온 학생을 그는 처음으로 문하에 받아들였는데, 거의 같은 시기에 그의 지도로 학위논문을 쓴 외국 학생은 프라하에서 이미 박사 학위를 마쳤던 아이슬란드 출신의 아나손Jóhann Pál Árnason이 있었다(그는 후에 오스트레일리아로 건너가 교수가 됐다). 하버마스 교수는 매 학기 내가 쓴 논문의 일부를 읽고 토론하는 식으로 지도했다. 보통은 완성된 논문을 한꺼번에 읽고 수정과 첨가를 요구하는데, 그러다 보면 간혹 처음부터 다시 써야 하는 경우가 발생할 수 있다. 그는 이런 위험부담을 덜어 주었는데, 나도 후에 박사 학위논문을 지도할 때 이런 방식을 따랐다.

본격적으로 논문 작성에 몰두하기 시작한 1969년 여름 학기부터 나는 아예 보켄하임Bockenheim에 있는 대학 기숙사로 이사했다. 도서관, 구내식당 그리고 세미나실이 걸어서 5분 거리 안에 있는 생활공간이 형성되었다. 도서관에 들러 빌린 책을 돌려주고 새로 주문한 책을 찾은 뒤, 대학 식당에서 점심을 먹고 강의나 세미나에 참석하고, 내 방에 틀어박혀 밤늦게까지 책을 읽고 논문을 쓰는 것이 일과였다.

위 _ 학생들과 토론하는 테오도르 아도르노 교수와, 그의 대표 저서의 하나인 『부정적 변증법』(1969년 여름 학기)

아래 _ 학생들과 토론하는 위르겐 하버마스 교수와, 우리의 결혼을 축하해 보낸 그의 대표 저서 『인식과 관심』(1969년 여름 학기)

이렇게 다람쥐 쳇바퀴 도는 듯한 생활은 논문 작업이 거의 마무리된 1971년 여름까지 계속됐다. 유일한 여가라면 같은 기숙사에 사는 독일 학생들과 어울려 가끔 축구를 하거나, 마인 강가의 작센하우젠 Sachsenhausen에 즐비하게 늘어선 사과술Äpfelwoi 집에서 논쟁도 하고 잡담도 나눈 정도였다.

프랑크푸르트 대학은 독일의 다른 대학들과 달리, 신흥 상업 자본가들이 주축이 되어 비교적 늦게(1914년) 설립된 정규 대학이다. 따라서 고전적인 지식 체계로부터 출발한 다른 대학과 달리 아예 신학부가 없었고, 경제·사회와 자연과학에 특별한 관심을 돌렸는데 이것이 학풍에 많은 영향을 주었다. 아무래도 유대계 상공인이 프랑크푸르트에 많았으므로 그들로부터 사상적 영향을 크게 받았을 것이다. 이런 까닭에 산업사회의 여러 문제에 비판적으로 접근했던 사회문제 연구소Institut für Sozialforschung(1923년)도 설립되었다. 그러나 나치 점령기에는 모두 망명의 길을 떠나야 했고, 호르크하이머와 아도르노도 1945년에야 다시 강단에 설 수 있었다. 하버마스 교수는 이들의 비판적 전통을 이었지만, 훨씬 폭넓은 주제를 다뤘다.

1968년 운동의 거점 가운데 하나였던 프랑크푸르트 대학은 항상 시끄러웠다. 캠퍼스에서는 학내 문제 및 사회문제와 관련된 농성 투쟁이 거의 매일 있었고 강의실은 종종 성토장이 되었다. 한번은 사회문제연구소를 학생들이 점거했는데, 소장인 아도르노 교수가 경찰을 불러 학생들을 끌어낸 사건이 발생했다. 이 사건은 프랑크푸르트학파와 급진 학생들 사이의 결별을 의미했다. 하버마스가 '좌익 파시즘' 논의를 공론화한 것도 같은 맥락이었다.

파시즘적 사고방식이나 행동이 우익에만 있는 것이 아니라, 좌익

에도 있다는 비판은 스탈린주의에 대한 프랑크푸르트학파의 일반적
입장이었다. 하버마스는, 한 걸음 더 나아가 베를린 자유대학의 역사
학자 에른스트 놀테Ernst Nolte가 나치즘을 스탈린주의에 대한 반응이
나 그것의 결과라는 식으로 변호하고, 당시 헬무트 콜Helmut Kohl의
정치 자문인 가운데 한 사람이었던 미하엘 슈튀르머Michael Stürmer 등
의 우파 학자들도 이에 가세하면서 본말이 전도된 역사 왜곡 논리를
펴자 이를 통렬하게 비판했다. 어떻게 보면 한국에서 논란이 되었던
역사 교과서 논쟁과 비슷한 '역사학자 논쟁'Historikerstreit이 1980년
대 말에 서독에서도 있었던 것이다. 이때 강의실에서 아도르노, 하버
마스와 뜨거운 논쟁을 했던, 당시 학생운동 이론가였던 한스-위르겐
크랄Hans-Jürgen Krahl이 특히 기억에 남는다(그는 후에 아쉽게도 교통사
고로 사망했다).

　이런 상황에서 지도 교수인 하버마스도 프랑크푸르트 대학을 떠나,
'과학과 기술 시대의 삶의 조건을 연구하기 위한 막스-프랑크연구소'
Max-Planck Institut zur Erforschung der Lebensbedingungen der wissenschaftlich-
technischen Welt라는 제법 긴 이름의 연구소 소장으로 가기로 결정했다.
이곳은 뮌헨 근처의 경치 좋은 슈타른베르크 호숫가에 새로 설립된
연구소로, 하버마스는 바이츠제커 대통령의 친형이며 물리학자이자
철학자인 칼 프리드리히 폰 바이츠제커Carl Friedrich von Weizsäcker와
함께 이 연구소의 공동 소장으로 취임했다. 이 때문에 나 역시 덩달아
바빠졌다.

　밀폐된 생활 속에 갇혀 있었지만 내 눈과 귀는 늘 바깥세상을 향하
고 있었다. 멀리 두고 온 한반도의 긴장, 서독의 사민당SPD과 기민당
CDU의 이른바 대연정 실험, 이후 사민당과 자민당FDP의 연정 아래

본격적으로 추진된 빌리 브란트Willy Brandt의 동방정책Ostpolitik의 미래는 물론, 인도차이나에서 벌어지는 민족해방투쟁, 중국의 문화대혁명, 아옌데 민중 정권의 비극적 운명과 체 게바라Che Guevara로 상징되었던 라틴아메리카 혁명의 미래에 대해서도 나름대로 열심히 정보와 자료를 모았다.

이때가 동베를린 사건이 발생한 직후라 유학생 사회에도 상호 불신이 깊었고, 유학생을 가장한 정보 요원들과 끄나풀들이 있다는 소문도 늘 나돌았다. 특히 외국어를 전공한 모 대학 출신들을 조심하라는 경고가 공공연히 나돌았다. 기숙사에 있던 내 방에도 그들이 가끔 불심검문 하듯이 불쑥 찾아와, 논문을 쓰느라 책상 위에 펼쳐 놓은 마르크스와 레닌의 책들을 슬쩍 확인하고 돌아간 경우도 있었다.

계획대로 논문은 1971년 여름 학기에 마무리되어 마지막 손질만 남았던 8월 무렵, 서울에서 비보가 날아왔다. 나보다 일곱 살이 어린, 바로 아래 동생 두호가 사망했다는 소식이었다. 형님이 옆에 있다면 상의할 일이 많다는 내용의 편지를 가끔 보내곤 했던 그가 스무 살 나이에 왜 그토록 일찍 스스로 세상을 등졌는지를 헤아리자니 너무나 마음이 아팠다(이렇게 내 학위논문은 동생 두호에게 증정하는 논문이 되었다). 게다가 마지막 논문을 손질하고 구두시험을 준비하느라 어수선한 상황이었는데, 1971년 10월에 시작하는 겨울 학기에 뮌스터 대학 사회학과에 자리가 이미 확정되어 여러모로 초조하고 답답했다.

내 논문의 부심으로는 사망한 아도르노의 후임으로 뮌스터 교육대학에서 온 호르스트 바이어Horst Baier 교수(원래 의사였지만 후에 사회학으로 전공을 바꾸었다)와 비교법학 및 중국학이 전공이었던 에두아르트 크로커Eduard Kroker 교수가 맡았다(이분들은 내 논문에 깊은 인상을 받고 기회가 닿는 대로 독일과 외국 학계에 내 학위논문을 알렸다). 학위논문이 통과되고 나서 여러 교수가 참여하는 구두시험 일정을 잡는 데는 시간이 걸리기 마련이었고, 나는 이미 1971년 10월부터 뮌스터 대학에서 강의를 하고 있었으므로 1972년 여름방학이 시작되기 직전인 6월 7일 구두시험을 치렀다. 그렇게, 서울을 떠난 지 꼭 만 4년 10개월 만에 학위를 끝냈다. 그때 내 나이가 만 27세 8개월이었다. 그래서 3년에서 5년 정도 독일 대학에 머물면서 연구 경험과 교수 경험을 쌓는 것이 귀국 후 나 자신은 물론, 학계에도 도움이 되리라 생각했다. 당시 독일 대학에서 인문과학이나 사회과학 분야에 외국 학자가 자리를 얻기란 거의 불가능했기 때문에 더욱 의미 있는 경험이 되리라고 확신했다. 게다가 1969년 10월 '3선 개헌'으로 1971년 박정희가 다시 대통령이 되는 등 국내의 정치적 분위기가 심상치 않아, 일단은 귀국을 미루는 것이 현명할 듯하다는 친지들의 강력한 조언도 있었다.

## 평양으로

1968년 여름부터 뜨거운 프랑크푸르트 대학가에서 이름이 가장 많이 등장한 정치인들은 단연 마오쩌둥, 호찌민Ho Chi Minh, 피델 카스트로Fidel Castro, 그리고 체 게바라였다. 김일성이나 알바니아의 엔버 호자Enver Hoxha의 이름도 등장했으니 앞의 이름들에 비하면 빈도수는 상대적으로 떨어졌다. 중국은 문화대혁명으로 '소련 수정주의'의 대각선에 섰고, 북베트남과 쿠바는 제3세계 반제 투쟁의 최일선에

섰던 데 비해, 북한은 이미 중국과 소련으로부터 등거리를 취했으며, 알바니아도 비교적 늦게 '소련 수정주의' 비판에 합류했기 때문이다. 서유럽의 좌익을 지배했던 '올바른 사회주의' 논쟁은 점차 '모스크바냐 베이징이냐'와 같은 질문으로 단순 환원되기도 했다. (사르트르가 르노 자동차 공장 앞에서 노동자의 자주 관리를 요구하는 전단을 뿌렸던 것처럼, 현실 속에서 '진정한 사회주의'를 위한 실천적 투쟁도 많이 있었지만, 중소 이념 논쟁에 편들기 식으로 가세하면서 자신들이 살고 있는 세계의 문제와 동떨어진 추상적 논쟁으로 일탈하기도 했다.) 주로, 과도기 사회의 규정, 프롤레타리아독재의 임무, 사회주의사회의 상품과 화폐의 성격, 계획과 시장 등이 논쟁의 핵심을 이루었다. "사회주의에서도 가치 법칙이 작용하는가"라는 논쟁을 특집으로 다룬 잡지들도 자주 보였는데, 북한의 입장은 중국과 소련의 중간에 있었다.

당시, 이 같은 독특한 북한 사회주의의 이론적 위상에 관심을 가진 외국인들의 방북 인상기도 심심치 않게 눈에 띄었다. 68운동을 주도했고 후에 출판인으로도 성공한 '사회주의독일학생동맹'SDS의 수석 위원장이었던 칼-디트리히 볼프Karl-Dietrich Wolff의 방북기가 한 예였다. 북한의 사회주의경제에 대한 연구도 종종 발표되었는데, 영국의 유명한 경제학자 조앤 로빈슨Joan Robinson이 북한의 경제성장 모델을 분석한 연구, 남한에서 노동운동을 지원했다가 추방당한 독일인 게르하르트 브라이덴슈타인Gerhard Breidenstein(한국명 부광석) 목사가 북한의 경제 발전에 관해 쓴 논문도 보였다. 그러나 대체로 북한 경제를 소개하는 수준에 머물렀다.

반면, 반제 민족해방투쟁이 시대정신의 하나였던 그 당시에, 북한의 '주체사상'은 제3세계에서뿐만 아니라 서구 사회의 일부에서도 긍정적으로 받아들여졌다. 또한 그때만 해도 여러 경제·사회 지표가 남쪽 사회보다 앞서 있었다. 이런 북한의 위상은 내가 남쪽에서 듣던 것과 많이 달랐다. 북의 현실을 직접 보고 싶은 욕구가 점점 강해졌다. 하지만 그러기에는 감수해야 할 위험부담이 너무 컸다. 결국, 내 눈으로 직접 확인하고 싶다는 욕구가 방북이 가져올 후과에 대한 불안을 이겼다. 이때의 결단이 없었다면 나는 지금과는 다른 인생행로를 걸었을지도 모른다. 빈 출신의 작가 슈테판 츠바이크Stefan Zweig가 『인류의 운명적인 순간들』Sternstunden der Menschheit에서 '외적 또는 내적인 사건이 안고 있는 영혼의 진실'은 '숭엄한 순간'에도 드러나는데, 여기에는 '도와주는 어떠한 손길'도 필요 없다고 지적한 적이 있다. 나 자신이 당시 품었던 고민과 심정을 잘 표현해 주는 말이었다.

계기는 우연히 찾아왔다. 학위논문을 작성하는 데 여념이 없던 어느 날 누가 내 방문을 두드렸다. 40대 중반으로 보이는 듬직한 체구에 수더분한 인상을 한 남성은 자신을 네덜란드에 사는 이재원이라고 소개했다. 근처 맥줏집으로 자리를 옮겨 이야기를 나누었는데, 그는 서울 공대 출신으로 동베를린 사건 때 잠시 북으로 피신했었다고 했다. 그렇게 그를 통해 북을 방문할 수 있는 길을 발견하게 되었다. 많은 고민 끝에, 나는 결단을 내렸다.

1970년 여름방학 동안 2주일 정도 일정을 잡고 방북의 길에 올랐다. 프라하를 거쳐 모스크바에서 하룻밤을 지내고 평양행 비행기에 몸을 실었다. 모스크바에서는 레닌 모줄레움Mausoleum에 들러, 사진으로만 보았던 유리관 속의 레닌을 만났다. 평양까지 가는 동안 비행기의 주유 때문에 시베리아에 있는 두 공항에서 쉬어야 했는데, 조선공산주의 운동사에도 자주 등장하는 옴스크와 이르쿠츠크였다. 두 공항의 대기실은, 구석구석에 짐 보따리를 잔뜩 쌓아 놓고 비행기를 무료하게 기다리는 집단 농장원 차림의 사람들로 북적거렸다. 국내선 항공료가 싸기 때문에 농민들이 개인 텃밭에서 생산한 농산물을 대도시에 팔러 나가는 길이었다. 언뜻 보기에는 우리나라 사람과 구별하기 힘든 몽고인이나, 독일에도 많이 사는 터키인들처럼 보이는 인종도 있었다. 나는 그때까지만 해도 소련 사람이라고 하면 대개 백인계 러시아인들만 연상했는데, 정말 다양한 인종들이 모여 산다는 사실을 확인할 수 있었다. "우리는 모두 소련 사람이다"라는 당의 공식적인 구호에도 불구하고, 다민족 문제가 사회문제의 저변에 흐르고 있다는 것을 당시에도 직감할 수 있었다. 일찍이 혁명 이전의 러시아를 '반아시아적 야만'이라고까지 묘사했던 마르크스의 평가도 떠올랐다.

다음 날, 평양의 순안공항에 도착했다. 한적한 공항에는 두 사람이 나를 마중 나왔다. 한 사람은 성 과장이라는 사람이었는데, 나중에 알기로 해방과 분단 공간 속에서 남북협상을 추진하다가 체포되어 한국전쟁 발발 직후에 대전 감옥에서 즉결 처형된 성시백의 장남이었다. 또 한 사람은 김일성대학교 철학과 출신인 백 지도원이었다. 정이 많고 조용한 사람이었다. 이들의 안내로 공항에서 그리 멀지 않은 조용한 초대소에 짐을 풀고, 냉면으로 유명한 옥류관에서 점심 식사를 했다. 다음 날 아침부터 평양 시내와 교외에 있는 여러 곳을 참관했다. 만경대에 있는 김일성 주석 생가에서 시작해 김일성종합대학, 만경대 소년궁전, 탁아소, 만경대 혁명학원, 김종태 전기기관차공장 등을 둘러보았다. 북한 경제의 운영 방식을 이해하는 데 있어 필수적인 대안전기공장과 청산리협동농장도 둘러보았다.

당시 중국과 소련의 이념 분쟁이 첨예한 상황에서, 사회주의경제의 운영 방식을 둘러싼 논쟁에 대해 북한이 어떤 입장을 갖고 있는지를 구체적으로 이해할 수 있는 기회였다. 문혁기의 중국은 소련의 지배인 중심 기업 운영을 비판하면서 혁명적 노동계급紅의 직접적 관리 운영을 강조했는데, 북한은 이른바 '대안의 사업 체계'를 내세워 소련과 중국의 편향된 사회주의 기업 운영 방식을 비판했다. 1961년 말부터 북의 기업은 공장 당위원장, 지배인, 기사장, 노동자 대표들이 참가하는 공장 당위원회에서 기업소 운영에 관한 문제를 집단적으로 토의하고 결정하는 일원적 기업 운영 체계를 만들고자 했다. 대안전기공장은 김일성 주석이 현지 지도를 통해 이런 체계를 자리 잡게 한 대표적인 곳으로, 평양시에서 서쪽으로 그리 멀지 않은 거리에 있었다. 여기서 서쪽으로 조금 더 가면 '청산리 정신'으로 잘 알려진 청산리협동농장이 있었다. 청산리 정신이란 농업 분야에서 추진된 새로운 관리 체계로, 1960년 초에 확립되어 그 이후 전 사회적 운동으로 확산되었다.

그리고 김일성종합대학을 참관했다. 여타 사회주의 나라의 집권당인 공산당의 당기를 보면 대부분 노동자를 상징하는 망치와 농민을 상징하는 낫이 등장하는데, 북의 노동당 당기에는 망치와 낫이 교차하는 중심에 지식인을 상징하는 붓이 서있다. 해방 직후의 북에도 공산주의 운동이 일반적으로 갖고 있는, '인텔리겐치아'나 '지식분자'를 거부하는 정서가 없지 않았다. 그러나 사회주의 건설에서 당장 필요한 지식인 계층이 거의 없었으므로 새로운 지식인층을 양성하기 위한 대학 설립이 시급하고 중차대한 과제로 여겨졌다. 더욱이 일제 식민지 교육의 꽃이었던 경성제국대학이 서울에 있었으므로, 이에 대항해 평양에 대학을 설립해, 해방 후 새로운 나라를 건설하기 위한 '민족 간부'를 양성해야 한다는 꿈도 컸다. 이런 이유로 중심에 붓이 있는 노동당기를 김 주석이 직접 고안했다는 일화를, 당시 안내를 맡았던 부총장으로부터 들었다.

대학을 둘러보고 나서 차를 마시며 이야기를 나누다가 그가 이승기 박사에 대해 언급했는데, 이승기 박사는 내게도 친숙한 이름이었다. 아버지가 해방 직후 '성대'城大*에서 그와 함께 근무한 적이 있다는 이야기를 들었고, 독일 유학길에 도쿄에 들러 고서점을 찾았을 때 마침 이와나미 출판사에서 나온 그의 『어떤 조선인 과학자의 수기』를 발견해 대충 읽었기 때문이다. 이승기 박사는 석탄과 석회석을 주원료로 비날론이라는 합성섬유를 개발한 것으로 잘 알려져 있다. 비날론은 이미 교토 대학 시절 그의 연구 주제였는데, 한국전쟁 중에도 연구 시설과 실험실이 보장되어 연구를 계속할 수 있었으며, 1954년 실험 생산을 거쳐 1961년에는 거대한 2·8 비날론 공장이 함흥에 세워졌다. 이 공장은 북의 풍부한 자원을 이용하고 자체 기술로 개발한다는 이른바 '주체 공업'의 상징이었다. 며칠 후 야간열차를 타고 함흥에 도착해, 이곳의 생산공정과 시설을 둘러보았다. 그러나 아쉽게도 당시 과학원 함흥 분원의 원장이었던 이승기 박사는 출타 중이라 만날 수 없었다. (함흥냉면으로 유명한 식당 '똥땡이집'에도 들렀는데 이름이 하도 특이해 아직도 기억에 남아 있다. 이 집 냉면은 평양냉면과 달리 육수는 없고 감자 가루로 만들어 면발이 아주 질긴 비빔냉면이었다.)

---

* 경성제국대학교가 서울대학교로 종합 개편될 때까지 과도기에는 경성대학교라 불렸는데, 줄여서 '성대'라고 했다.

평양으로 돌아와 류장식 부장을 만났는데 그는 자기가 지금 입고 있는 인민복도 비날론 섬유로 만들었다고 자랑했다. 그와는 이것이 처음이자 마지막 대면이었다. '7·4 남북공동성명'의 막후에서 활동했고, 남북조절위원회 북측 부위원장으로 남측 장기영의 상대였던 그의 첫인상은 상당히 관료적이었다. 많은 시간이 흐른 뒤 남쪽에 알려진 대로 정말 그가 김정일 체제 구축에 반대해서 숙청되었는지 궁금해서 그의 안부를 한 간부에게 물으니, '수령님의 교시를 지키지 않아 당내에서 비판받고 철칙되었다'는 답변만 들었다.

어쨌든, 어려운 결단 끝에 이루어진 방북을 마치고 다시 독일로 돌아오기 며칠 전, 입국 때 부탁했던 이산가족의 생사에 대한 소식을 들을 수 있었다. 한국전쟁 때 새어머니의 오빠 부부와 남동생이 월북을 했는데, 나는 직접 만나 본 기억은 없었으나 종종 이야기를 들어 이름을 기억하고 있었다. 특히 오빠 부부는 경황없이 떠나는 바람에 어린 두 딸이 남쪽에 남았는데, 이들은 후에 우리 집에서 컸다. 시간이 촉박해, 비행장에서 만나 인사만 나누고 다시 만나자는 기약을 뒤로한 채 비행기에 올랐다. 사전에 지도원이 내게 살짝 귀띔해 준 바로는, 가슴 아픈 사연이 있었다. 북으로 가는 길에 부부는 행선지가 서로 엇갈리면서 헤어졌는데, 나중에 다시 만났을 때는 이미 아내가 다른 남자와 동거 중이라 결국 이혼하고 남편도 다른 여성과 재혼했다는 것이다.

독일로 돌아오는 비행기 안에서 앞으로 있을 여러 가지 문제와 더불어, 방금 떠나온 곳에 대해 많은 생각을 했다. 평양은 모든 것이 정돈되어 있었고 인민들도 김 주석을 존경하고 따르고 있다는 인상을 받았다. 남쪽에 유신 정권이 세워지는 데 있어 당시 북쪽의 발전상이 준 충격이 직접적인 동인이었다는 이야기가 결코 근거 없어 보이지 않았다.


## 뮌스터로

논문이 거의 마무리된 1971년 여름 학기 때, 하이델베르크 대학 사회학과에서 (내 논문 주제의 한 부분이기도 한) 마르크스의 '아시아적 생산양식'에 관한 세미나가 있다는 소식을 듣고, 이 세미나에 참석했다. 당시 세미나를 주재했던 사회학자는 크리스티안 지그리스트Christian Sigrist였다. 1935년생인 그는 남독일 프라이부르크 근처 출신인데, 사회학·인류학·불문학을 전공한 적극적인 현실 참여파 학자였다. 주된 관심사는 제3세계 문제였는데, 특히 아프가니스탄·인도·중국 그리고 포르투갈 식민지였던 북아프리카의 기니비사우Guinea-Bissau에 많은 관심을 기울였다. 그의 박사 학위논문 "규제된 무정부"Regulierte Anarchie는 지배와 강제된 복종이 없는 사회도 가능하다는 것을 인류학적으로 논증해 상당한 반향을 일으켰다. 특히 그는 전후 독일의 보수주의 철학을 대표하는 거장 아놀드 겔렌Arnold Gehlen과 논쟁할 정도로 역량 있는 소장 학자였다. 겔렌의 '철학적 인간학'philosophische Anthropologie의 핵심은, 다른 동물은 태어나자마자 본능적으로 주위 환경에 빨리 적응하는 데 비해, 인간은 이런 본능이 결핍되었기 때문에 학교·사회·국가와 같은 강한 '제도'institution가 필연적이라는 데 있다. 이 주장에 대해 지그리스트는, 인간은 본능적으로 그런 억압적인 제도 없이도 사회생활을 평화스럽게 잘 유지할 수 있다는 점을 인류학적으로 서술하며 반증했다. 그의 강한 정의감과 사회참여는 제3

세계의 반제 투쟁과 독일 노동자와의 연대 투쟁으로 이어졌고, 스웨덴에서 했던 방송 인터뷰 내용이 문제되어 법정까지 간 적도 있었다.

하이델베르크에서 그를 만나고 나서 얼마 지나지 않아 그가 편지를 보내왔다. 1971년 겨울 학기에 뮌스터 대학의 사회학과에 정교수로 부임하는데 함께 일할 의향이 있는지를 묻는 내용이었다. 그는 원래 하이델베르크 대학에서도 정교수로 초빙되었지만 보수적인 주 정부의 거부로 탈락되었고, 뮌스터 대학에서는 한 학기 동안 학생들이 파업을 해 그의 임용을 관철시켰다. 그의 부인 우테Ute Sigrist는 고등학교에서 영어와 프랑스어를 가르치는 교사였는데, 성품이 무척 밝고 상냥했다. 그녀는 오랫동안 근무했던 학교 건물의 석면이 원인이 되어 시름시름 앓다가 2014년 2월에 세상을 떠났다. 부인과 사별하고 외롭게 지내던 지그리스트 교수도 1년이 채 되지 않아 집 안에서 그만 실족사했다. 그의 나이 80세였다(이 비보를 나는 2015년 2월 스리랑카를 여행하는 중에 들었다). 이들 부부는 하이델베르크에 있는 베르크 묘지Bergfriedhof에 묻혔는데, 막스 베버의 묘지에서 불과 10미터 떨어진 곳에 있다. 나는 만하임에 사는 큰아들 집에 들르게 되면, 진리와 정의를 위해 정열에 찬 삶을 함께 보낸 동료 부부가 누워 있는 곳을 찾아 명복을 빈다. 조그만 묘석에는 "우테 지그리스트(1936~2014), 최고의 선생님/ 크리스티안 지그리스트 교수(1935~2015), 현명한 고집쟁이"라는 글이 새겨져 있다.

원래 뮌스터 대학의 사회학과는, 겔렌과 함께 전후 서독 보수 세력의 이론가 가운데 수장격인 헬무트 셸스키Helmut Schelsky가 이끌었다. 그러나 68혁명의 집중적인 공격 대상이 되어 권위와 영향력이 크게 실추되자 이에 반발해, 새로 설립된 빌레펠트Bielefeld 대학으로 자리를 옮겼다. 주 정부는 이 기회에 아예 뮌스터 대학의 사회학과를 폐쇄할 계획이었으나 학과를 지키려는 학생들의 강한 저항에 부딪혀 결국에는 셸스키의 조교였던 한스-위르겐 크리스만스키Hans-Jürgen Krysmanski와 함께 지그리스트의 정교수 임용을 허락할 수밖에 없었다.

크리스만스키는 특히 예술 분야에도 일가견을 지닌, 인간미가 풍부한 학자였다. 그는, 1960년 뮌스터 대학에서 학위를 받고 귀국해 서울대학교의 사회학 교수로 재직하던 중 민족주의비교연구회의 지도 교수로 있다가 내란 혐의로 구속되었던 황성모 교수의 구원 활동에도 적극적이었다. 2003년 10월 22일에 내가 구속되었을 때도 11월에 직접 서울을 찾았고 독일에 돌아가 백방으로 구원 활동을 벌였으니, 한국과는 정치적으로 이래저래 깊은 인연을 맺은 셈이다. 그랬던 그도 은퇴 후 심장이 좋지 않아 수술을 받았는데 2016년 6월 초에 80세를 일기로 그만 저세상 사람이 되고 말았다. 그의 건강을 염려해서 보낸 '홍삼정'을 열심히 복용하고 있으며, 곧 베를린에서 한번 만나자는 메일을 그해 봄에 내게 보냈었는데 그런 그도 한줌의 재로 변해, 은퇴 후에 살고 있던 함부르크의 근처 북해의 푸른 바다에 뿌려졌다.

이렇게 깊고 오랜 인연을 맺은 지그리스트와 크리스만스키, 나를 비롯해 다섯 명으로 이루어진 팀이, 새로 가동한 뮌스터 대학 사회학과를 이끌어 갔다. (나는 첫 학기였던 1971년 겨울에는 프랑크푸르트와 뮌스터를 오가다가, 1972년 여름 학기부터 뮌스터로 이사했다.) 그러나 사회학과의 교과과정과 연구 내용을 둘러싼 내부 갈등도 적지 않았다. 소련과 동독의 마르크스주의 연구의 성과를 대체로 수용했던 크리스만스키와, 이보다는 중국 사회주의와 제3세계 민족해방투쟁의 실천적 경험을 중시했던 지그리스트 사이의 갈등과 심각한 논쟁이 동기

위 _ 뮌스터 대학의 동료인
한스-위르겐 크리스만스키 교수
(KenFM 인터뷰, 2013년 3월 15일)
아래 _ 뮌스터 대학의 동료인
크리스티안 지그리스트 교수.
나치 때 거세 수술을 강제로 받아야만
했던 독일공산당원 파울 불프(Paul
Wulf)의 기념조각상 건립식에서
연설하고 있다(2010년 5월).

가 되어, 나는 1970년대 중반부터 소련과 중국 사회주의의 이론과 실천을 비교하는 연구 작업을 본격적으로 시작했다. 그리고 이 연구는 내 교수 자격 취득Habilitation 논문으로 1981년 봄에 완성되었다. 당시만 해도 교수 자격 취득자가 그렇게 많이 배출되지 않아서, 서독의 교수 자격 취득자 명단은 매년 독일의 지방지에 실릴 정도였다. 그리고 나이도 대부분 40세 전후였다.

뮌스터 대학에서 나는 주로 사회철학, 사회과학방법론, 제3세계 문제 그리고 사회주의 이론과 실천을 전담했다. 마르크스의 "정치경제학비판"과 같은 필수과목은 물론, 당시 일기 시작한 프랑스의 구조주의에 관한 강의도 했다. 이때 나는 한 번 했던 강의는 절대 반복하지 않는다는 나름의 원칙을 세웠다. 가르치는 것이 곧 배우는 것이기 때문이었다.

## 결혼

프랑크푸르트의 생활을 완전히 정리하고 뮌스터로 이사했지만 주말에는 주로 혼자 시간을 보냈다. 당시 뮌스터에는 유학생과 간호사를 포함해 15명 정도의 한인이 있었지만 이들 중 몇 사람과 가끔 만날 정도였고 대부분의 시간은 독일 동료들과 보냈다. 특히 동갑내기인 동료 베른하르트 휠스만Bernhard Hülsmann은 나를 자주 집에 초대했다. 뮌스터 시에서 한 시간 정도 떨어진 시골이었지만 아주 큰 농기구 제작 회사가 있어서 많은 스페인 노동자들이 살고 있어 허름한 스페인 식당도 있었다. 우리의 해물 볶음밥에 가까운 파에야Paella를 제

위 _ 결혼사진(1973년 12월 22일)
아래 _ 같은 날, 결혼 축하 모임에서 집주인 뵈처 부부와 함께

대로 즐길 수 있어서 주말에는 즐겨 찾았다. (베른하르트 역시 2003년 가을, 나의 석방을 위해 백방으로 노력했다.)

장남인 데다가 학위도 끝냈고 직장까지 있었으니 부모님이 혼사 이야기를 꺼내기 시작했다. 당시에 유학생들 사이에는 결혼 상대가 없으면 일시 귀국해서 결혼을 하거나, 이른바 '소포 결혼'이라고 해서 사진만 보고 결혼하는 경우도 있었다. 물론 독일인이나 외국인 들과 결혼하기도 했지만 흔하지는 않았다. 그러나 나는 결혼 문제를 그리 심각하게 생각하지 않았고, 사귀는 여성도 있었다.

프랑크푸르트에서 학위논문을 쓸 때 도서관에서 거의 매일 대출과 반납을 반복했는데, 이때 도서관에서 실습하는 한국 여학생이 한 명 있었다. 후에 가끔 도서관이나 학교 식당에서 만나 인사를 나누게 되었는데, 눈이 크고 시원스럽고 밝은 인상을 주는 이 여성에게 관심을 가진 유학생들이 있다는 이야기도 들렸다. 하지만 학위논문 때문에 다른 데 눈을 돌릴 여유가 없었다. 그러다 학위논문이 마무리되었던 1971년 말, 송년회에서 처음으로 긴 이야기를 나눌 수 있었다.

그러던 어느 날, 주말에 대개 외롭게 지내던 나는 용기를 내어 프랑크푸르트에 있는 그녀의 기숙사로 전화를 걸었다. 서로 안부를 묻고 기회가 닿으면 만나자는 내용의 통화였다. 두 달쯤 지나 그녀에게 엽서가 왔다. 벨기에 루방 대학에서 공부하고 있는 친구를 만나러 가는 길에 뮌스터에 들러도 되겠느냐고 했다. 1972년 가을이었다. 그녀는 원래 충남 서산 출생이었으나 당진에서 성장했다. '선도 안 보고 데려간다'는 딸 부잣집 셋째 딸로, 아래로 남동생 둘과 여동생 둘이 있었다. 고생을 모르고 자란 그녀는 부친의 사망으로 고학을 하며 프랑크푸르트 대학에서 도서관학과 독문학을 전공했고, 당시 졸업을 코앞에 두고 있었다.

그런데 아버지로부터 편지가 왔다. 우리의 결혼을 반대한다는 내용이었다. 그녀가 나보다 두 살이 많다는 점이 당신에게는 내심 걸리신 것 같았다. 지금은 연상의 여성과 결혼하는 일이 드물지 않지만 당시만 해도 그렇지 않았다. 어떻든 아내와 누나의 역할까지 맡게 될 딸을 생각해, 그녀의 어머니도 내 사진을 보더니, 철학을 전공하는 내 인상이 너무 차가워 보여 딸을 고생시킬 것 같다며 반대했다는 것이다. 결혼한 후, 아내는 우연히 내 책갈피에 끼어 있던 아버지의 편지를 발견했는데, 결혼을 반대하는 이유에 자로 밑줄을 그어 강조한 것을 보고 시아버지의 성품을 알 수 있었다고 했다. 우리는 1973년 5월 1일 뮌스터 시내의 조그만 레스토랑에서 두 동료 부부를 초대해 조촐하게 약혼식을 올렸다. 그녀도 프랑크푸르트에서 공부를 마친 그해 가을부터, 취직이 어렵다는 뮌스터 대학 도서관에서 전문 사서로 일할 수 있게 되었다. 한국에서는 도서관 사서직이라 하면 대개 도서 대출 업무를 하는 사무원 정도로 생각하는 듯하다. 그러나 과거 유럽에서 사서는 귀족의 자제가 할 수 있는 특수 전문직이었다. 학문과 예술 분야에서 뛰어난 업적을 남겼던 라이프니츠Gottfried Wilhelm von Leibniz, 칸트Immanuel Kant, 괴테Johann Wolfgang von Goethe, 그림 형제, 앙드레 브르통André Breton, 아나톨 프랑스Anatole France, 마르셀 뒤샹 Marcel Duchamp 등도 사서 출신이었다.[*]

---

[*] 우리가 귀국했을 때 국내 언론들은 아내를 '박봉의 사서'라며 폄하했는데, 나중에 우석훈 박사는 이를 비판하며 이렇게 말하기도 했다. "우리나라와 같이 도서관 사서 혹은 전문 사서를 9급 공무원 정도로나 이해하는 나라에서는 상상할 수 없겠지만, 베를린 예술대학에

우리는 뮌스터에서 첫 살림을 꾸렸다. 집주인 뵈처 씨는 측량 기사로 작은 회사를 운영했다. 네 자녀를 둔 가정적이고 명랑한 사람이었는데 나이 50세에 그만 심장마비로 사망했다. 그는 나를 보면 가끔 "부인은 훔쳐 가고 싶을 정도로 우아한 미인입니다."라고 농담을 건네곤 했다.

같은 해 12월 22일, 우리는 '영원한 등불'Zur ewigen Lampe이라는 연회장에서 직장 동료들과 친구들을 초대해 결혼을 알렸다. 결혼 신고를 먼저 하려고 했으나 해를 넘겨 1974년 2월 22일에야 신고할 수 있었는데, 여기에는 특별한 사연이 있었다. 당시 루르 지방의 탄광에서 일하던 한인 광부들 가운데 여러 명이 서독에는 가족수당과 자녀수당이라는 것이 있다는 사실을 알고는, 독일에 오기 전에 가짜 혼인신고는 물론, 있지도 않은 자녀까지 호적에 올려 수당을 받았다. 그러다가 독일에서 진짜 배우자를 만나 혼인신고를 하자니 문제가 생겼다. 그래서 편법으로 처와 자식들의 사망신고를 한꺼번에 했는데, 그런 사람이 한두 명이 아니었다. 이를 수상히 여긴 독일 관리가 사망원인을 캐묻자 대개는 연탄가스 중독으로 모두 사망했다고 천편일률적으로 대답하다가 결국은 들통이 났다. 그 후로 한국 사람이 서독에서 혼인신고를 할 때는 꼭 서울에 있는 서독 대사관으로부터 독신 확인서를 받아야 했다. 그래서 우리는 예정보다 반년이 지나서야 독일에서 혼인신고를 마칠 수 있었다.

---

서 30년간 전문 사서로 일을 했던 정정희 씨가 독일 사회에서 가지고 있는 위치는 상상을 초월한다. 송두율 교수는 하버마스의 제자이기 이전에 '30년 경력의 베테랑 전문 사서의 남편'이기도 했다"(<오마이뉴스> 2006/10/01).

아버지와 함께. 파리 소르본느 대학의 빅토르 위고 동상 앞에서(1974년 8월)

결혼한 이듬해 여름, 아버지가 미국과 캐나다를 거쳐 뮌스터에 들르셨다. 마침 여름방학이 시작되어 우리는 아버지를 모시고 파리와 런던 여행을 함께했다. 당신께서는 며느리를 직접 만나고는 만족해하셨다. 마침 마르부르크에서 열리는 민주사회건설협의회(민건)의 창립총회에 다녀와야 해서 이 사실을 말씀드렸더니 오히려 우리를 격려하셨다. 우리 시대의 고통을 너희 세대에까지 물려주어 미안하고, 외국 땅에서 몸조심하며 투쟁을 잘하라고 격려까지 하고 떠나셨다. 외국과의 사업 때문에 당시로서는 드물게 아버지는 복수여권을 소지했는데, 귀국 즉시 여권을 압수당했고 그 뒤로는 무소식이 희소식이라고 생각하며 살았다. 심지어 둘째 아들 린이 태어나 소식을 전했던 그림엽서가 중간에 사라지는 일이 발생해, 우리는 서신 왕래도 자제하고 살았다. 그러다 '피의 광주'를 통해 집권한 전두환 정권이 유화책으로 아버지의 해외여행 금족령을 풀어 1983년 봄에야 서베를린에서 근 9년 만에 재회할 수 있었다. 그 사이 학교에 다닐 정도로 자란 두 손자를 아버지는 직접 볼 수 있었는데, 당신으로서는 이것이 손자들과의 처음이자 마지막 만남이었다.

## 준과 린

준과 린은 연년생으로 1975년과 1976년에 태어났다. 그래서 형제는 어릴 때부터 바늘과 실처럼 서로 붙어 다니며 성장했다. 같은 초등학교를 4년 동안, 같은 김나지움을 9년 동안 1년 터울을 두고 다녔다. 그래서 학교 선생들도 둘을 쌍둥이로 착각한 적이 많았다. 준이 초등학교에 입학하던 날은 지금도 잊히지 않는다. 준이 성장해서 초등학생이 되었다는 사실이 한편으로는 대견했지만, 다른 한편으로는 앞으로 외국 땅에서 살아갈 자식들의 미래에 대한 불안감도 따랐기 때문이다. 다른 아이들은 양가 부모의 할아버지와 할머니는 물론, 많은 일가친척들에게 둘러싸여 정신없이 뛰노는데, 준의 옆에는 동생 린과 부모만 있었으니 애잔한 마음이 들었다.

그럼에도 불구하고 준과 린은 학업성적이 우수했고 친구들이 많아 다른 학생들과 학부형들도 부러워했다. 서베를린에서는 보통 초등학교 6년을 마치고 상급학교Oberschule에 진학할 수 있는데, 예외적으로 초등학교 4년을 마치고 진학할 수 있는 '후마니스트 김나지움'이 다섯 곳 있다. 시립이 세 곳, 가톨릭과 개신교에서 운영하는 사립이 각각 하나씩이다. 서베를린에서 우수한 학생들만 지원할 수 있는 전통적인 '고전어 김나지움'에서는 다른 학교와 달리 입학하자마자 제1 외국어로 라틴어를 배우기 시작하며, 고전 그리스어도 필수과목이다.

우리는 당시 살던 집에서 비교적 가까운 시립 슈테그리츠 김나지움Gymnasium Steglitz에 준을, 그다음 해에는 린을 보냈다. 후에는 등하굣길이 가까운 현재 집으로 이사했다. 1886년에 설립된 이 학교는 독일의 자연사랑 국토 순례 운동이라고 할 수 있는 반더포겔 운동Wandervogelbewegung을 지핀 학교로 유명하다. 바우하우스Bauhaus의 창시자 가운데 한 사람이었던 현대 건축가 발터 그로피우스Walter Gropius나, 본명 루돌프 레더Rudolf Leder로 반나치 투쟁을 했으며 동독 최고의 문인 가운데 한 사람이었던 슈테판 헤를린Stephan Hermlin,* 현재 한창 세계적 명성을 떨치고 있는 지휘자 크리스티안 틸레만

Christian Thielemann도 이 학교를 다녔다. 고전어 중심이지만 자연과학 계열의 교육도 강해, 나중에 자연과학을 전공하는 데도 유리했다.

준은 화학에 특별한 관심을 보였는데, 관련 서적들을 마치 소설처럼 가까이 대하더니 결국 그 길로 나갔다. 린은 음악에 소질과 관심이 있어 본인은 물론, 우리도 그 길로 나갈 수 있지 않나 생각했다. 피아노에 이어 오보에를 김나지움 입학 후인 열두 살부터 연주하기 시작했다. 여기에는 윤이상 선생님의 적극적인 권고와 성원이 있었다. 한번은 윤 선생님이 너를 위해 오보에 곡을 작곡할 테니 열심히 기량을 연마하라고 린에게 말했다. 이 말이 린에게는 상당한 자극이 되었던 모양이다. 그러나 몇 년 후 린은 오보에 연주는 취미로 하고, 의학을 전공하기로 결정했다.

1994년 가을, 준은 대학에 입학하자마자 다른 학생들보다 빨리 과정을 마쳤다. 이를 지켜본 한 화학 교수가 미국으로 초대했지만, 준은 한 학기 만에 돌아왔다. 당시 미국 사회에 대한 인상이 별로였던 것 같았다. 준은 베를린 자유대학의 유기화학 분야에서 석사 학위를 마치고, 뮐하임Mühlheim a. D. Ruhr에 있는 막스-프랑크 탄소연구소 Max-Planck-Institut für Kohlenforschung의 연구원으로 취직했다. 이후 연구 결과로 박사 학위논문을 제출해 통과되었다. 2003년 9월 서울에 우리 부부와 함께 서울에 왔다가 예상치 못한 일을 겪었는데, 마침 구두시험을 앞두고 있을 때였다. 이런 상황을 이겨내고 준은 계획대로 학위를 마쳤다.

---

* 헤를린과는, 내가 그의 저작 『저녁 노을』(*Abendlicht*)의 한국어 번역판에 추천사를 쓴 인연이 있다. 슈테판 헤름린 지음, 박소은 옮김, 『저녁 노을』(당대, 1995).

위 _ 김나지움 입학식 날 준, 린과 함께(1985년 8월)
아래 _ 준과 린(포르투갈 리스본, 2009년 12월)

당시 그가 일했던 막스-프랑크 연구소는 소장이 독일에서 연구 지원금을 가장 많이 주는 '라이프니츠 상'을 받아 연구 조건이 아주 좋았다. 그래서 고가의 실험 기재들을 구입할 수 있었는데, 교수들은 이런 최신 기재를 다루는 데 어려움을 겪었다. 그럴 때마다 준의 손을 거치면 문제가 해결될 정도로 그는 이 분야에 타고난 재능이 있었다. 이런 특이한 능력은 아마 할아버지로부터 물려받은 것 같다.

　　주위에서는 준이 나를 닮아 수줍어하는 성격인 반면, 린의 적극적인 성격은 어머니를 닮았다고들 한다. 예술적이면서도 사교적인 성격의 린은 초등학교에 들어가 김나지움을 졸업할 때까지 내내 반장을 도맡았다. 간혹 선생이 어떤 학생을 부당하게 대하면 이에 항의하는 것도 그의 몫이었다. 하지만 성적표를 나누어 주는 날, 선생들이 나도 너처럼 좋은 성적표를 한번 받아 보고 싶다고 말할 정도로 린은 선생들에게도 인정받았다. 1995년 가을, 베를린 훔볼트 대학 의과대학에 입학한 뒤 2년 후에 뮌헨 대학으로 옮겼고, 그곳에서 독일 의사 자격 국가시험을 통과했다. 그는 미국의 의사 자격시험도 높은 성적으로 합격했고, 뮌헨 대학에서 의학박사 학위를 받았다.

　　후에 린이 미국 뉴욕 대학에서 소아과 전문의 과정을 밟을 때 병원에서는 미국 사회에서는 보기 드문 의사라며, '모든 언어를 하는 의사'라고 그를 불렀다(린은 파리와 바르셀로나에서 각각 1년씩 공부했기 때문에 프랑스어와 스페인어에도 능통하다). 그렇게 우수한 사람이 무엇 때문에 '돈벌이'가 신통치 않은 소아과를 택했느냐고 누군가 말하면, 참을성 많은 그도 화를 낸다. 자신이 의학을 공부한 것은 돈을 벌기 위해서가 아니라 병과 가난에 시달리는 어려운 사람을 돕기 위한 것이라고 잘라 말한다. 주위에서는 이런 이상주의가 아마 부모로부터 물려받은 것 같다고들 하는데, 그 말이 사실인 것도 같고, 우리 역시 그 소리가 싫지는 않다.

외국 땅에서 자식을 키우는 일은 쉽지 않았다. 한번은 도쿄에서 디자이너로 일하고 있는 사촌 동생이 런던에서 패션쇼를 열면서 우리를 초대했다. 아직 어린 두 아이를 다른 사람에게 부탁하고 런던행 비행기를 탔다. 비행기에 오르자마자 아내는 안절부절못하며 우리 두 사람이 함께 여행을 떠난 것을 크게 후회했다. 만약 우리에게 무슨 일이라도 생기면 이국땅에 두 아이만 고아로 달랑 남기 때문이었다. 늘 이런 걱정을 했음에도 나는 민주화와 통일이라는 시대의 화두를 안고 싸우느라 아이들이 자랄 때 곁에 자주 있어 주지 못했다. 아내는 '청상과부'라는 소리를 들으면서도 내 빈자리까지 대신 채워 주었고, 따뜻한 사랑과 절제 사이에서 균형을 잃지 않으며, 두 아들이 자신의 길을 갈 수 있도록 버팀목이 되어 주었다.

# 제2부
## 저항의 시대:
## 유신 체제와 맞서

"동무여, 물어보는 것을 부끄러워 말라.
설득 당하지 말라
스스로 들여다보라.
너 자신이 모르는 것은 결국 너는 모르게 된다.
계산서를 검토하라
네가 이를 지불해야만 한다.
모든 항목을 세밀하게 검토해라.
물어보라, 어떻게 되어 이 항목이 들어갔지?
너 자신이 주인이 되어야 한다."
― 베르톨트 브레히트

1972년 여름, 7·4 공동선언이 발표되었다는 놀라운 뉴스를 접했다. 독일 생활 5년 만에 서울로부터 처음 온 낭보였다. 한국에 대한 소식이라면 세계를 긴장하게 만든 '푸에블로 호 납치 사건'이나 베트남전쟁에 파병된 한국군과 관련해 좋지 못한 소식만 들었던 나로서는 닉슨의 중국 방문에 버금가는 충격적인 뉴스였다. 시인 김지하가 시 "오적"을 통해 통렬히 풍자했던 부패 정권 아래에서도 민족 화해와 통일을 위한 정책이 나올 수 있는지 반신반의하면서도 나는 흥분했다. 그러나 얼마 지나지 않은 10월에 유신 체제가 선포되었다. 통일을 빙자해 독재 체제를 강화한 박 정권의 공포·억압 정치의 실상은 이러저러한 경로를 통해 해외에도 알려졌고, 나도 무엇인가 해야 한다는 절박감에 휩싸였다.

당시 김대중 선생이 미국에서 망명을 선언하고 일본을 왕래하며 반유신 투쟁을 전개하기 시작했고, 이에 동조하는 세력이 외국에도 있다는 사실에 나는 고무되어 있었다. 그래서 우선 믿을 수 있는 사람들과 의견을 주고받으면서 구체적인 대책을 논의했다. 한편 김대중 선생은 유신 체제를 지지한 민단에 저항해 새로운 조직인 한국민주회복통일촉진국민회의(한민통)를 결성하고 이를 근간으로 해외에서 민주화 운동을 펼치려 했으나, 결성식을 며칠 앞둔 1973년 8월 8일 도쿄에서 중앙정보부 요원들에 의해 백주에 납치되었다. 국내 상황도 1974년 긴급 조치의 남발과 더불어 악화일로로 접어들었다.

나는 강돈구·이삼열·박대원·김길순 선배 등과 비밀리에 회동하면서, 반독재 세력을 규합해 국내의 민주 세력을 지원하고, 국내 실정을 해외에 알려 연대 세력을 확장하기 위한 조직체를 건설하기로 했다. 강돈구·이삼열·박대원 형은 모두 서울대 철학과 선배들이었으며, 김길순 형은 고등학교 선배였다. 준비가 어느 정도 진척되자 우리는 조직을 확대하기로 하고, 1974년 3월 1일을 기해 당시 서독의 수도 본에서 시위를 하고 결성을 선포하기로 했다. 명칭은 '민주사회건설협의회'(민건)로 정했다. 전 독일에 걸친 인적 연결망을 통해 선언문 초안인 "민주 사회 건설을 선언하면서"를 비밀리에 보여 주며 서명을 받았다.

이런 움직임을 눈치챈 중앙정보부 요원들이 이를 저지하고자 온갖 협박과 회유를 했음에도 55명이 서명했다. 간호사와 광부가 교포 사회의 주류를 이루고 유학생의 숫자가 많지 않았음을 고려하면, 그리고 바로 7년 전에 일어난 동베를린 사건의 악몽이 아직 생생할 때였으므로, 공개적으로 유신 정권을 규탄한다는 것은 결코 쉬운 일이 아니었다. 더군다나 광부나 간호사들은 3년 계약이 끝나면 귀국해야 했으며, 유학생들은 공부가 끝나는 즉시 서독 땅을 떠나야 했으므로, 서명은 개인적으로 많은 희생을 감수하는 결단이었다. 비슷한 시기에 미주에서는 투쟁 선언을 할 때 공개적으로 두세 사람만 기명하고 '이외 몇 명'이라고 적었다. 이와 비교하면 민건의 출범은 해외 민주화 운동사에서 획기적인 사건이었다.

물론 서명자의 범위를 둘러싸고 격렬한 논쟁도 있었다. 1973년 말에 이미 서베를린에서 『주체』라는 잡지가 발간되었는데, 발행인은 정철제 박사였고 편집인은 오석근 씨였다. 발행인은, 일제강점기 때 무정부주의자로 중국에서 독립운동에 참여한 정화암 선생의 아들로, 상하이에서 태어나 우리말이 좀 서툴렀다. 편집인은 로마 유학 중에 성직자의 길을 접고 결혼한 뒤 베를린 자유대학에서 신학 박사 학위 과정에 있었다. 이 두 사람을 서명에 참여시킬 것인가를 둘러싸고 일부 기독교계 인사들이 강하게 반발했다. '친북적' 성향의 잡지를 발행하는 사람을 조직에 받아들이면 민주화 운동이 타격을 입을 것이라는 이유에서였지만, 그런 태도야말로 비민주적이라고 비판하는 사람들도 있었다. 결국 두 사람이 서명에 참여하지 않는 선에서 합의했지만, 일부 성원들의 불만은 그대로 남았다. 민건은 유학생·성직자·간호사·광부·가정주부 등 다양한 사람들이 참여한 가운데, 1974년 3월 1일, 겨울 한기가 여전한 본 시 중심의 뮌스터 광장에서, 비록 이국의 하늘 아래에서였지만 유신 독재를 타도하는 투쟁에 나선다는 것을 내외에 엄숙히 선포한 뒤 가두 행진을 벌였다. 배수의 진을 친, 서독에서의 반독재 투쟁은 국내는 물론 다른 지역의 동포들을 고무했다.

1974년 8·15 행사장에서 육영수가 저격된 충격적인 사건이 발생하자 박 정권의 공포정치가 더욱 가혹해졌는데, 이에 맞선 국내의 절박한 투쟁을 지원하기 위해 우리는 꾸준히 조직을 확대하고 강화한 바탕 위에 대학 도시 마르부르크에서 민건 창립총회를 가졌다. 서독 각지에서 모여든 1백여 명의 회원들은 전 독일에 걸쳐 6개 지역 조직을 두었다. 총회에서 임원을 선출했는데, 일본이나 미국과 달리 젊은 사람들이 조직의 전면에 나서기로 의견이 모여 내가 의장에, 이삼열 선배와 파독 광부 출신이었던 오대석 씨가 부의장, 강돈구 선배가 총무에 선임되었다. 명예나 돈이 생기기는커녕, 위험과 협박, 탄압과 불이익이 기다리는 자리였지만, 다들 비장한 각오로 책임을 맡았다. 우리 부부는 이미 공부를 마치고 대학에 자리를 잡았으므로 경제적으로는 비교적 안정되었지만, 민건 활동으로 늘 시간에 쫓겨, 나는 강의 준비도 종종 열차 안에서 해야 했다.

우리는 유신 독재의 본질적인 문제를 다루고 대안을 모색하기 위해 봄가을에는 정기적인 학술회의를 개최했고, 『광장』, 『민주한국』이라는 기관지도 발행했다. 『민주한국』은 후에 타블로이드판으로 매달 발간되었으며, 1982년 6월까지 계속되었다. 당시는 한글 컴퓨터가 없었으므로 수동식 타자기를 국내로부터 어렵사리 반입해, 원고를 나누어 타자한 후 이를 프랑크푸르트에 사는 임희길 선배가 모아서 조판했는데, 그때마다 그와 나는 전화로 원거리 편집을 했다. 이때 임 선배의 부인은 힘든 병원 야근을 마치고 난 뒤 지친 몸으로 타자 일을 도맡았다. 컴퓨터 시대인 오늘날에 그때 덕을 톡톡히 본다고 본인은 지금 이야기하지만, 당시에는 보통 힘든 일이 아니었다. 그때 사용한했던 육중한 한글 타자기 한 대를 얼마 전 다락방에서 발견하고 잠시 나는 추억에 젖었다.

유신 체제에 저항해 해외 각지의 운동 단체들이 발간하는 매체들을 통제하기 위해 당시 중앙정보부는 한글 타자기의 해외 반출을 어렵게

당시 출판물 제작에 사용되었던
한글 타자기

만들었다. 그래서 민건은 1970년대 중반에 빌헬름스하펜Wilhelmshaven에 있는 올림피아 회사에 한글 타자기 네 대를 특별 주문했다. 내가 갖고 있는 타자기는 그 가운데 하나였다. 18킬로그램이나 되는 이 육중한 타자기로 기관지『민주한국』,『김지하 시집』과 그 밖의 많은 유인물을 제작했다. 김지하 구명 운동을 위해 1975년에 발간한『김지하 시집』은 비록 장정은 볼품없었으나 시집의 형태로 나온 것은 국내외를 통틀어 처음이었다. 그 후에 민건 회원 최두환 씨(후에 중앙대 교수)의 독일어 번역으로 1983년에는『황토』Gelbe Erde라는 제하의 시선이 독일 유수의 출판사 주어캄프Suhrkamp에서 발간되었다. 국내로부터 내게 비밀리에 전달된 저작권 양도서로 출판사와 계약을 맺을 수 있었다.

이처럼 활발하게 활동하는 가운데에도 민건 내부에는 중요한 견해차가 있었다. 그것은 특히 미국의 대한반도 정책에 대한 것이었다. 1976년 미국 대통령선거에서 민주당 후보 경선에 나선 지미 카터Jimmy Carter가 중요한 공약의 하나로 '주한 미군 철수'를 제시했는데, 이에 국내 반독재 운동 세력의 일각이었던 기독교계가 반대 입장을 밝혔다. 주한 미군이 철수하면 남한 사회가 불안정해져 결국 박정희 독재 체제를 강화할 구실을 줄 것이라는 논거였다. 이런 주장에 대해 대부분의 회원들은 나가겠다는 미국의 바짓가랑이를 붙잡고 나가지 말아 달라고 애원하는 것은 어떤 이유로도 수긍될 수 없으며, 설사 그로 인해 유신 체제가 강화되더라도 우리의 단결된 민주 역량으로 이를 능히 극복할 수 있다는 입장이었다. 이런 입장의 차이는 후에 이삼열 선배를 중심으로 한 일부 기독교 계열이 민건에서 떨어져 나간 계기가 되었다.

위 _ 유신 독재 타도를 위한 '민주사회건설협의회'를 발족,
가두시위를 하고 있다(서독 본, 1974년 3월 1일).
아래 _ 한국위원회 위원장 귄터 프로이덴베르크 교수와
함께(1996년 4월)

한편, 독일 내 민주화 운동을 지원하기 위해 윤이상 선생님의 절친한 친구였으며 오스나브뤼크Osnabrück 대학의 초대 총장이었던 귄터 프로이덴베르크Günter Freudenberg 교수를 중심으로 1976년에 한국위원회Korea-Komitee가 본에서 창립되었다. 이 위원회의 일원이었던 독일 작가 루이제 린저Luise Rinser는 카터에게 주한 미군 철수를 공약한 그를 지지한다는 내용의 공개편지를 보내기도 했다. (전혜린이 번역한 그녀의 책『생의 한가운데』Mitte des Lebens는 한국에서도 널리 읽힌 바 있다.) 카터는 그 후 대통령에 당선되었지만 공약을 접었으며 나중에 재선에 실패했다. 그러나 국제원자력기구의 북한 핵시설 사찰을 둘러싼 갈등으로 한반도에 전쟁 위기가 고조되던 1994년 여름, 전격적으로 평양을 방문해, 김 주석과 핵 위기 해소를 위한 합의를 이끌어 냈으니 그때 지키지 못한 약속에 대한 보상이라는 생각도 들었다.

## 추방령

지금은 사정이 훨씬 나아졌지만 당시만 해도 독일인 배우자가 있는 경우가 아니면, 외국인은 원칙적으로 공부가 끝나면 곧바로 서독을 떠나야 했다. 1972년 봄부터 뮌스터 대학 사회학과에 채용될 당시 내 자리는 원래 정년이 보장되는 관리직인 '별정직 대학 교원'Akademischer Rat이었다. 그러나 외국인이라는 이유로 5년 계약직인 '학문적 조교'Wissenschaftlicher Assistent로 바뀌어 임용되었다. 구태여 미국식 직제로 표현하자면 조교수였다. 물론 매년 체류 연장을 받기 위해서는 학장이, 독일 나아가 유럽연합 내에서 나를 대신할 만큼 역량 있는 학자가 없다는 식의 채용 이유서를 제출해야만 했다. 아내가 근무하는 대학 도서관에서도 도서관장은 비슷한 이유서를 제출해야 했다. 직장, 체류 허가 문제, 여권 연장 문제까지 서로 맞물려 있어 어느 한 가지 문제가 해결되지 않으면 다른 문제도 해결할 수 없는 상황이었다. 이런 상황에서 대사관은 나의 반유신 투쟁을 문제 삼아 여권 유효 기한을 심지어 석 달만 연장해 준 적도 있었다. 그 결과 대학과의 계약과 독일 체류 허가가 석 달로 제한되기까지 했다.

1976년에는 베를린 자유대학 정치학과에서 사회주의 이론 분야의 교수를 채용하기 위해 공모를 했다. 나는 여기에 지원했고 최종 명단에 올랐다. 그런데 신원을 조회하는 과정에서 외국인 체류를 담당하는 관청이 결국 우리의 체류 문제에 본격적으로 개입하기 시작했고, 우리의 체류 허가를 뮌스터 대학에 근무하는 기간으로 한정한다는 별도 규정까지 두었다. 이렇게 체류 문제에서 계속 어려움이 발생하자 동료들은 독일 국적을 취득하거나 정치적 망명을 신청하라고 적극 권하기도 했다. 민주화 운동, 직장, 교수 자격 논문을 작성해야 하는 등의 과중한 압박 때문에 아내는 연년생 두 아들을 위해 눈물을 머금고 장래가 보장된 직장 생활과 경력의 꿈을 일단 접어야만 했다.

이런 상황에서, 베를린 자유대학의 동아시아학과에서 중국학과와 일본학과에 이어 한국학과를 개설하려는데 이에 관심이 있는지를 묻는 연락이 왔다. 이 대학에는 이미 한국어 강좌가 개설되어 전희수 씨(전 외대 독어과 교수)가 가르치고 있었다. 그때는 냉전과 중소 분쟁이 첨예한 시기로, 소도시인 뮌스터에서 교수 자격 논문 "소련과 중국"을 쓰고 있던 나는 필요한 자료를 구입하는 데 많은 어려움을 겪고 있었다. 마침 베를린 자유대학의 동유럽연구소와 중국학과는 방대한 자료를 소장하고 있었고, 전후 마르부르크로 이전했다가 다시 서베를린으로 돌아온 독일 국립도서관의 자료를 이용할 수 있었으므로 1977년 봄부터 나는 베를린 자유대학으로 자리를 옮겼다.

그해 여름방학인 8월 중순, 그간 해외에서 국내의 민주화 운동을 지원하는 세력이 도쿄에 모여 연대 조직인 한국민주민족통일해외연합(한민련)을 새로 결성하기로 했다는 연락이 왔다. 이 회의에 참가하기 위해 서베를린 주재 일본 총영사관을 찾아가 사증을 신청했으나 거절당했다. 나는 그날 뒤셀도르프로 날아가 일본 총영사관에서 사증을 받아 바로 도쿄로 향했다. 그렇게 꼭 10년 만에 도쿄를 다시 찾게 되었다. 의장인 김대중 선생이 출범을 앞두고 백주에 납치를 당한 충격과 분노를 딛고 한민통은 한국 정부는 물론, 이와 밀착한 일본 정부의 탄압에도 불구하고 강한 조직을 유지했다. 배동호 선생을 중심으로 곽동의 선생이 조직을, 정경모 선생이 기관지 『민족시보』의 주필을 맡았다. 이런 배경에서 한민통은 해외 민주화 운동의 연대 조직 결성도 주도할 수 있었다. 도쿄에서 나는 초면이었던 배동호, 김재화 선생을 비롯한 한민통의 주요 인사들은 물론, 미주에서 온 최홍희 국제태권도연맹 총재, 김성낙 목사(전 숭실대 총장)와도 인사를 나누었으며, 장면 정부 때 유엔 대사를 역임했던 임창영 박사와도 재회했다.

그러나 국내 민주화 운동의 지도자 가운데 한 분이었던 김재준 목사가 당시 토론토에 체류 중이었는데, 이분을 중심으로 활동하던 해외 기독교계의 주요 인물들은 회의에 불참했다. 기독교인들의 일부가 그들 중심으로 해외 민주화 운동의 조직체를 따로 결성하려 했기 때문이다. 해외 민주화 운동 내부에서 기독교와 비기독교 간에 있었던 긴장은 후에 5·18을 경험하면서 다소 약화되었으나 쉽게 해소되지는 못했는데, 핵심적인 이유는 북한에 대한 시각과 입장 차이 때문이었다.

회의 이틀째 되던 날, 유신민단이 동원한 조직 폭력배 1백여 명이 각목과 철봉을 휘두르며 회의장 난입을 시도하는 바람에, 이에 맞선 한국청년단체협의회(한청)의 젊은이들이 많이 다쳤다. 유신 정권의 이런 야만과 폭력은 오히려 참가자들의 투쟁 열기를 돋워, 한민련이라는 해외 동포 연대 조직을 계획대로 탄생시켰다.

회의를 마치고 돌아오는 길, 나리타 공항에서 출국 수속을 하는데 우리말을 아주 잘하는 일본 출입국 관리가 일본에 온 목적과 체류 기간에 어떤 활동을 했는지 꼬치꼬치 묻더니 내 여권을 복사하는 등 소란을 피웠다. 우여곡절 끝에 서베를린에 돌아오니 외국인청에서 출두하라는 편지가 기다리고 있었다. 체류 유효 기간이 10월까지인데, 불친절하기로 소문난 외국인청이 '친절하게' 편지까지 보냈기에 예감이 별로 좋지 않았다. 예정된 날에 출두했더니, 우리의 독일 체류 허가는 뮌스터로 제한되어 있는데 이를 어기고 서베를린으로 이사 왔으므로 체류 허가가 무효라며 여권에 있던 체류 허가에 무효 도장까지 찍었다. 그러면서 해당 서류가 곧 집으로 우송될 것이라고 말했다. 그다음 날 등기로 도착한 서류에는 우리의 체류 허가가 이제 무효이니 일주일 내로 서독과 서베를린을 떠나지 않으면 강제 추방하겠다는 내용이 쓰여 있었다.

나는 곧장 대학 연구소를 찾았다. 비서는 조금 전에 대학 본부에서 나와의 계약이 취소됐다는 연락이 급히 왔는데 무슨 일이냐며 놀라서 물었다. 불법 체류자를 고용하면 고용자 측이 위법행위를 했으므로 막대한 벌금을 물어야 한다고 외국인청이 대학을 협박하자, 대학도 일단

자위 조치를 했으리라는 생각이 들었다. 그리고 나를 둘러싼 어떤 움직임이 본격적으로 진행되고 있다는 느낌도 들었다. 아내는 또 다른 동베를린 사건이 발생하는 것은 아닌지 걱정하면서, 내가 당분간 피신해야 할 것 같다며 불안에 떨었다. 대학 측은 이번 조치가, 독일 대학 사회가 꼭 필요로 하는 외국인 학자에 대해 충분히 고려하지 않고 내려진 것이니 곧 철회하기를 강력히 요구한다는 내용으로, 에버하르트 렘머트Eberhard Lämmert 총장의 항의 서한을 외국인청에 보냈다.

나는 나대로 정치적 망명을 전담하는 변호사를 선임했다. 그러나 시간이 너무 촉박했다. 한국위원회 위원장 프로이덴베르크 교수는 그가 살고 있는 오스나브뤼크의 사민당 출신 국회의원으로 당시 연방의회 법사위원장이었던 알프레트 엠머리히Alfred Emmerlich 의원에게 급하게 연락을 취했다. 그러자 주말이었음에도 불구하고 그는 곧 외국인청을 관할하는 서베를린 내무성으로 급히 타전, 일단 추방령을 보류시켰다. 결국 근 두 달 만에 체류 허가 문제가 해결되었고, 대학의 임용계약도 원상회복되었다. 그런데 두 달 동안 실업자의 처지였기에 두 달 치 실업보험 수당을 청구했더니, 노동청에서는 당신은 이제 실업자가 아니니 실업보험을 거슬러 지급받을 수 없다고 주장했다. 결국 추방령 때문에 정신적으로나 경제적으로나 많은 피해를 입었다. 신청하려던 정치적 망명도 그 후 철회했다. 담당 변호사는 내 문제로 인해 외국인 체류 담당 고위 책임자가 문책을 받고 경질되었다는 소식을 귀띔해 주었지만, 당사자로서는 사후 약방문일 수밖에 없었다.

## 유신의 막바지에

1977년 이후 국내에서는 억압과 저항이 서로 꼬리를 문 채 지속되었다. 노동자, 특히 젊은 여성 노동자, 야당, 지식인, 언론인, 종교인들의 결사적인 저항은 외국에 있는 우리의 피를 끓게 만들었다. 해야할 일도 자연히 많아졌고, 나도 무척 바빠졌다. 특히 청계피복노조 사건(1977년), 남민전 사건(1979년), 크리스찬아카데미 사건(1979년), 가톨릭농민회 오원춘 사건(1979년) 등이 아직도 기억에 남는다.

당시에는 독일 사회에 사건의 진실을 알리고 구속자들을 구명하기 위한 행사들이 참으로 많았다. 그때만 해도 자세한 전모는 밝혀지지 않았지만 부산과 마산 지역에 대규모 시위가 있었다는 정보도 있었다. 그래서 나는 국내 정세를 분석하고 이를 기초로 긴급 행동을 취하기 위해 1979년 10월 27일에 프랑크푸르트에서 민건 긴급중앙위원회를 소집했다. 서울이 독일보다 8시간 빨랐으므로 우리는 한국 시각으로 26일 저녁에 실로 놀라운 뉴스를 접했다. 그 지긋지긋한 유신의 정점인 박정희가 살해되었다는 소식이었다. 사건의 자세한 전말은 곧 알려지지 않았으나 박정희가 사망했다는 것만큼은 확실했다. 우리는 한편으로 말할 수 없는 해방감을 느꼈지만 동시에 불확실한 미래에 대해 불안하고 초조해졌다. 서베를린으로 돌아오는 비행기에 동승한 윤이상 선생님은 같은 시대를 살아온 동갑내기였던 기회주의자 박정희의 운명 속에서, 권력을 위해 모든 것을 저버린 자의 말로를 보았다고 술회했다.

집에 돌아오니 아내는, 여러 독일 친구들이 이제 귀국할 수 있겠다는 전화를 걸어왔지만 전혀 예상하지 못한 일이라 당혹감에 잠을 설쳤다고 말했다. 나는 앞으로 전개될 정치 상황을 여러 가지로 그려 보면서, 인쇄 들어가기 직전이었던 독일어 책『한국의 성장, 독재, 그리고 이데올로기』*에 "박정희 다음에 무엇이 오는가?"라는 후기를 급히 추가했다. (이 책은 내가 한반도 문제에 대해 독일어로 쓴 책 가운데 가장 먼저 나온 것으로, "서대문형무소에 갇혀 있는 한국의 민중시인 김지하에게 아름다운 추억 속에서 이 책을 증정한다."라는 구절로 첫 페이지를 시작했다.) 이 후기에서 나는 '박정희 없는 유신 체제'가 시간을 끌면서 기존 체제를 유지하려 한다면 걷잡을 수 없는 위기가 닥칠 것이며, 현재 군부가 반드시 동질적인 세력인 것은 아니므로, 이른바 '양김'(김대중·김영삼)으로 대표되는 대안 세력이 단합해서 군부 퇴진을 위한 압력을 본격적으로 가해야 한다고 강조했다.

36년이 지난 지금 이 부분을 다시 읽어 보니 당시 상황 인식에서 빗나간 지점이 있었는데, 그것은 바로 미국의 역할이었다. '박정희 없는 유신 체제'가 폭력적으로 체제를 유지하려 들 때 발생할 위험을 미국 스스로 부담하리라고는 예상하지 않았다. 허수아비 대통령으로 최규하를 내세운 유신 잔당의 계엄 체제를, 새로운 헌법에 의한 민주 정부를 준비하기 위해 과도기적 거국 체제로 바꾸고자 국민이 거세게 저항하면, 미국 또한 유신 잔당에 압력을 가할 것으로 보았기 때문이다. '거사'를 감행한 김재규도 그렇게 생각했던 것 같다. 그러나 레이건 행정부는 북한이 남한의 혼란을 이용할 것이라는 핑계를 들어, 전두환을 중심으로 한 유신 잔당을 견제하지 않았다. 양김도 각자 자

---

* Du-Yul Song, *Wachstum, Diktatur und Ideologie in Korea* (Studienverlag Brockmeyer, 1980).

기중심적으로 사태의 발전을 낙관했으므로 합심해서 조직적으로 대중을 동원해 이들을 압박하지도 않았다. 이런 상황에서 전두환을 중심으로 한 군부는 '12·12 쿠데타'를 성사시킬 수 있었다. 유리한 고지를 선점한 신군부는 1980년 봄, 제2차 쿠데타를 통해 권력 기반을 공고화하고자 우선 김대중 씨를 희생양으로 택했다.

## 광주의 한

1980년 5월 초순, 우리 가족은 바이에른의 한 농가에서 오순절 휴가를 보내기로 했다. 물론 국내 정세가 갈수록 긴장되었지만 이미 오래전에 예약한 터라 집을 떠났다. 그러나 농가에 세워 둔 자동차의 라디오를 통해 매 시간 뉴스를 들으면서 광주의 상황이 갈수록 심각해진다는 것을 느낄 수 있었다. 초조와 긴장 속에서 며칠을 보내고 베를린으로 돌아왔다. 상황은 이제 시민군의 지휘 본부가 사수되느냐 아니면 함락되느냐 하는 데까지 왔다고 했다. 고립된 이들을 지원하기 위한, 다른 지역의 시위나 봉기가 전혀 없는 상황에서, 내가 등하교 때 다녔던 충장로와 금남로라는 지명을 뉴스에서 들으며 분노와 증오로 몸을 떨었다. 당시 〈제2 독일 텔레비전〉이 유일하게 현장에서 당시 상황을 촬영해서 방영했는데, 그 처절하고 끔찍한 장면 앞에서 어찌 세계의 양심들이 모른 체하고 지나칠 수 있겠느냐고 자문자답하기도 했다.

의식 있는 교민들과 유학생들이 서베를린과 프랑크푸르트 등지에서 곧 항의 단식에 들어갔다. 가두시위를 했으며, 생생하고 급박한 현지 소식을 독일 언론에 알렸다. 나는 주로 이곳 언론과의 인터뷰를 통해 한국의 전반적인 상황을 브리핑했다. 하루는 서베를린의 중심인 쿠담Kudamm 가에서 시위를 하는데, 광주에 투입된 공수부대원들의 창검에 젊은 여성의 유방이 잘려 나갔다는, 당시 나돌았던 끔찍한 소식이 차량의 방송에서 흘러나왔다. 이 말을 듣고 당시 다섯 살이었던 큰아들 준이 놀라 엄마에게 그것이 사실이냐고 물었다. 그때부터 우리 아이들도 독일어로 "전두환 타도!"Nieder mit Chun Du-Hwan!와 "김대중 석방!"Freiheit für Kim Dae-Jung!이라는 구호를 배워서 함께 외쳤다.

절망과 분노 속에서 나는, 광주의 진실을 알리고 전두환 군부를 절대 지지해서는 안 된다는 사실을 독일 사회에 호소하는 강연장이나 토론장이라면 만사 제쳐 놓고 나갔다. 상황이 이런데도 1981년 9월 말에 독일 바덴바덴 시에서 열린 국제올림픽위원회 총회는 서울을 1988년 하계올림픽대회 개최 장소로 결정했다. 올림픽 경기가 다시 한 번 정치의 도구로 전락한 것이다. 너무 화가 났으나 일단 그런 결정이 이루어진 이상, 서울 올림픽을 보이콧하는 것보다는 오히려 군부독재를 빨리 종식시키는 계기로 만들어야 한다고 판단했다. 그래서 한국의 현실을 제대로 알리기 위해 글을 쓰고 강연을 하느라 분주한 나날을 보냈다. 다행히 교수 자격 논문은, 광주의 충격이 있었던 1980년 5월 전후에 주요 부분을 거의 마무리한 상태였으므로 1981년 1월에는 제출할 수 있었다. 논문을 포함한 모든 자격 심사가 1년 가까이 걸렸으므로, 그 이듬해인 1982년 1월에야 교수 자격 심의가 마침내 끝났다.

1984년부터 독일의 한국위원회와 종교 기관을 중심으로, 오스나

광주민중항쟁과 연대하는 가두시위(서베를린, 1980년 5월)

브뤼크에 본부를 두고 서울 올림픽과 관련된 모든 정보를 분석해, 『코레아-포룸』Korea-Forum이라는 소식지를 발간했는데, 이에 관심을 가진 기관과 개인에게 정기적으로 제공했다. 이 소식지의 책임자는 라이너 베르닝Rainer Werning이었다. 서울 올림픽을 반년 앞두고 나는 베르닝 및 두 명의 독일 저널리스트와 함께 독일의 대표적인 출판사 가운데 하나인 로볼트Rowohlt에서 『한국 : 올림픽경기에 적당하지 않은 나라』*라는 책을 출간했다. 이 책이 출간된 지 15년이 지난 2003년 가을 이야기를 잠깐 해보면, 이때 내가 〈국가보안법〉을 위반했다는 혐의를 입증하고자 내 사상을 검증하려는 검찰 측이 이 책을 증거물로 재판부에 제출했다. 그런데 우스꽝스러운 일이 있었다. 예를 들어, 내가 노동자의 저임금과 농촌의 저곡가 정책이 서로 물리는 '악순환'Teufelskreis을 설명한 부분에 대해, 검찰은 내가 남한을 '악마의 소굴'이라고 했다며, 남한을 비방 중상했음을 입증하려고 했다. 하지만 사실은 좀 달랐다. 'Teufelskreis'의 'Teufel'이 '악마'라는 뜻도 있어서, 지레짐작으로 '악마의 소굴'이라고 오역했던 것이다.

1980년 8월 27일, 광주 학살의 주범인 전두환이 장충체육관에서 대통령으로 추대되고, 미국과 일본이 이를 거들어 국제무대에서 합법적인 지도자로 인정되는 과정을 지켜보면서, 국제정치라는 이름으로 진행되는 위선과 야만에 대해 증오와 환멸 그리고 무력감 속에서 한동안 헤어나기 힘들었다. 그러던 어느 날, 전두환의 서독 공식 방문을 얼마 앞둔 1986년 봄이었다. 쾰른에 있는 서독 텔레비전 방송

---

* Michael Denis, Esther Dischereit, Du-Yul Song, and Rainer Werning, *Südkorea: Kein Land für friedliche Spiele* (Hamburg: Rowohlt, 1988).

WDR에서 그의 방문과 관련해, 토론 프로그램을 마련했다. 이 자리에는 전두환에 비판적인 나와 브라이덴슈타인 목사, 그를 옹호하는 측으로 뮌헨 대학의 동아시아 정치학 교수 킨더만G.-K. Kindermann과 그의 지도로 학위논문을 쓴다는 한 한국인 유학생이 토론자로 초청되었다. 방송 전에 분장실에서 옆 의자에 앉아 있던 킨더만이 불쑥 김대중은 친북적인 사람인 것 같다고 말했고, 나는 그렇지 않다고 짧게 대꾸했다. 토론의 진행을 맡았던 앵커 기젤라 마르크스Gisela Marx도 남한의 군부와 군부를 비호하는 미국에 비판적이었는데, 킨더만은 북한에 비해 군사적으로 열세인 남한에서는 군부의 역할이 절대적이라는 식의 주장을 폈다. 그런데 이로부터 10여 년 후, 킨더만이 김대중 정부에서 훈장을 받았다는 기사를 읽었다. 훈장을 받은 사람의 양심도 문제가 있지만, 주는 사람들은 이 사실을 알고 있었을까 지금도 궁금하다.

독일의 대표적인 중국학 연구자로, 『압록강은 흐른다』의 저자 이미륵으로부터 한문을 배웠던 뮌헨 대학의 볼프강 바우어Wolfgang Bauer 교수가 있다. 그는 독일에서 발간되는 『국제아시아포럼』Internationales Asienforum의 편집인 가운데 한 사람이었는데, 그는 나와 일제 렌츠Ilse Lenz(후에 보훔 대학의 사회학 교수가 되었다)가 이 잡지에 실릴 원고로 광주항쟁에 대해 쓴 글을 문제 삼았다. 당시 일본 잡지 『세카이』世界에 정기적으로 연재된 필자 미상의 'TK 통신' 가운데 "광주는 미국의 아프가니스탄"이라는 표현을 논문에 인용했는데, 이 부분의 수정을 요구했다. 우리는 이를 거절했고, 인쇄 직전에 논문을 돌려받았다. 그래도 바우어는 자유주의 성향의 학자에 속했다. 한반도 문제에 관심을 가졌던 외국인 학자 가운데 양심과 원칙을 지킨 사람들은 내가 아는 한, 베트남전쟁을 비판했던 잡지 『관련 아시아 학자들 회보』*Bulletin of Concerned Asian Scholars*에 참여했던 개번 매코맥Gavan McCormack, 존 기팅스John Gittings, 존 핼러데이Jon Halliday, 제임스 팔레James B. Palais, 브루스 커밍스Bruce Cumings 등 주로 영미 계통의 학자들이었다. 물론 이들 중에는 아이단 포스터-카터Aidan Foster-Carter처럼 '현실 사회주의'가 몰락한 뒤 완전히 다른 길을 간 사람도 있다.

전두환 정권은 회유책도 썼다. 이른바 '반정부 인사'로 낙인찍혀 오랫동안 해외여행이 금지되었던 리영희, 유인호 교수가 독일을 방문할 수 있게 되었다. 앞에서도 말했지만 나의 활동 때문에 박정희 정권 아래서 복수여권을 압수당했던 아버지에게도 1983년 봄에는 여권을 발급해 주었다. 부모님은 막내 동생이 프랑스 유학을 떠나는 길에 함께 출국했다. 우리는 정말 오랜만에 재회할 수 있었고, 마침 부활절 방학이라 파리 여행도 함께했다. 그리고 국내에서는 알 수 없었던 광주의 실상을 다룬, 당시 독일 방송의 영상물을 보시고 아버지는 통탄과 함께 절망하셨다. 그리고 이제 손자들을 이국땅에서라도 잘 키우고, 내가 '세계인'으로서, 또 훌륭한 학자로서 남기 위해서라도 한반도 문제를 잊고 오로지 학문에만 전념하기를 바란다는 말씀을 남기셨다. 이 말씀이 결국 아버지의 유언이 되고 말았다.

1980년대 중반으로 접어들면서 독일 내의 운동도 새로운 상황을 맞았다. 그 사이에 민건의 주요 성원들은 학위를 마치기는 했으나 생활 여건이 좋지 못했다. 정치 망명을 하면 우선 거주 허가는 나오지만 합당한 일자리를 얻는다는 것이 결코 쉬운 일이 아니었다. 자녀들의 장래 문제도 큰 고민이었다. 생업으로 식품 가게를 열기도 했고, 한인 교회에서 교포를 위한 사회사업을 맡아 보기도 했으나, 다들 활발한

아버지, 준·린과 함께(베르사유궁전, 1983년 4월)

학술 활동과 후진 양성을 하는 데 써야 할 아까운 시간을 잃고 있었다. 1982년 가을, 베를린에서 열린 민건 중앙위 회의가 끝나고 나서 강돈구 선배가 긴히 할 이야기가 있다고 했다. 들어 보니 그도 이제 귀국을 해야겠다는 것이었다. 나는 귀국 계획에 찬성하면서, 결국 한국 사회가 변해야 민주화도 통일도 가능하고, 이런 긴 과정을 준비하기 위해 현장에서 후진을 양성하는 길 말고 우리에게 다른 길이 있겠느냐며, 그의 결단을 지지했다. 그 후 강 선배는 한신대학교에 자리를 잡았고, 뒤를 따라 송영배, 이준모 회원도 한신대학교에, 이삼열 선배는 숭실대학교에 자리를 잡아 국내에서 후진 양성을 시작했다. (그러나 안타깝게도 강 선배는 1988년 과로로 연구실에서 쓰러져 50세의 나이로 타계했다.)

당장 귀국하지 않을 회원들은 1982년부터 한반도 문제를 장기적인 안목에서 분석하고 대안 연구를 심화하기 위해, 프랑크푸르트의 인근 도시 오펜바흐 암 마인Offenbach am Main에서 한국학술연구원Korea Forschungsinstitut, KoFo을 발족, 김길순 선배가 책임을 맡았다. 동시에, 회원들의 귀국으로 약화된 민건을 대신할 재유럽 민족민주운동협의회(민협)가, 광주 이후 민주화 운동과 통일 운동에 본격적으로 참여한 사람들을 중심으로 발족되어 서베를린에 본부를 두었다.

그러나 한국학술연구원을 세워 세미나를 조직하고 독일어와 영어로 한국 관계 논문을 발간했던 김길순 선배가 간경변증으로 건강이 급격히 나빠졌다. 녹신이었던 그는 어려운 조건에서도 아무런 내색도 비치지 않고 열심히 일하다가 홀연히 1989년 가을에 귀국해, 어머니 곁에서 51세를 일기로 1992년 7월 26일 세상을 떠났다. 성품이 깨끗하고 정의감으로 충만한 사람이었다. 생전에 그를 아낀 지인들은 그의 1주기에 서울에서 논문집 『현실 인식과 인간 해방』(들불, 1993)을 발간해 그를 추모했다. 독일에서는 벨레펠트 시 근교에서 그와 동고동락했던 동지들과 유학생들이 참석한 가운데 그를 기리는, 통일 문제에 관한 세미나를 꾸렸다. 2004년 7월 말 서울구치소 문을 나선 나는 천안 근처에 있는 그의 묘소를 찾았다. 자신이 직접 정했다는 그의 마지막 안식처에, 그가 건강할 때 그렇게 좋아했던 소주 몇 잔을 붓고 그의 명복을 빌었다. 그러고 나서 그의 모친, 형님 그리고 누님을 찾았다. 베를린에 거주하는 일본 언론인 가지무라 다이치로梶村太一郎도 자리를 함께했다. 김 선배는 한국 민주화 운동에 깊은 관심을 갖고 오랫동안 연대했던 그를 항상 '가지무라 김'이라고 불렀다. 헤어질 때 고령의 어머니가, 사양하는 우리의 호주머니에 용돈을 찔러 넣자 가지무라는 내게 전형적인 한국의 어머니를 만났다고 속삭였다.

1980년대 중반부터 민건을 대신해서 활발하게 활동했던 민협은 정규명 선생과, 후에 귀국한 이종수 박사(KBS 이사장 역임), 어수갑 씨(후에 민주화운동기념사업회에서 근무)를 중심으로 운영되었다. 나는 저서 집필과 학교 강의로 바쁜 시간을 보내야 했기 때문에 적극적으로 참여하지는 못했다. 해방 후 서울대학교의 전신인 성대 예과의 마지막 입학생이었던 물리학자 정규명 선생은 동베를린 사건으로 사형까지 선고받았으나, 서독 정부의 강력한 외교적 압력으로 풀려나와 1970년부터 프랑크푸르트 대학의 물리화학연구실에서 근무했다. 외유내강형으로 매사에 빈틈없고 생활력도 강해, 식료품 가게와 두부 공장까지 운영할 정도였다. 내가 조사弔詞에서 '물리학자이자 애국자'Physiker und Patriot라고 불렀던 정규명 선생은 이름 모를 병으로 거동까지 부자연스러운 상황에서도 민주화와 통일을 위해 투쟁하다 2005년 12월 이국땅에 묻혔다.

정규명 선생을 생각하면 자연스럽게 또 다른 한 분의 물리학자가 떠오른다. 안석교 선생이다. 정 선생과 마찬가지로 당대 수재들이 모였던 성대 예과 출신으로 뮌헨 대학에서 근무했다. 겸손하고 고지식하기가 이를 데 없었던, 너무나 순수한 분이었다. 근검절약해 모은 거금을 북녘의 어려운 동포를 위해 쓰라는 유언을 남겼다. 산을 무한히 사랑해 알프스의 수천 미터 고봉을 수없이 올랐던 안 선생님은 2001년 2월 등산 중에 추락해, 그만 세상을 떠났다. 백년설처럼 깨끗하게 살았던 그분은 생의 마지막도 그렇게 마감했다.


## 북으로 간 사람들

광주의 학살을 디딤돌로 삼아 권좌에 오른 전두환 정권을 보며 한국 땅에서 더 이상 희망을 찾을 수 있을까 좌절했던 1980년대 중반, 그래도 그곳으로 돌아가야 한다고 결심하고 '서약서'를 쓰면서까지 귀국한 사람들이 많았지만, 반면 분단 조국의 북쪽을 선택한 사람들도 있었다. 이미 1971년 봄에, 본에 있는 한국 대사관의 유성근 노무관이 가족과 함께 월북한 경우도 있었지만, 1980년대 초반에 민건 회원이었던 이창균 선배가 부인과 두 아이를 대동하고 북으로 갔다. 그는 인천 출신의 수재로, 서울 법대에 입학했다가 자퇴하고, 다시 문리대 철학과를 졸업한 뒤 고려대 대학원에서 경제학을 전공했다. 후에 미국을 거쳐 서베를린과 프랑크푸르트에서도 경제학을 전공했다. 그의 별명은 '흑노'였는데, 얼굴빛이 검고 첫인상이 부드럽지 않아서 친구들이 그렇게 불렀다고 했다. 예리한 사람이 일반적으로 그렇듯이 그도 대인 관계는 썩 원만하지 않았지만 내적으로는 아주 부드러운 사람이었다. 비슷한 시기에 파리에 있었던 허홍식 씨도 북으로 갔다. 전쟁 때 헤어진 노모가 당시 북에 살아 계시다는 소식도 들렸다. 서울 문리대 불문과를 나왔고 파리한인회 회장도 지낼 만큼 대인 관계가 원만한 사람이었는데, 나와는 두세 번 인사를 나눈 정도였다.

1985년 말에는 같은 해 독일 브레멘 대학에서 경제학박사 학위를 받은 오길남이 가족과 함께 월북했다. 그러나 1986년 독일에 공작원으로 파견된 그는 덴마크 코펜하겐 공항에서 혼자 탈북했다. 불행하게도 그와는 이후 악연이 있다. 그는 1992년 '자수 간첩 오길남'으로 서울 땅을 밟은 이후 한 인터뷰에서 윤이상 선생과 내가 그를 회유해 북한으로 가게 한 것처럼 주장했으며, 2003년 내가 귀국했을 때도 이런 주장이 또 한 차례 언론에 대서특필되었다. 하지만 우리는 그의 월북과는 아무런 관련이 없었으며, 오히려 나중에 그의 가족을 데려오려 백방으로 노력했었다. 그가 탈북해 서울로 돌아가서 펴낸 『김일성 주석, 내 아내와 딸을 돌려주오』(1993)라는 책에도 나오지 않는, 우리의 '입북 공작설'에 대해, 생전에 윤이상 선생은 그 진상을 분명히 밝힌 바 있으며, 나 또한 문제가 제기될 때마다 나대로 해명한 바 있다.

2003년 귀국 후 나는 먼저 국정원에서 며칠간 거의 온종일 조사를 받았는데, 하루는 취조를 받는 중에 수사관이 오늘 오길남과 대질신문이 있다고 전했다. 조금 뒤 그가 취조실에 들어오면서 잠시 문 앞에 멈칫 섰다. 책상을 앞에 두고 내 앞에 앉자마자 그는 대뜸 "내가 이미 죽었어야 하는데……."라고 혼잣말을 했다. 수사관이 그에게, 내가 그의 가족의 입북을 종용하고 주선하지 않았느냐고 확인 질문을 던졌다. 그는 직접적인 대답 대신, 자신이 입북을 결심하는 데 간접적인 영향을 주었다는 식으로 애매모호하게 답변하고 넘어갔다. 이런 식으로 대질신문이 계속되자 수사관은 별반 소득이 없다고 판단했는지 얼마 후 그를 데리고 나갔다. 그 뒤, 당시 국정원 산하의 북한 관련 연구소에서 일하고 있던 그는 또 한 차례 비공개로 열린 재판에 검찰 측 증인으로 불려 나와 횡설수설하기도 했다. 그 이후로 그는 내 사건으로부터 완전히 사라졌다.

베를린과 평양에 체류하다 2007년부터 통영에 정착한 윤 선생 사모님도 2011년 겨울 김정일 위원장의 장례식에 다녀온 뒤로 한바탕 곤욕을 치러야 했다. 이때 극우 반공 세력은 또다시 윤 선생님과 내가 그를 월북시켰다는 주장을 펼쳤다. 앞에서 말한 오길남의 책에서 자신도 분명히 기록했듯이, 그는 베를린에 거주하는 청과상 김 모 씨의 주선과 연계로 월북을 했다. 그가 혼자 탈북해 하노버 시에 있는 난민 수용소에서 가족과의 재결합을 간절히 바라며 어렵게 지내고 있을 때, 윤 선생님과 나는 그를 위해 백방으로 방법을 수소문했다. 스스로 선택해서 이주한 국가를 배신했으나 다시 돌아오면 모든 것을 용서하겠다는 제안을 오길남이 받아들이지 않자 화가 난 북의 당국자를 우리가 설득하기에는 힘에 부쳤다. 그는 결국 6년 만에 모든 것을 포기하고 서울행을 결정했다. 그가 본에 있던 한국 대사관을 찾아가 자수함으로써 가족의 재결합은 사실상 끝났다. 그때부터 그의 운명은 국정원의 손에 달리게 된 것이다.

## 6월 항쟁

1980년대 중반, 민주화와 통일의 제단에 꿈 많은 젊음을 바치고 떠난 김세진·이재호 열사 등의 뜨거운 절규가 헛되지 않아 국내에서도 '광주의 한'을 풀려는 움직임이 본격화되었다. 체육관 선거를 통해 집권 연장을 시도했던 전두환 정권에 대해 그동안 지속되었던 저항이, 박종철 고문치사 사건을 촉매로 1987년 6월 폭발적으로 터져 나왔다. 그 결과 그동안 잠시 소강상태에 빠져 있던 해외 민주화 운동도 다시 활기를 찾기 시작했다. 박종철 고문치사를 은폐하려는 시도는 당시 수감 중이었던 이부영 씨가 한재동·전병용 교도관을 통해 김정남 선배에게 알렸으며, 함세웅 신부를 통해 이 사실을 전해 들은 천주교정의구현전국사제단이 1987년 5월 18일 "고문 가담 경관은 2명이 아니라 5명이며 조직적으로 축소 은폐됐다."는 내용의 기자회견을 함으로써 세상에 알려졌다. (다행히도 나는 양심과 용기 있는 두 교도관을 직접 알게 되었는데 내가 수감 중이던 서울구치소에서 한재동 교도관을, 이보다 앞서 1990년대 초 김정남 선배와 유럽 여행 중이던 전병용 교도관을 짧게 만난 적이 있다. 민주화 운동에 이런 숨은 공신이 없었다면 역사는 또 다르게 흘러갔을 수도 있었다.)

그러나 그렇게 어려운 투쟁과 많은 젊은이들의 희생으로 직접 선거를 쟁취했으나, 양김이 단일화에 실패하면서 어처구니없게도 노태우 후보가 '합법적'으로 대통령에 당선되고 말았다. 나는 해외 동포 회의가 열렸던 미국과 일본까지 가서 단일화를 호소하기도 했었다. 선거를 불과 며칠 앞둔 시점에서 'KAL기 폭파 사건'과 같은 대형 사건이 발생했어도 양김이 단일화했더라면 선거에서 패배하는 일은 결코 없었을 것이다. 당시의 여러 가지 정황으로 보아 우선은 김영삼 씨로 단일화하고, 다음 선거에서 김대중 씨로 단일화해, 군사독재의 연장이 선거로 정당화되는 최악의 사태를 막고 민주화의 기틀을 닦아야 했다. 그러나 단일화는 실패했고, 예상대로 노태우 후보가 대통령으로 선출되었다(노태우 36.6퍼센트, 김영삼 28퍼센트, 김대중 27퍼센트). 김대중 씨가 정계에서 은퇴한다고 해결될 일이 아니었다. 무엇보다도 사회적으로 팽배해진 허탈감과 무력감이 문제였다. 이는 해외에서도 마찬가지였다. 국내에서 벌어지고 있던 6월 항쟁과 연대하기 위해 독일의 전 지역으로부터 달려온 많은 동포들이 본에 모여 하루종일 연대 시위를 벌였으니, 실망이 클 수밖에 없었다. 선거가 끝나고 나서 얼마 후 프랑크푸르트에서 하버마스 교수를 만났다. 그도 후보 단일화를 하지 못한 것을 한마디로 '멍청한 짓'dumm이라고 표현하며 한탄했다.

2016년 11월, "박근혜 퇴진"을 외치는 1백만의 촛불이 서울 시가지를 덮고 있는 모습을 뉴스를 통해 보면서, 나는 당시의 그 허망함과 분노의 감정을 다시 떠올렸다. 그때로부터 30년이 되어 가는 시점에, 온 국민이 거리에 나설 수밖에 없게 된 상황은 역설적으로 다시 한 번 한국 정치의 근본적인 틀을 바꿀 기회일 수 있다. 이참에 부패, 분열, 그리고 무능으로 이어져 온 한국의 정치사회를 깨끗하게 소제해, 이제는 21세기에 걸맞은, 부끄럽지 않은 나라를 세워야 한다.

다시 1987년 12월 대통령 선거 이후로 돌아가 보면, 국내적으로는 안타까운 정치적 상황을 맞았으나, 바깥 세계에서는 이미 새로운 정치 상황이 숨 가쁘게 전개되고 있었는데, 바로 소련과 동유럽 사회의 변화였다. 이른바 '페레스트로이카'로 불렸던 이 변화는 고르바초

프에서 시작해, 옐친을 거치면서 결국 소련의 해체를 가져왔다. 현실 사회주의가 안으로부터 개혁을 시도하는 것은 절대적으로 필요했지만, 수술을 받은 환자가 결국 사망해 버리고 만 것이다. 중국의 경우, 톈안먼사건과 같은 위기를 겪기는 했지만, 정치와 경제개혁을 애초부터 분리시킨 점에서 이 같은 소련의 변화와는 분명히 구별되었다.

어쨌든 덕분에, 노태우 정부는 혼란에 빠진 소련과 외교 관계를 수립할 수 있었다. 당시 소련의 외무 장관이었던 에두아르트 셰바르드나제Eduard Schewardnadze(조지아 출신으로 소련이 해체된 후, 독립한 조지아 공화국의 초대 대통령이 되었다)가 남한과 국교를 수립하기에 앞서 북한의 양해를 구하려고 김 주석과의 면담을 신청했는데, 그런 이야기라면 자신과 면담할 필요 없다고 해 그냥 돌아갔다는 일화를 김 주석이 내게 들려준 적이 있다.

6월 항쟁의 뜨거운 열기와 희망을 허망하게 앗아 가며 들어선 노태우 정부는 이전처럼 무지막지하게 나갈 수는 없었다. 그렇게 열린 공간에서 출판 운동이 활기를 띠기 시작했는데, 그때까지만 해도 금기에 가까웠던 내게도 출판계가 손짓을 해왔다. 한길사의 김언호 대표가 프랑크푸르트 국제 도서 전시회에 참석하고 베를린에 들렀는데, 사회주의권의 급격한 변화와 맞물려 한국 사회의 대안을 모색할 필요가 있다는 문제의식으로, 전문적인 월간지『사회와 사상』의 출간 계획을 설명하며 도움을 요청했다. 이를 계기로 나는, 1988년에 창간된 이 잡지에 거의 매달 다양한 주제에 관한 글을 정기적으로 기고했다. 미국에 한 학기 동안 나가 있는 동안에도 나는 이 약속을 지켰다. 그리고 한길사는 내 박사 학위논문 "계몽과 해방"을 1988년에 우리말로 번역 출간했다. 개인적으로는, 당시 사회주의권의 변화를 둘러싸고 국내에서 벌어지고 있던 논쟁을 지켜보면서, 교수 자격 논문이었던 "소련과 중국"이 먼저 번역 출간되기를 바랐다. 하지만 그 내용이 너무 전문적이라고 해서, 1990년에야 출판될 수 있었다. 이를 계기로 나는 그 후 『현대와 사상』(1990년), 『전환기의 세계와 민족 지성』(1991년)도 출판했는데, 이로써 한길사는 나의 우리말 단행본 네 권을 출간했다.

제3부

# 전환의 시대: 북한 사회를 어떻게 볼 것인가

"고뇌와 고통은 항상
포괄적인 인식과
깊은 감정의 전제다.
진정으로 위대한 인간은
이 땅에서
커다란 슬픔을
느껴야만 한다."
— 표도르 도스토옙스키

『사회와 사상』1988년 12월호에 실린 "북한 사회를 어떻게 볼 것인가"라는 글은 전체 분량이 13쪽에 불과한 짧은 글이다. 이 글에서 나는, 교수 자격 논문 "소련과 중국"에서 이미 제기했던 '내재적' 접근론을 북한 사회 연구에도 적용할 수 있지 않겠느냐는 문제를 제기했다. 북한 사회주의가 설정하겠다고 내세운 목적을 우선 인정하고, 그 바탕 위에서 성과를 비판적으로, 그리고 경험적으로 검증하자는 것이었다. 짧은 글이었지만 국내에서 예상외로 큰 반향을 불러일으켰다. 타자를 이해하기 위해 그의 입장에 우선 서보라는 요구는 해석학의 기본이다. '역지사지'易地思之라는 당연한 진리조차 너무나 오랫동안 금기시되었던, 북한에 대한 이해의 현주소를 보여 준 것이다. 물론 내재적 접근이 요구하는 경험적이고 실증적인 연구를 이 짧은 글에서 보여 줄 수는 없었으나 적어도 북한 사회 연구에서 우선적으로 취해야 할 자세를 강조했으며, 이는 젊은 연구자들에게 신선한 자극을 주었다.

물론 이와 같은 견해에 대해 학문적 비판을 넘어 인신공격과 중상모략도 많이 받았다. 심지어 1960년대 말 동독 연구에 있어 내재적 접근을 주장했던 페터-크리스티안 루츠Peter-Christian Ludz가 동독 비밀경찰Stasi의 첩보원으로 암약했다가 독일 통일 이후에 들통이 나서 자살했다는 터무니없는 이야기를 하며, 나도 북한의 첩자라는 식으로 몰고 가는 주장도 있었다. 루츠는 뮌헨 대학 사회학 교수였는데 독일이 통일하기 훨씬 이전인 1979년 9월, 그의 나이 48세 때 뮌헨 교외에서 숨진 채 발견되었다. 오랫동안 과로로 심신이 지친 상태에서 자살한 것이다.

어쨌든, 북한 사회를 내재적으로 보자는 것이 북한의 모든 현실을 옹호하는 논리라는 비난도 많았다. 그러나 상대방을 이해한다는 것이 곧 이를 옹호하는 것이라는 주장은, 나의 내재적 접근이 다른 한편으로 전제하는 조건, 즉 타자의 이해가 자기 비판적 태도를 담고 있다는 사실을 간과하고 있다. 이는 예컨대 늘 아프리카인들을 '야만적'이라고 보았던 식민주의자들이 자신들은 과연 '문명적'인지 스스로 질문할 수 있는 자기 성찰의 계기를 의미한다. 그래서 루소는 타자를 이해하려면 자기 자신으로부터 일정한 거리를 취해야 한다는 점을 항상 강조했다. 이 점에서 내재적 접근도 그의 논거를 따르고 있다.

현실 사회주의의 붕괴로 내재적 접근은 이제 실효성이 없다는 주장도 있다. 그러나 독일 통일 과정에서도 확인할 수 있듯이, '마음의 장벽'을 허무는 작업의 어려움이 이런 주장을 반증한다. 서로 다른 생활 세계에서 자란 사람들이 함께 살아가게 될 때, 그 서로 달랐던 삶의 형식을 인정하지 않는다면 진정한 의미에서 통일이라고 말할 수 있겠는가. 이미 남쪽에 살고 있는 3만여 명 탈북자들과의 경험이 이를 잘 보여 준다.

이런 까닭에 나는 내재적 접근을 언급할 때마다 서양철학의 어려운 해석학보다는 『장자』莊子의 "추수"秋水 편에 나오는 장자와 혜자 간의 문답을 자주 인용한다.

강가를 같이 거닐던 장자가 그의 제자 혜자에게 물고기들이 즐겁게 논다고 말하자, 혜자는 선생님이 저 물고기가 아닌데 어떻게 물고기가 즐겁게 노는지를 아느냐고 물었다. 이러자 장자는 자네는 내가 아닌데 어떻게 내가 아는지 또는 모르는지를 아는가라고 되물었다. 이에 대해 혜자는 다시 "저는 선생님이 아닙니다. 따라서 선생님이 아시는 것을 저는 모릅니다. 마찬가지로 선생님은 절대로 물고기가 아닙니다. 이것이 바로 선생님이 물고기가 진정으로 즐거워하고 있는지를 모른다는 것을 증명합니다."라고 대답했다. 이에 대해 장자는 이렇게 말했다. "네가 내가 이미 알고 있음을 알고서 내게 물었던 것일세. 그렇다면 물고기가 아닌 내가 물고기의 마음을 알았다고 해도 이상할 것은 없지."

(莊子曰, 儵魚出遊從容 是魚之樂也. 惠子曰, 子非魚 安知魚之樂. 莊子曰, 子非我 安知我不知魚之樂. 惠子曰, 我非子 固不知子矣. 子固非魚也 子之不知魚之樂 全矣. 莊子曰, 請循其本. 子曰, 汝安知魚樂 云者. 旣已知吾知之而問我 我知之濠上也).


　타자를 이해하기 위한 과정에서 자기부정을 거치지 않고 처음부터 자신의 판단만을 절대화하는 태도의 문제점을 이 문답은 잘 보여준다.


## 1989년 가을

　1989년은 1968년과 더불어 내 삶에서 중요한 의미를 갖는 해였다. 1968년이 신좌파에 의해 보수와 반공 체제가 해체되기 시작한 해였다면, 1989년에는 현실 사회주의가 내부로부터 붕괴하자 "역사는 끝났다"라고 자신 있게 외치는 우파의 시간이 도래했다. 나는 신좌파 이념의 산실이었던 프랑크푸르트에서 1968년의 뜨거운 여름을, 그리고 냉전의 장벽이 무너졌던 1989년 가을을 서베를린에서 맞았다. 1989년의 봄은 문익환 목사님 일행과 작가 황석영 씨의 방북으로 시작됐다. 나는 문 목사님을 직접 만난 적은 없지만 동행했던 정경모 선생은 도쿄에서 여러 번 만나 많은 이야기를 나누었다. 대쪽 같은 지조, 예리한 통찰력과 문필력을 지닌 분이다.

황석영 씨는 1984년 베를린에서 열린 아시아-태평양 지역 문화 행사 때 처음 만났다. 그때도 황석영 씨에게 한국 정부가 여권을 발급해 주지 않아, 주최 측 책임자였던 게레온 지버니히Gereon Sievernich가 한국 정부에 강력하게 항의해 서베를린에 올 수 있었다. 황석영 씨의 별명이 '황구라'라는 이야기를 들은 적이 있지만, 내가 본 그는 옳지 않다고 생각하면 주저 없이 비판하고 행동하는 작가였으므로, 말만 앞세운다는 뜻으로 들리는 '황구라'는 좀 걸맞지 않다는 생각이다. 하루는 황석영 씨와 우리 부부가 윤이상 선생 댁에서 함께 이야기를 나누던 중 윤 선생님이 '구라'가 무슨 뜻인지 물었다. 황석영 씨는 "입 구口에 벌 라羅"라고 설명하면서, 김구라(김지하)와 백구라(백기완), 그리고 자신을 합쳐 '3구라'가 있다고 답했다. 그러자 윤 선생님이 "그거 별로 좋은 뜻이 아니구먼."이라며 웃으셨던 일이 지금도 생각난다.

1989년 6월 초에는 이른바 톈안먼사건도 발생했다. 노동자와 농민의 전폭적인 지지가 없는 상황에서 청년 학생들의 정치적 개혁 요구에 중국공산당이 무력으로 대응한 것이다. 정치적 요구의 상징으로 등장했던 '민주주의의 여신상'은, 덩샤오핑鄧小平을 정점으로 한 당 지도부의 눈에는 '서방식(미국식) 민주주의'를 위한 투쟁으로 보였다. 7월에는 평양에서 국제청년축제가 열렸다. 1988년에 서울에서 열린 하계 올림픽에 대항하는 성격도 띠고 있었으므로 그만큼 성대하게 치러졌다. 수만 명의 관중이 들어찬 그 거대한 경기장에 유일한 남쪽 대표로 입장하는, 가냘프게 보였던 여대생 임수경 양의 모습은 무엇보다도 감동적이었다. 임 양이 베를린을 경유해 평양에 도착했고, 또한 여행사를 운영하던 이영준 씨가 임 양을 평양까지 동행했으므로 베를린은 또다시 언론의 표적이 되었다. 1990년 11월에는 베를린에서 남, 북, 해외 동포가 함께하는 통일 운동의 구심체로 조국통일범민족연합(범민련)이 결성되었는데, 평양을 방문했다가 망명객으로 베를린에 머물던 작가 황석영 씨의 역할이 아주 컸다. (2003년 가을, 내가 서울구치소에 수감되어 있을 때, 면회 온 임 양을 처음으로 면회실 창살을 사이에 두고 만났다. 물론 텔레비전 화면에서 보았던 앳된 모습의 여대생이 아니라 이미 30대 중반의 여성이었다. 그 뒤 2007년 6월 민주화운동기념사업회와 코레아협의회가 공동으로 베를린에서 주최했던 행사에 참가했다가 우리 집에 들렀는데, 그것이 두 번째 만남이었다. 그녀는 사랑했던 아들을 잃은 엄청난 충격 속에서 고통스러운 시간을 보내야 했던 이야기를 하면서 흐느꼈다. 자식을 잃고 슬퍼하는 어머니에게 상상할 수도 없는 '악플'을 보내는 사회가 있다는 사실 자체가 나로서는 엄청난 충격이었다. 그 뒤로 그녀가 슬픔과 고통을 딛고 19대 국회에서 의원으로 활동하는 모습을 보고 기뻤다.)

1989년 10월 7일은 동독의 40번째 건국기념일이었다. 기념행사가 텔레비전 뉴스를 통해 방송되었지만, 8월 중순에 헝가리가 오스트리아로 통하는 국경을 개방하자 6백여 명의 동독 젊은이들이 서방으로 탈출했으며, 9월 중순에 이 숫자는 15만 명에 이르렀다. 그러나 이날이 동독의 마지막 건국기념일이 되리라고는 누구도 예견하지 못했

독일 통일 전의 브란덴부르크 문의 야경. 뒤로 장벽이 보인다(1988년 11월).

다. 일단 일기 시작한 '탈출 혁명'의 파고는 예상외로 높았다. 라이프치히에서 10월 8일부터 시작된 '월요 시위'는 10월 말이 되자 다른 도시로 확산되었다. 이들은 "우리가 인민이다!"Wir sind das Volk!라고 외쳤고, 마침내 11월 8일 저녁에는 동서 베를린을 가르고 있던 브란덴부르크 문도 열렸다.

나는 마침 그다음 날, 입원 중인 아내를 병문안하려고 집을 나섰는데, 환호하는 사람들의 물결이 시내를 가득 채웠고, 모든 전철역은 발디딜 틈도 없었다. 병원을 다녀오는 길로 나는 곧장 프리드리히슈트라세Friedrichstrasse 전철역을 찾았다. 이 역은 동서 베를린의 전철이 연결되는 유일한 곳으로, 동베를린을 방문할 때 수속을 밟는 역이다. 동독의 국경 수비대 요원이 있었지만, 밀려들어가고 나오는 인파에 시달려 속수무책으로 구석에 서있었다. 나도 서있는 상태에서 그대로 동베를린 구역으로 떠밀려 갔다. 감격에 겨워 어쩔 줄 모르는 사람들은 마치 이미 잘 알고 있는 사람들처럼 서로 인사를 나누었다. 그들은 내게도 인사를 건넸고 나도 화답했다. 그러다가 불현듯, 우리가 통일을 맞으면 이보다 더 가슴이 벅차고 기쁨의 눈물을 흘리면서 서로 얼싸안으리라는 생각이 들었다. 갑자기 외로워졌다. 이 환희와 열광은 온전하게 내 것이 아니었기 때문이다.

그러나 이는 독일 통일 과정의 시발점이었을 뿐, 종착역은 아니었다. 40만 군대를 동독에 주둔시켰던 소련의 태도가 변해야 했고, 영국과 프랑스가 독일 통일에 적극적으로 동의해 주지 않는 한, 서독에 의한 동독의 흡수 통합은 그리 간단하지 않았다. 또한 유럽의 중심에 다시 등장할 강대국 통일 독일의 위상과 역할에 대한 의구심이나 불안이 해소되지 않는 한 어려운 일이었다. 미국을 제외한 전승국인 소런·영국·프랑스는 애초에 동서독을 배제한 채 독일 통일의 과정과 속도를 조정하려고 했다. 바로 이 점에서 서독 기민당 헬무트 콜 수상의 정치력이 돋보인다. 그는 한편으로, 국내 정치적으로 어려움에 처한 고르바초프에게 50억 독일 마르크에 달하는 즉각적인 경제적 지원을 약속하면서, 동독에 주둔해 있는 소련군이 빠른 시일 안에 철수하도록 설득했다. 이어 서방측 가운데 독일 통일에 가장 소극적이었던 대처 영국 수상의 동의를 얻는 데도 성공했다. 이어 1990년 9월 12일에는 이른바 '2+4'(동서독+미국·영국·프랑스·소련) 조약에 서명이 이루어졌으며, 동독이 서독에 통합되는 형식으로 10월 3일에 통일 독일이 선포됐다. 이날 저녁 기념식에서 통일 독일의 초대 대통령이 된 리하르트 폰 바이츠제커Richard von Weizsäcker는, 역사가 이번에는 독일편에 섰으니 이 기회를 뜻있게 살려 나가 통일 독일에 거는 주변국의 기대를 저버려서는 안 되며, 어려운 통일 과제를 해결하기 위해 동서독인들이 연대해야 함을 강조했다.

마치 이웃집 자식은 입시에 합격했는데 제 자식은 낙방한 것 같은 씁쓸한 기분 속에서, 이날 나는 많은 생각을 했다. 지구상에 이제 유일한 분단국으로 남은 한반도는 왜 통일을 이루지 못하고 있을까. 독일의 경험은 한반도의 통일에 어떤 교훈을 줄 수 있을까. 앞으로 내가 할 수 있는 일은 무엇일까……. 수많은 질문이 꼬리를 물고 이어졌다.

베를린장벽이 무너지자마자 머지않아 한반도도 그렇게 될 것이라는 확신이나 전망이 국내외를 막론하고 학계와 언론계를 지배했다. 그렇지 않을 것이라는 회의적인 시각은 드물었다. 사과와 배를 같은 수준에서 비교해 둘이 같다는 아전인수격의 이런 주장은 독일 통일이 이미 25년이나 지난 오늘에도 여전히 반복되고 있다. 2014년 3월

28일, 박근혜 대통령이 독일을 방문해 이른바 '드레스덴 선언'을 발표했는데, 이때 말했던 '통일대박론' 역시 독일식 흡수통일을 기저에 깔고 있었다. 2000년 3월 29일 김대중 대통령의 '베를린 선언'이 흡수통일을 전제하지 않으면서 북에 대한 지원, 남북 간의 교류와 협력 강화를 내세웠다면, 드레스덴 선언은 아예 남북 관계 개선도 북핵을 포기한다는 전제 아래에서만 가능하다는 식으로 설정했다.

베를린장벽이 무너지고 나자 다음 차례는 한반도라는 분위기 속에서, 역사의 현장을 찾아온 한국 사람들을 정말 많이 만났다. 물론 그들 가운데는 독일 통일과 한반도 통일의 유사점과 차이점을 현장에서 진지하게 알아보려는 사람들도 있었다. 그러나 독일식 통일에 대한 확신을 갖고 브란덴부르크 문 앞에서 기념 촬영 하는 일이 답사의 목적인 듯 행동하는 사람이 더 많았다. 한반도 통일에 대해 국내 여론 매체들도 이른바 외국의 저명한 학자나 전문가라는 사람들의 고견을 하루가 멀다 하고 실어 날랐다. 이는 지금도 크게 다르지 않다. 2014년 가을, 서울을 찾은 미국 국제정치연구소Stratfor의 설립자 조지 프리드먼George Freedman은 밑도 끝도 없이 "통일은 머지않아, 어느 날 갑자기 올 것입니다. 그 시기는 2030년 이전일 겁니다."라고 예언했다. 2011년 말에 해커의 공격으로 자신의 연구소 전산망이 마비될 것도 몰랐던 그의 예언을 생각하면 참으로 우스꽝스러운 일이다.


## 훔볼트 대학에서 생긴 일

동독 정권이 붕괴하자 동독 지역의 모든 대학을 서독 체제 안으로 흡수하는 작업이 곧 시작되었다. 동독의 기존 대학과 연구소 인력 가운데 체제 유지에 적극 가담했던 사람들을 일차로 해고하고, 주로 서독 출신의 외부 인사들로 평가단을 구성해, 대학을 전면적으로 구조조정 하기 시작했다. 당연히 동독의 엘리트 양성 기관이었던 훔볼트 대학의 개편이 핵심 과제 중의 하나가 되었다. 서베를린의 자유대학과 경합하는 학과나 연구소 가운데 꼭 필요하지 않은 과들을 통폐합했는데, 이 과정에서 조그만 학과들도 정리되었다. 베를린 자유대학에는 한국학과가 독립된 학과로 존재하지 않았기 때문에 훔볼트 대학의 조선(한국)학과를 존속시키기로 결정했고, 1992년 교수 신규 채용 공고가 있었다.

주변에서 내가 적임자이므로 꼭 응모해 보라고 권유하는 지인들이 많았고, 나 또한 통일 독일의 중심에 있는 이 대학에서 우리의 통일을 준비하는 연구와 더불어 후진을 양성하고 싶다는 생각도 있어 지원했다. 앞서 언급했던 뮌헨 대학의 중국학 교수 바우어를 위원장으로 심사위원회가 구성되었는데, 심사위원회는 전원 찬성으로 나를 1순위로 추천하고 대학에 임명 동의를 요청했다. 대학이 이에 동의해 1순위 지명자로 추천할 경우, 특별한 문제가 없는 한 주 정부는 지명자를 임명해야 한다(교수는 공무원이므로 주 정부가 임명한다). 그런데 임명할 날짜가 지났는데도 통보가 오지 않았다. 그 대신 대학 측으로부터, '초빙교수'로 우선 2년 동안 임명하려는데, 이를 수락할 것인지를 묻는 연락을 받았다. 인사 문제는 비밀이라 당시에는 그 내막을 정확하게 알 수 없었으나 간헐적으로 들려오는 이야기로 어느 정도 윤곽은 잡을 수 있었다.

흥미롭게도, 이로부터 10년쯤 후, 내가 서울구치소에 있을 때 모든 여론 매체가 내 문제를 앞다투어 보도했는데, 그곳에서 읽었던 월간 『신동아』 2003년 11월호에 이 이야기에 대한 기사가 실려 있었다. 여기에는 "심층 취재 : 안기부 vs 노동당, 프락치 역공작 그리고 송두율, 베를린의 남북 첩보 전쟁 4반세기"라는 제법 긴 특집 기사가 실렸다. 특히 "훔볼트대 교수 임용 방해 공작"이라는 부분은 내 임용을 둘러싼 당시의 대체적인 움직임은 물론, 확실치 않았던 구석도 어느 정도 밝혀 주고 있었다.

송두율이 훔볼트대 정교수가 되면 한국학과는 친북 세력의 온상이 된다는 안기부 요원들의 집요한 설득은 성공을 거뒀고, '한국 출신의 친한 인사'를 원했던 베를린 주 정부는 결국 송 교수를 탈락시켰다. 눈여겨볼 것은 이 과정에서 안기부 요원들이 초빙 심사에 영향력을 갖고 있던 인물들에게 제공한 정보. 일련의 상황에 직접 개입했던 한 인사는 다음과 같이 말한다. 안기부 요원들이 전달한 문서 자료는 대개 송 교수의 그간 활동 내역, 논문 등 주로 그의 '친북 시각'을 문제 삼는 공개 정보였다. 그러나 구두로 전달된 내용에는 이와는 사뭇 다른 구체적인 팩트들이 포함되어 있었다. 가장 민감했던 것은 송 교수가 1989년 베를린을 거쳐 평양에 들어간 임수경 씨의 북한행 과정에 개입했다는 이야기였다. 임 씨의 입북 과정을 안내한 북한이익대표부와 임수경 씨의 연결 고리가 송 교수였고, 임 씨가 독일에 오기 전의 준비 작업에도 상당 부분 관여했다는 것이었다. 그러나 이런 안기부의 정보는 사실 실체가 없는 것이었다.

임수경 씨의 방북 과정에 깊숙이 참여했던 한 인사는 '임수경 씨의 입북은 통일 운동 단체에서 활동하던 20~30대 젊은 유학생들의 도움을 받은 것이었다.'며 송 교수 개입설은 사실이 아니라고 잘라 말한다. 당시 사건 수사에 간여했던 안기부 대공수사국 관계자들의 이야기도 마찬가지다. 임씨가 베를린을 통해 입북했으므로 당연히 송두율 교수도 수사 대상에 올랐지만 확인한 혐의는 없었다는 것.

백색 요원으로 유럽에서 근무했던 한 전직 안기부 관계자 또한 '송 교수가 임수경 방북에 관여했다는 얘기는 그의 활동 범위를 제약하기 위한 작전이었을 것'이라고 말했다.

내가 이 기사를 읽었을 때 "일련의 상황에 직접 개입했던 한 인사"와 "백색 요원"으로 근무했던 "전직 안기부 관계자"가 누구였는지 곧 감이 왔다. 당시에도 주베를린 한국총영사관이 훔볼트 대학과 임용권자인 베를린의 교육부를 상대로 내 임용 반대 공작을 벌인다는 소문은 이미 있었다. 베를린 자유대학의 박 모 교수의 경우, 윤이상 선생이 루이제 린저와의 대담집 『상처 입은 용』(랜덤하우스 코리아, 2005)에서 동베를린 사건 때 그의 기회주의적인 행동에 대한 증언을 남긴 바 있는데, 그가 개입했다는 풍문도 이미 있었다. 그는 당시 베를린 자유대학 디터 헤켈만Dieter Heckelmann 총장과 함께 청와대에서 전두환을 예방했었는데, 헤켈만은 보수 기민당 집권 시기에 서베를린 시 내무 장관을 지냈던 사람이다. 평소에 신중하고 사려 깊은 하버마스 교수조차 '추잡한 녀석'을 의미하는 '슈바인'Schwein(돼지)이라고 지칭했을 정도로 헤켈만은 권모술수에 능했다. 그가 부총장일 때 총장인 렘머트 교수를 모함하는 익명의 투서를 넣었다가 들통이 난 적도 있었다. (렘머트 총장은 앞에서도 말했듯이, 1977년 당시 자유대학에 근무하던 내게 추방령이 떨어지자 곧 이에 항의하는 편지를 외국인청에 보냈다.)

서독의 이른바 '한국학' 교수들도 내가 사회학 교수 자격을 가졌지 한국학 교수 자격은 없다고 가세한다는 이야기도 들렸으며, 동독 출신의 조선(한국)학 전공자들은 자신들의 불안한 입지 때문에 적극적으로 나서지도 못했다. 남독의 레겐스부르크 대학에서 우리말을 가르치던 한 연구자가 서울에 들렀을 때 어떤 고위 관리를 만났는데, 관리는 내가 훔볼트 대학의 한국학과에 자리 잡지 못하도록 적극적으로 저지해야 한다고 말했다 한다. 이 연구자는 송두율이 아무리 미위도 독일에서 한국학이 발전하려면 그래서는 안 된다고 했단다.

중국학과 일본학은 서베를린의 자유대학과 동베를린의 훔볼트 대학에 동시에 있어도 별 문제가 없었으나, 한국학은 여러 사정으로 두 대학 가운데 어느 한쪽에 설립되면 다른 대학에는 설립될 가능성이 없었다. 따라서 자신이 근무하는 자유대학에 한국학과를 설립하고자 했던 박 교수는 이 문제에 있어 총영사관을 포함한 한국 해당 기관과 이해관계가 맞아떨어졌던 것이다. 이런 상황을 맞아 앞서 인용한 기사에서 '백색 요원'으로 지칭된, 당시 서베를린 총영사관의 정보 담당 모 공사는 나름대로 나와 박 교수 사이에서 중재하려고 노력했으나 쉽지 않았다. 공사는 나와 동갑이었고 비록 나와는 다른 길을 걸었으나 결코 비열한 사람은 아니었다. 그래서 나는 처음 2년, 그리고 또 한 번 1년을 연장해 1997년까지 훔볼트 대학에 있었고 그 후 아무 미련 없이 떠났다. 내가 떠난 후 2000년에 이 대학의 한국(조선)학과는 결국 문을 닫았고, 5년 뒤인 2005년 겨울 학기에 자유대학에 한국학과가 설립되었다.

이미 1993년에 독일 국적을 취득했음에도 한국 정부 기관과 이처럼 심한 갈등을 겪었으니, 그전에는 얼마나 힘들었던지 지금 생각해도 끔찍하다. 그래도 유신 독재와 싸울 때는 "독일 사람이 왜 한국 문제에 개입하느냐"는 소리가 듣기 싫어 일종의 오기 섞인 심정으로 한국 국적을 고집했다. 그러나 여권 연장 및 갱신 문제로 대사관이나 영사관을 찾을 때마다 아내는 늘 불쾌해져서 돌아왔다. 한번은 두 아들의 여권을 발급하기 위해 시내에 있는 증명사진 자동 촬영기로 사진을 찍어 서류와 함께 제출했는데, 그다음 날 영사관에서 이를 등기 우편으로 되돌려 보냈다. 이유인즉, 사진 규격이 가로와 세로 각각 2인치인데 독일 규격의 사진을 제출했다는 것이다. 서류를 제출할 때 이미 영사관에서 문제를 제기해, 아내가 이곳이 독일이지 미국이나 한국은 아니지 않느냐고 항변해 할 수 없이 서류를 받아 두었다가 그날로 돌려보낸 것이다.

독일의 사진 규격은 정사각형이 아니라 세로가 가로보다 조금 길다. 그래서 사람들은 울며 겨자 먹기로 사진관에 가서 비싼 증명사진을 찍어야 했다. 나는 내 사진기로 여권 사진을 찍어 규격에 맞춰 정사각형으로 절단해 재신청했다. 얼굴은 아주 작게 나왔고 배경만 큰 사진이었으나 규격에는 문제가 없었으므로 접수되었다. 큰아들이 성인이 된 1993년, 가족회의를 열어 비록 우리의 국적은 이제부터 '독일'이지만 삶의 뿌리는 '코리아'Korea라는 사실을 다짐하며 독일 국적을 취득하기로 결정했다. 신청한 뒤 곧 허가가 나왔고, 구청은 우리 가족을 따로 불러 독일 국적 취득을 통보하는 간단한 의식을 치렀다.

## 겨울의 을밀대

1994년 7월 9일 새벽이었다. 아르바이트로 밤에만 택시 운전을 하는 한 유학생이 황급한 목소리로 전화를 걸어왔다. 김 주석이 사망했다는 뉴스를 조금 전에 들었다는 것이다. 처음에는 믿기지 않았으나 점차 사실로 드러났다. 하필이면, 핵 문제로 한반도의 위기가 최고조로 치닫다가 카터의 방북을 계기로 해결의 전망이 보이기 시작했고, 역사적인 남북 정상회담이 얼마 남지 않은 시점이었다. 김 주석은 어떤 분이었는가? 솔직히 말해 나는 일찍부터 항일운동을 한 김일성이 따로 있으며, 북의 김일성은 가짜라는 이야기를 믿지 않았다. 흰 수염을 날리며 만주 벌판을 달렸다는 늙은 '진짜 김일성'의 실존설은 납득되지 않았다. 자세히는 몰랐어도 어떻게 노인이 초인적인 체력과 정신력을 요구하는 빨치산 대장이 될 수 있을까 싶었다. 남쪽 사회가 친일·친미 세력의 전횡으로 어수선해질수록 이런 생각은 더 확실해졌으며, 해외에서 접할 수 있었던 여러 서적과 논문을 통해 이런 생각은 더욱 굳어졌다.

김 주석을 처음 대면했을 때 받았던 인상은 무엇보다 그의 강렬한 카리스마였다. "너희들은 모두 그렇게 이야기하지만 나는 이렇게 말한다."라는 것이 카리스마의 중요한 요소 가운데 하나다. 이는 막스 베버가 지적한 대로 '합리적' 또는 '비합리적'인 지배 양식을 뛰어넘는 '제3'의 지배 양식이다. 내가 직접 경험하기도 했지만, 그는 서양의 일반적인 의전에 따라 손님을 영접하지 않았다. 보통은 서로 다가오다가 회의장 중앙에서 만나 악수하기 마련인데, 그는 회의장 밖에서 손님을 맞아 회의실로 안내했다. 가끔 주변에서 의전 형식에 대해 이야기하면 "조선 사람은 손님이 오면 문밖에서 맞고, 손님을 또 문밖까지 배웅한다."며 '조선식' 의전을 고집했다고 한다.

'비동맹 세력'의 지도자 가운데 한 사람으로 꼽혔던 김 주석은 내게 여러 나라 지도자들에 대한 자신의 인상을 말해 준 적이 있는데, 그중 흥미로웠던 것은 레오니트 브레즈네프Leonid Ilyich Brezhnev에 대한 이야기였다. 1980년 5월 모스크바를 방문했을 때 그를 만났는데, 비서가 써준 몇 줄의 원고를 겨우 읽는 반송장이나 다를 바 없었다고 했다. 70세 중반에 이미 그런 상태였으니 옆에 있던 오진우 당시 당 정치국 상무위원이 실망해서 빨리 회의를 끝내자고 귀엣말을 했다는 것이다. 소련의 몰락을 예견하는 모습이 아니었나 싶다.

정치적으로나 인간적으로 가장 친밀했던 외국 지도자는 저우언라이周恩來였던 것 같다. 그와 관련된 일화가 있다. 한동안 한국에서는, 북한이 조종祖宗의 산인 백두산을 한국전쟁 때 참전한 대가로 중국에 넘겨주었다는 식의 이야기가 나돌았는데 이는 사실이 아니다. 조선과 청나라의 경계를 확정한 징표로 알려진 정계비는 우리가 생각하듯이 원래부터 백두산 정상에 있었던 것이 아니라 백두산 아래 동남쪽 땅에 있었다. 김 주석은, 조선 양반들이 무거운 비석을 들고 산에 오르기 힘들어 중간에 내려놓고 기생들과 놀다 간 모양이라며, 백두산을 찾게 된 내력을 내게 들려주었다.

1962년 10월 저우언라이 총리가 평양을 방문했을 때 김 주석은 그동안 논란이 되어 왔던 중국과의 국경 문제를 전격적으로 해결하기 위한 회의를 했는데, 현재 우리가 알고 있는 경계선은 그때 확정되었다. 당시 저우언라이는 중국에 돌아가서 관계 부서와 논의한 후에 북과 영토 문제를 논의하자고 했는데, 김 주석은 이왕 이야기가 나온

김에 해결하자고 설득해, 그 자리에서 문건을 만들어 상호 서명했다는 것이다. 이 문건이 바로 '조중변계조약'朝中邊界條約인데 1999년에야 세상에 알려졌다. 김 주석은 덩샤오핑 체제 같은 중국에서라면 불가능했을 것이라고 당시를 회고했다.

1945년 8월 한반도의 북쪽은 이미 일제로부터 해방되었으나 중국은 1949년까지 여전히 내전 중이었다. 이때 장제스蔣介石 국민당의 군대와 동북 지역에서 전투 중이었던 팔로군을 지원하기 위해 훈련된 지원군을 파견했으니, 이미 한국전쟁 이전에도 중국과 북 사이에는 군사적 협력 체제가 가동된 셈이다. 이런 중국과 북의 관계가 악화된 시기가 문화대혁명 때였다. 중국에 살던 조선족들도 이때 홍위병들로부터 많은 피해를 당했고, 일부는 두만강을 넘어 북으로 피신했다. 김 주석은 홍위병들이 피아노 연주자들을 '부르주아 반동'으로 몰아 손가락을 뭉개는 반문화적 행위를 한다는 소식을 듣고, 그러면 무엇 때문에 예술대학은 세우느냐며 반문했다는 것이다. 한번은 폴란드의 보이치에흐 야루젤스키Wojciech Witold Jaruzelski가 평양을 방문했는데, 이때 김일성종합대학을 둘러보고는, 믿을 수 없는 '지식분자'를 위해 무엇 때문에 그 많은 투자를 하느냐고 물었다고 한다. 김 주석은 조선노동당 당기의 중심에 붓대가 있는 이유와, 조선 사회주의에서 혁명화된 지식인의 특별한 역할을 그에게 설명했다고 전했다.

영결식이 7월 17일로 잡혔다는 조선 대사관의 통지를 받고 평양까지 비행기 표를 예약하려 했으나 쉽지 않았다. 대사관 측에서는 일단 모스크바까지만 가면 거기서부터 평양까지는 조선민항의 특별기로 움직일 수 있다는 통보를 해와, 나는 급히 짐을 꾸렸다. 마침 여름 학기가 끝나고 방학이 막 시작된 터라 곧 움직일 수 있었다. 모스크바

위 _ 김 주석의 선물, 최향의 작품 〈겨울의 을밀대〉
아래 _ 을밀대 앞에서(평양, 1988년 4월)

공항에 내리니 제네바에 사는 최기환 박사도 평양행 비행기를 기다리고 있었다. 순안공항에 도착한 뒤 해외 조문객들이 머무는 초대소로 향했는데, 다른 해외 동포들도 연이어 도착했다. 서방 언론은 연일 대성통곡하는 인민들의 사진을 내보내면서 당국이 연출하는 것 같다거나, 김 주석 없는 북은 얼마 못 갈 것이라는 논조의 논평들을 계속 내보냈다. 그러나 내가 직접 본 평양은 큰 슬픔 속에서도 내일을 차분히 준비하고 있는 모습이었다. 30년 가까이 후계 구도를 다져 왔던 북한 사회를 서방세계는 잘 알지 못했고, 제멋대로 북의 장래를 점치고 있었다. 다른 한편, 김영삼 정부는 정상회담을 앞둔 상대방이 사망했음에도 조의를 표명하는 대신 '비상경계령'을 내리는 식으로 대응해, 결국 남북 화해의 좋은 기회를 날려 버리고 말았다. 조문을 위한 나의 방북은 이런 상황에서 이루어진 것으로, 이후 2003년 내가 한국을 방문했을 때 국정원과 언론들로부터 많은 공격을 받는 이유가 되었지만, 정치적 차원에서뿐만 아니라 윤리적 차원에서도 정당했다고 생각한다.

지금 우리 집 거실에는 〈겨울의 을밀대〉라는 한 폭의 수예 작품이 걸려 있다. 자세히 보지 않으면 그림으로 착각할 만큼 매우 정교한데, 만수대 창작사 소속인 최향의 작품으로 1994년 김 주석으로부터 받은 선물이다. 나도 풍치 좋은 '평양 8경'의 하나인 이곳에 가서 대동강을 내려다본 적이 있다. 함박눈이 소리 없이 대지 위에 쌓이면서 전달하는 푸근함이 북의 노래 〈눈이 내린다〉의 서정도 불러오는 작품이다.

눈이 내린다 흰 눈이 내린다.

빨찌산 이야기로 이 밤도 깊어 가는데

불 밝은 창문가에 흰 눈이 내린다.

눈이 내린다 흰 눈이 내린다.

밀림의 기나긴 밤을 못 잊어 차마 못 잊어

함박눈 송이송이 고요히 내린다.

눈이 내린다 흰 눈이 내린다.

이 나라 빨찌산들의 그 념원 꽃핀 강산에

이 밤이 지새도록 흰 눈이 내린다.


곡목은 같지만 "눈이 내리네/오늘밤 그대는 오지 않겠죠/눈이 내리네/나의 마음은 검은 옷을 입고 있죠."로 시작하는, 연인을 기다리면서 부르는 프랑스의 샹송 〈눈이 내리네〉Tombe la neige의 정서와는 상당히 다르다. 이것이 밖의 세계가 쉽게 다가설 수 없는 북쪽의 정서다.


## 역사는 끝났는가

동유럽 사회주의가 무너지고, 소련이 해체되고, 중국에서는 톈안먼사건이 발생하는 엄청난 세계적 변혁의 소용돌이 속에서, 미국의 정치학자 프랜시스 후쿠야마Francis Fukuyama가 보수적 성향의 계간지 『내셔널 인터레스트』The National Interest 1989년 여름호에 "역사의 종언?"The End of History?이라는 제목으로 사뭇 도전적인 내용의 논문을 발표했다. 요컨대, 자유민주주의는 공산주의와의 싸움에서 완전히 승리했기에 이제 '역사'나 '사회' 또는 '이념'이라는 이름으로 혁명을 이야기할 수 없는 '탈역사'의 시대로 들어섰다는 것이었다. 물론 이런 지적 분위기는 이미, 사회변혁의 한계점 앞에 선 서유럽 좌파의 회의주의와 냉소주의적 태도에서도 나타났다. 이는 프랑스의 장 보드리야르Jean Baudrillard가 사회주의는 "고목枯木에 걸린 열매"와 같은 것이며, 우리는 이제 혁명을 그저 모방하거나 기념할 수밖에 없다는 자조적인 비판에서도 드러난다.

그러나 워싱턴의 낙관주의자들이 말하는 '역사와의 결별'이나, 파리의 비관주의자들이 말하는 '역사에 대한 장송'은 과연 정당한가? 이에 대해 나는, (1980년대 초에 내가 창간에 참여했던) 제3세계 문제에 관한 전문지 『주변부 : 제3세계의 정치와 경제』에 "역사의 종언? 탈역사와 제3세계"라는 제목의 논문을 발표했다.* 종말을 고하는 '역사'는 과연 누구의 역사인가? 시장 자유주의를 바탕으로 한 자유민주주의가 종국적인 승리를 거두었기에 이제 '역사'는 있을 수 없다는 선언을 비웃기라도 하듯이 중동 분쟁의 격화, 해체 중에 있던 유고슬라비아의 참혹한 내전, 이슬람 근본주의의 확산, 내전과 기아로 시달리는 난민의 행렬, 이주민과 원주민의 갈등, 국경분쟁은 꼬리에 꼬리를 물고 일어났다. 이른바 세계 체제 중심부의 발전 궤적을 절대화해서 '역사의 종언'을 말하는 것은 주변부는 물론, 중심부에도 맞지 않다고 주장했다. 이 글은 국내에서 발간되는 『사회와 사상』에도 축약, 번역해서 실었다.

---

* Du-Yul Song, "Ende der Geschichte? Post-Histoire und die Dritte Welt," *Peripherie : Zeitschrift für Politik und Wirtschaft in der Dritten Welt* 43/44(1992).

그러고 나서 얼마 후인 1994년 겨울, 서울로부터 한 통의 메일을 받았다. 발신자는 1982년 부산 미국문화원 방화 사건으로 8년여의 옥고를 치르고 1992년 출소한 문부식 씨였다. 내용인즉 복역 중에 내 글들을 감명 깊게 읽었으며, 출소하면 글들을 모아 꼭 책을 출간하고 싶었는데 다행히 자신의 뜻을 이해하고 재정적으로 지원할 독지가를 만났다는 것이다. 그 역시 운동권 출신이었으나 후에 사업에 뛰어들어 성공했다고 했다. 이 계획을 실천하기 위해 직접 상의하고 싶어 독일을 방문하려는데, 내 의향이 어떤지를 물어 왔다. 나는 그때까지 한길사와 한겨레신문사에서 각각 네 권의 단행본을 출판했지만 그의 계획에 동의했다.

그는 얼마 후 젊은 시인 김형수 씨와 함께 베를린에 나타났다. 처음 만난 그는 나이에 비해 매우 침착해 보였다. 사회주의 붕괴 이후 겪고 있는 지식인의 사상적 방황과 고민을 반추하며 새로운 대안을 추구하는 출판사를 세우고 싶다고 했다. 내 책을 첫 책으로 시작하고 싶다며 출판사의 작명도 부탁했다.

나는 동시대라는 뜻도 있고, 당당하고 크다는 어감을 풍기는 '당대'가 어떠냐고 했고 문부식 씨도 좋다고 해, 출판사 이름도 확정했다. 선정된 글의 내용과 전체적인 구성은 서로 이메일로 상의했으며, 1995년 5월에 첫 번째 당대 총서인 『역사는 끝났는가』가 독자들에게 선을 보였다. 이어서 한길사에서 나왔던 『계몽과 해방』에, 새로 쓴 글들을 덧붙여 증보판도 발간했다.

『역사는 끝났는가』는 당시 사회주의권의 몰락으로 사회과학 출판 시장이 퇴조기에 접어들었음에도 반응이 꽤 좋아 출판계의 이변으로 받아들여졌다. 이에 힘입은 출판사는 그 후 『당대비평』이라는 계간

종합지도 냈다. 그러나 경영이 힘들어져 몇 년 후 당대와 『당대비평』이 분리되었다는 소식을 새 운영팀으로부터 들었다. 그런 문부식 씨가 2002년 여름 『조선일보』에 '민주화 운동 보상 문제'에 대한 비판적 견해를 발표해 논란이 되었다는 이야기를 들으면서, 나는 오래전 시인 김지하가 『조선일보』에 청년 학생들의 분신을 비판한 글을 썼던 일이 떠올랐다.

모든 사회적 문제는 얼마든지 공론화할 수 있다. 그러나 이를 담아낼 그릇이 이미 오염되어 있다면 문제는 심각하다. 다른 매체도 있는데 왜 굳이 그 매체를 택했는지 이해되지 않았다. 하여간 내가 귀국했던 2003~04년에 그는 어디에도 보이지 않았다. 나중에 그가 진보신당의 대변인이 되었다는 소식을 들었고, 얼마 되지 않아 사퇴했다는 이야기도 들었다. 젊은 시절에 짊어진 짐이 50세를 넘은 나이에도 여전히 그를 옥죄고 있다는 느낌이 들었다. 젊은 날의 아름다운 꿈이 풍파를 만나면 바래기 마련이나, 처음처럼 향기를 간직하려는 노력은 우리 모두에게 소중하다.


## 남북의 학자들과 함께


1994년 7월 김 주석의 장례식에 다녀오니 독일의 언론사는 물론 남쪽에서도 인터뷰 요청이 많았다. 하지만 일절 응하지 않았다. 북한에 이제 미래는 없다는 식의 결론을 내리고 이를 뒷받침하기 위해 인터뷰를 요청했기 때문이다. 그로부터 얼마 지나지 않아 8월 중순, 베를린에서 국제정치학회IPSA가 열렸는데, 한국에서도 정치학 교수들이 20여 명 참가했다. 그들 가운데 아는 사람들이 많아서 자연히 함께 어울리게 되었다. 당시 한국정치학회 회장이었던 서울대학교 정치학과 길승흠 교수가, 남북 학자들이 통일 문제를 주제로 함께 토론하는 모임을 만들어 보려 했으나 번번이 좌절되었다며, 내게 주선해 줄 것을 부탁했다. 나는 남쪽의 현실 정치에 어떻게든 관여하기 마련인 정치학자들이 먼저 나서면 남북 학계가 앞으로 교류하는 데 도움이 될 것 같아 한번 시도해 보겠다고 답했다.

해방과 분단 50년을 맞는 1995년에, 나는 남북 해외 학자들의 통일 회의를 성사시키기 위해 평양을 방문했다. 이른바 '조문 파동'으로 얼어붙은 남북 관계를 푸는 중요한 계기가 될 수도 있기에 김용순 대남 비서와 상의를 했고, 며칠 후 긍정적인 반응도 있었다. 본회의를 준비하는 회의를 6월에 베이징에서 갖기로 한 것이다. 그렇게 해서 6월 초에, 남에서는 길승흠·백영철(건국대), 북에서는 조평통의 김경남·김관기, 그리고 내가 베이징에서 만나 구체적인 문제를 토의하고 합의에 도달했다. 그 결과 분단 이후 처음으로 남과 북, 그리고 해외 동포 학자들이 모여 통일 문제를 함께 논의하는 자리가 마련되었다. 비록 한반도 내에서 만나는 것은 아니었지만, 만남이 진전되면 곧 서울과 평양을 오가며 통일 논의를 심화시킬 수 있으리라는 전망도 생겼다. 드디어 7월 31일과 8월 1일, 베이징 쉐라톤 호텔에서 남북해외학자통일회의가 열렸다. (이때 북에서는 대홍수로 많은 인명과 재산 피해가 발생해 마음이 무거웠던 기억이 난다.)

이렇게 시작된 남북해외학자통일회의는 그 뒤로 참가자의 구성이나 규모는 변했어도, 1999년까지 매년 정례화되어 중단 없이 다섯 번이나 열렸다. 1996년 제2회 때부터는, 정계에 입문한 길승흠 교수를 대신해 백영철 교수가 '통일 포럼'을 창설해 남측 창구를 맡았다. 북측 대표는 통일 문제의 실무와 이론에 밝은 고위급 인사인 김구식(1995, 1996년), 김철식(1997년), 박영수(1998년), 원동연(1999년)이었다. 남측의 보도 주관 신문사는 『조선일보』를 제외한 『한국일보』(1995년), 『중앙일보』(1996, 1997년), 『한겨레』(1998년), 『동아일보』(1999년)로 다양했다. 그리고 이런 학술 분야의 통일 논의는 드디어 2000년 6월, 남북 당국자 간의 '6·15 공동선언'이라는 역사적 큰 흐름으로 승화되었다.

김영삼 정부 때 시작된 만남이 김대중 정부의 출범을 거치면서 드디어 남북 화해와 상생의 시대에 함께 들어선 셈이었다. 물꼬가 터지자 다양한 수준에서, 당국 및 민간 차원의 남북 간 교류가 활발해졌는데, 그러면서 오히려 우리의 모임은 동력이 떨어졌다. 당국자가 직접 만나 현안 문제를 논의하는 상황에서 학자들 간의 학술적인 토론은 시의성이 떨어지게 마련이었다. 그때까지 북측 대표로 활약했던 전문 인력이 상황 변화에 따라 공식적인 당국자 대화에 많이 동원된 것도 문제였다. 게다가 베를린에 있는 북의 대사관에서 일하던 김경필 서기관이 1999년 1월 미국으로 망명한 사건까지 발생해, 회의를 위한 연락도 원활하게 이루어질 수 없었다. 어떻든 그동안 남북·해외 학자 간에 논의했던 내용은 대부분 '6·15 공동선언'에 반영되었으니 우리의 만남은 뜻깊은 족적을 남긴 셈이다. 게다가 고등학교 동창이었던 한일상 SK글로벌 전무이사를 1999년 10월에 베이징에서 만나 회포를 풀기도 했다. SK글로벌이 남북해외학자통일회의를 재정적으로 지원했는데, 그 덕에 우리는 1967년 7월 김포공항에서 헤어진 후 32년 만에 조우한 것이다.

남북해외학자통일회의를 외국 땅이 아니라 우리 땅에서 남북을 오가며 열 수 있으리라는 애초의 희망을 버리지 않고 지속적으로 노력한 결과, 마침내 우리는 2003년 3월에 제6차 회의를 평양에서 가질 수 있었다. 나는 김대중 정부에 이어 새로 출범한 노무현 정부의 통일 정책에 제6차 회의가 새로운 동력을 제공할 수 있으리라 생각했다. 당시 이라크에서 전운이 감돌고 북도 긴장하게 된 상황이었지만, 2002년 말부터 나는 다시 회의를 준비하느라 바빠졌고 회의 성사도 낙관할 수 있었다. 2003년 3월 26일과 27일 이틀에 걸쳐 평양의 인민문화대궁전에서 열린 제6차 남북해외학자통일회의는 이전의 보도 방식과는 달리 북의 조선중앙텔레비전과 남의 KBS가 각각 주관하도록 합의했다.

분단과 더불어 남북 학문 공동체의 성격은 크게 이질화되었다. 회의를 기획하고 진행하는 과정에서, 두 세계를 함께 이해할 수 있는 일종의 통역인이라고 할 법한 '경계인'이 필요했는데 이 역할을 내가 맡은 셈이었다. 그러나 이 역할은 많은 시간과 정열, 인내를 요구했다. 단순히 평양과 서울, 베를린 사이를 팩스나 전화로 연결하면 되는 일이 아니었다. 예비 접촉을 준비하기 위해서만도 최소 두세 번 정도는 평양을 직접 방문해서 해당 부문 일꾼들과 상의하고 또 이들을 설득해야 했고, 예비 접촉 때는 본회의를 준비하는 과정에서 생기는 남북의 견해차를 중재해야 했다.

서로 반목하고 때로는 다른 민족이나 나라보다 더 싫어하는, 갈라진 형제 사이에서 중재하는 일의 어려움을 윤이상 선생님도 내게 종종 토로하곤 했다. 윤이상 선생님은 범민족 통일 음악회 개최에 힘을 쏟았는데, 그 노력이 결실을 맺어 분단된 지 45년 만인 1990년 10월 평양에서 남북 예술인들이 전통 음악을 함께 연주하는 역사적인 자리가 마련되었다. 그러나 이는 윤 선생님의 작곡 생활에 적지 않은 지장을 초래했다. 당시 건강이 좋지 못했고, 행사를 준비하기 위해 신경 쓸 일도 많았기 때문이다. 건강이 허락하는 한 작품을 남겨야 한다는 조급함과 열정도 그만큼 컸다. 윤 선생님은 그로부터 5년 후에 눈을 감으셨다. (윤 선생님의 고향 통영에서는 2002년부터 매년 통영국제음악제가 열리고 있는데, 2016년에는 문체부와 경상남도의 재정 지원이 끊겨 열리지 못했다. 금년에도 불투명했으나, 윤 선생님 탄생 1백주년이라 재정을 지원하기로 했다니 다행이다. 한때는 통영에서 말년을 보내는 윤 선생님 부인의 자택 앞에서 극우 세력들이 시위하는 등의 소동도 있었다. 이런 일들에도 불구하고 민족의 화해와 평화를 위한 윤 선생님의 뜻이 남과 북에서 계속 유지되어야 한다고 생각한다.)

내 경우에는 2003년 봄 평양에서 열린 제6차 회의를 끝으로 이런 중재 역할은 사실상 종결되었다. 2003년 가을, 나의 서울 방문이 몰고 왔던 거대한 정치적 소용돌이는 남북해외학자통일회의가 중단되는 직접적 원인이 되었다. "예술은 정치를 대신할 수 있어도 정치는 예술을 대신할 수 없다."라는 서독 초대 대통령 테오도어 호이스 Theodor Heuss의 말이 생각난다. 학자들의 만남이었지만 애초부터 예민한 통일 문제를 논의했으므로 결국 정치적 성격을 띨 수밖에 없었고, 나를 둘러싼 첨예한 남북·남남 갈등을 한 개인에 불과한 내가 온몸으로 감내해야 했다. 그럼에도 불구하고 나를 매개로 1995년에 시작해 2003년에 끝난 남북해외학자통일회의는 2000년 6·15 선언과 2007년 10·4 선언의 정신을 학문적으로 뒷받침했다고 나는 여전히 자부하고 있다.

위 _ 제1차 남북해외학자통일학술회의(베이징, 1995년 7월 31~8월 1일)
아래 _ 제2차 남북해외학자통일회의(베이징, 1996년 9월 13~15일)

위 _ 제3차 남북해외학자통일회의(베이징, 1997년 8월 29~30일)
아래 _ 제4차 남북해외학자통일회의(베이징, 1998년 2월 20~21일)

위 _ 제5차 남북해외학자통일회의(베이징, 1999년 10월 26~27일)
아래 _ 제6차 남북해외학자통일회의(평양, 2003년 3월 26~27일)

## 고통이 있는 곳에

　예술의 숭고한 정신으로 일찍이 남북 화해에 큰 기여를 한 윤이상 선생님과 본격적으로 만난 것은 서베를린으로 이사 온 1977년 여름부터였다. 물론 그전에도 민건의 창립과 더불어 윤 선생님의 서베를린 자택을 방문한 적이 있고, 민건 행사에서도 종종 뵐 수 있었다. 1976년 봄에는 윤 선생님의 작품, 〈세 명의 소프라노와 관현악을 위한 '나모'南無〉가 (우리가 살던) 뮌스터에서 공연되었는데, 당시 이 작품의 주인공이었던 스위스 출신의 소프라노가 한복을 입고 무대에 서야 했다. 이때 아내가 만삭의 몸으로 의상 준비를 맡기도 했다. 윤 선생님과 나는 식성도 비슷했는데, 특히 생선회를 좋아했기 때문에 싱싱한 생선을 구하기 힘든 베를린에서 횟감을 구하느라 사모님이 고생을 했다. 윤 선생님의 건강이 나빠져 병원에 입원했을 때 우리는 초밥을 준비해 병문안을 가곤 했는데, 그때마다 윤 선생님이 맛있게 드시던 모습이 지금도 눈앞에 선하다.

　윤 선생님 자택이 베를린 시의 서북쪽 외곽인 클라도우Kladow에 있었고, 우리는 남서쪽에 살고 있다. 직선거리는 멀지 않지만 중간에 반제Wannsee라는 큰 호수가 있어서 먼 길을 돌아가야 하므로, 자동차로 한 시간 정도는 달려야 했다. 그래서 같은 도시에 살아도 자주 만나기는 쉽지 않았다. 주로 전화로 이야기를 나누었지만 피차 대화할 사람이 주위에 별로 많지 않은 우리는 시간과 기회가 닿는 대로 만났다. 윤 선생님은 여러 지병으로 고생하느라 1994년 7월 김 주석 장례식에 참석할 수 없었는데, 서울 방문을 염두에 두었기 때문에 일부러 참석하지 않은 것 아니냐는 오해도 받았다. 김영삼 문민정부가 들어서면서부터 윤 선생님에 대해 유화적인 분위기가 일부 조성되었고, 좋은 뜻에서 윤 선생님의 남한 방문을 적극 추진하는 인사들도 있었다. 나는 나대로 서울 방문이 성사될 경우를 전제로 고려해야 할 여러 문제에 대해 조언하기도 했다. 그러나 김영삼 정부는 끝까지 동베를린 사건과 관련해 윤 선생님의 명예회복 문제에 애매한 입장을 취했다.

윤 선생님이 사망한 뒤 김영삼 정부에 이어 등장한 김대중 정부에서도 사정은 마찬가지였다. 물론 2006년 1월 '국가정보원 과거사건 진실규명을 통한 발전위원회'가, 1967년 제6대 대선이 부정선거라는 거센 비판 여론을 무마시키고자 동베를린 사건을 과장 및 확대 해석했다는 조사 결과를 공표함으로써, 윤 선생님을 포함한 당시 피해자들의 명예는 회복되었다지만, 윤 선생님이 생전에 한국 민주화 운동의 상징이었던 김대중 씨를 위해 지원했던 바를 생각하면 야박한 대우였다.

앞서도 말했듯이, 1980년 '피의 광주'를 통해 집권한 전두환 신군부가 이른바 '김대중 내란 음모 사건'을 조작해 김대중 씨에게 사형을 구형하자 해외에서도 그의 구명 운동에 적극적으로 나섰다. 이때 민주화 운동 단체들은 빌리 브란트를 비롯한 각국의 지도자들에게 그의 구명을 호소했고 윤이상 선생, 파리의 정성배 교수와 함께 나는 제네바에 있는 유엔 인권이사회를 찾아가 김대중 씨의 구명을 위한 로비 활동을 했다. 당시 주제네바 대사였던 노신영이 김대중 씨의 '내란죄'를 열심히 입증하는 상황에서, 전문적인 로비스트도 아닌 우리는 지나가는 대표들을 쫓아다니며 거의 구걸하다시피 "2~3분만 시간을 내달라"며, 김대중 씨의 운명에 대해 관심을 가져 달라고 호소했다.

이때 윤 선생님은 세상에 태어나 이렇게 자존심 상해 본 적이 없다고 한숨을 쉬며 말했다. 어떤 대가를 바라고 한 일은 아니었지만, 김대중 정부가 보였던 무관심과 무반응에 윤 선생님은 내내 섭섭하게 생각했다.

윤 선생님의 서울 방문 계획에는 예상치 못한 일도 발생했는데, 이곳 범민련의 일부 성원이 윤 선생님의 서울 방문을 적극 저지하고 나섰고, 미국에 있는 일부 성원들도 이에 합세했다. 무엇보다도 윤 선생님이 고향을 방문하게 되면 그가 해외 운동에서 차지하고 있던 절대적 위상은 물론, 해외 운동 자체도 심각한 타격을 받지 않을까 우려했다. 윤 선생님은 국제적으로 저명한 예술가였으므로 세계 각지에 영향력 있는 지인들이 있었는데, 당시 해외 운동의 중심이었던 미국이나 일본에는 이에 버금가는 인물이 없었던 것이다.

그러나 근본적인 문제는 해외 운동이 독재 정권의 오랜 탄압 속에서 여유와 탄력성을 상실한 데 있었다. 윤 선생님의 서울 방문은 곧 남쪽 체제에 투항하는 행위로 인식되었다. 남과 북 사이에서 양자택일해야 한다는 냉전적인 사고는 통일 운동을 한다는 사람들의 행동에도 깊이 스며들어, 갈라진 민족의 화해를 위한 한 예술가의 순수한 열정마저 의심케 했다. 상심한 윤 선생님은 서울 방문 계획을 전면 취소하고, 앞으로 모든 통일 운동에서도 손을 떼겠다고 선언했다. 그렇지 않아도 나쁜 그의 건강 상태는 그 뒤로 더욱 나빠져 자주 병원 신세를 졌다.

1995년 윤 선생님은 78세 생일인 9월 16일, 마지막 작품으로 〈화염 속의 천사〉Engel in Flammen라는 칸타타를 남겼고(민주화와 통일을 위해 목숨을 바친 숱한 젊은 영령들을 위로하는 곡이다), 11월 3일 오후에

위 _ 윤이상 선생의 흉상 앞에서 사모님과 함께(평양, 2003년 3월)
아래 _ 윤이상 선생과 함께(베를린, 1988년 8월)

홀쩍 세상을 떠났다. 철이 아닌데도 그날따라 찬 눈보라를 내리며 하늘도 비통하게 함께 울었다. 장례식은 클라도우 묘지 안에 있는 영결식장에서, 고인의 뜻에 따라 가족과 독일인 친지를 합쳐 20명 정도 모여 불교식으로 간소하게 치러졌다. 베를린 예술대학의 로스비타 스퇴거Roswitha Stöger 교수가 연주하는 윤 선생님의 플루트 독주곡 〈솔로몬〉의 선율이 흐르는 속에서, 나는 우리 민족이 낳은 위대한 예술가이자 애국자와 영결했다.

그가 남긴 민족애와 음악 자산을 소중하게 기념하기 위해 친지들과 유가족은 많은 토론 끝에 기념사업을 추진하기로 했고, 1996년 2월 윤이상 선생의 음악 세계에 조예가 깊은 발터-볼프강 슈파러Walter-Wolfgang Sparrer를 중심으로 국제윤이상협회Internationale Isang Yun Gesellschaft가 발족되었다. 그러나 국제윤이상협회는 재원 조달 문제와 운영 방식을 둘러싸고 유가족과 일부 친지들 사이에 오해와 견해차가 생기면서 사업이 어려워졌다. 이런 상황에서도 협회는 꾸준히 시디와 연감을 발행하고, 연주회를 조직해 윤이상의 음악을 계속 알려 왔다. 윤 선생님이 오랫동안 몸담았던 베를린 예술대학에서도 아카이브를 설립하려고 했다. 이 대학의 도서관장 또한 국제윤이상협회의 이사로 있었던 아내에게 도움을 요청했으나 안타깝게도 실현되지 못했다. 이명박 정부가 들어서고 나서는 여건이 더 나빠졌고, 국내에서 발족된 통영국제음악제 및 윤이상평화재단과의 관계 설정에도 혼선이 빚어졌다. (재정적으로 취약한 국제윤이상협회가 자체 사업을 수행할 수 있도록 국내의 두 조직은 국제윤이상협회를 지원해야 한다. 국내의 음악 행사를 위한 해외 연락소처럼 되어서는 안 된다.)

물론 내부 문제도 있다. 윤 선생을 음악가로만 부각시키고, 그의 정치적 신념과 행동을 탈색하려는 일부 국제윤이상협회 임원들의 책임도 크다. 윤 선생님 서거 이후 베를린에 혼자 지내기 힘든 사모님이 주로 평양에 머물게 되자, 이 때문에 협회 사업이 어려워진다고 불평하는 임원도 있었다. 1984년에 이미 윤이상연구소가 창립되고, 1994년에는 현대적인 윤이상음악당도 건립되었던 곳이 평양이 아니었던가. 남과 북으로 갈린 윤 선생님의 기념사업을 베를린에서 서로 연계할 수 있다는 강점이 있음에도, 정치로부터 음악을 분리시키려는 음악인들의 한계가 이를 살리지 못했다.

윤 선생님의 유지를 밝히는 일이라면 뭐라도 해야 한다고 생각했던 우리 부부는 그러나 많이 참았다. 2007년부터 통영에 정착한 윤 선생님 부인이 2011년 12월 말에 김정일 위원장 장례식에 다녀온 것을 문제 삼아 극우 세력들이 연일 통영 집 앞에서 시위와 소동을 벌였을 때, 우리 부부는 협회 측에 강경한 성명을 발표하도록 촉구했다. 그러나 무슨 이유에서인지 이렇다 할 반응이 없었고, 우리 부부는 2012년 2월 협회를 탈퇴했다. 아내는 협회의 이사직도 내놓았다. 인간 윤이상이 남긴 총체적 업적은 단순히 음악이라는 세계 안에 가두어 둘 수 없으며, 분단된 조국의 한쪽만 바라보는 기념사업은 별 의미가 없다는 생각으로 내린 결정이었다. 그러면서 우리는 음악계가 미술계보다 현실에 무감각하다고 비판했던 윤 선생님의 날카로운 지적을 떠올렸다.

## 부끄러운 일

1996년 봄, 아버지께서 입원하셨다는 연락이 왔다. 평소 건강하신 편이고 별로 병원 신세를 지지 않던 분이었다. 다행히 몇 주 뒤에 퇴원하셨다. 그러던 차에 하버마스 교수가 서울대 개교 50주년을 맞아 개최되는 '서남 초청 강좌'에서 강연을 하게 됐으며, 여러 곳을 둘러볼 계획이라는 소식이 왔다. 정상적인 상황이라면 제자가 자기 나라에서 직접 스승을 모시고 관련 행사를 준비하기 마련이지만, 나는 그럴 수 없었다. 이미 30년 넘게 고향을 방문할 수 없는 처지였다. 그래도 제자된 도리로 무슨 도움이 될 일은 없을지 하버마스 교수에게 전화를 했다. 그는 무리할 필요는 없으나 자신이 사는 뮌헨 근처의 슈타른베르크Starnberg와 내가 사는 베를린의 중간 지점인 프랑크푸르트에서 한번 만났으면 했다. 그래서 우리 부부는 4월 초 프랑크푸르트 대학가 근처의 한 이탈리아 레스토랑에서 하버마스 교수 부부를 만났다.

한반도의 전반적인 실정에 대해 나름대로 잘 요해하고 있던 하버마스 교수와 함께 최근의 정세에 대해 이야기를 나누었다. 그는 이때 서남 초청 강좌에서 강연할 원고를 검토해 줄 수 있는지도 물었다. 나는 해방 50주년을 기념해서 쓴 독일어 책『한국이라는 만화경 : 통일의 현실적 맥락』*을 곧 보내 주기로 하고, 그의 강연 원고도 읽어 보겠다고 했다. 아버지가 위독해도 서울을 방문하지 못하는 나의 가슴 아픈 사연을 살 아는 그는 나를 위해 자신이 할 수 있는 일이 없는지

---

* Du-Yul Song, *Korea-Kaleidoskop: Aktuelle Kontexte zur Wiedervereinigung* (secolo Verlag, 1995).

도 물었다.

마침 위기를 넘긴 아버지가 퇴원했기에 나를 대신해, 나를 아끼는 서울의 몇몇 동료들 및 아버지와 잠시라도 만날 수 있는지 하버마스 교수에게 물었다. 반색을 하며 그는 무엇보다도 내가 부탁하는 일은 꼭 성사시키겠다고 하면서, 방문 기간 중 언제가 좋을지를 부인에게 물었다. 늘 그렇듯이 그의 부인은 남편의 거의 모든 일정을 관리했다. 그의 부인은 계획된 일정표를 꺼내 보더니 도착 다음 날 오전 일정이 비어 있는데, 공식 일정이 시작하기 전이니 그때가 좋을 것 같다고 말했다. 그러면서 다른 강연과 달리 왜 한국에서는 일정이 여전히 확정되지 않고 있는지 모르겠다고 덧붙였다.

나는 베를린에 돌아오자마자 약속한 책을 하버마스 교수에게 보내고 서울에 연락을 취해 아버지의 건강 상태를 확인하는 한편, 만남을 준비하는 문제를 서울대 정치학과 김세균 교수와 상의했다. 아버지는 항상 토론을 즐기는 전형적인 학자이기에 자식의 스승이자 세계적인 철학자 하버마스 교수와의 만남을 기뻐하셨다. 리영희 교수, 김진균 교수를 포함한 7~8명의 원로 학자들과 조찬을 겸한 약속도 잡혔다. 그런데 얼마 후 서울로부터 연락을 받았다. 하버마스 교수의 방한을 사실상 주도했던 서울대 사회학과의 한상진 교수가 계획된 회동을 완강히 반대하면서, 만일 하버마스 교수가 그 일을 추진하면 결례라고까지 말하고 있다는 것이다. 또한 그는 원래 예정된 숙소도 옮겨 하버마스 교수 부부의 옆방에 기거하면서 하버마스 교수의 외부 접촉도 사실상 통제하고 있다고 했다. 이런 상황에서 우리는 원래 계획했던 모임을 취소할 수밖에 없었다.

문제는 여기서 끝나지 않았다. 하버마스 교수가 4월 30일 서울대에서 행할 공개 강연의 원고 "민족 통일과 국민주권"Nationale Einigung und Volkssouveränität이 동의 없이 수정되는 사건이 발생했다. 서울로 출발하기 전 하버마스 교수는 내게 비판적 검토를 부탁한다며 독일어 원고를 보냈는데, 이를 읽고 나는 몇 가지 견해를 전했다. 한국적 상황에서는 '좌파'Linke보다 '진보'Progressive라는 표현이 좀 더 적절하며, 일반적으로 '공화주의'에 대한 이해도가 낮으니 이 점에 대해 좀 더 자세히 설명할 필요가 있다는 것 등이었다. 하버마스 교수는 강연 원고의 앞부분에서 한반도와 독일의 차이점을 언급하며, "이런 본질적인 차이점 때문에 우리는 독일의 경험을 너무 성급하게 한반도의 경우에 확대 적용하지 않도록 해야 합니다."라고 쓰면서 각주 번호 2를 달고 "나는 다음 저서의 입장을 따른다. Du-Yul Song, Korea-Kaleidoskop, Osnabrück 1995."라고 밝혔다.* 그런데 한글로 번역된 강연 원고에는 본문의 각주 번호 2는 물론, 그 내용도 사라졌다.

하버마스 교수가 아무리 한국말을 모른다 해도 그렇게까지 해야 했는지, 이해할 수가 없었다. 학자이기 전에 같은 한국인으로서 정말 얼굴이 달아올랐다. 왜 그랬을까. 정치적인 상황 때문이었을까. 그건 아닌 것 같다. 적어도 문민정부라는 김영삼 정부 시기에 안기부가 하버마스 교수의 강연 원고까지 일일이 간섭하지는 않았을 것 같다. 왜 그의 글에서 내 흔적을 지웠는지는 책임자만이 알고 있을 것이다.

한 교수와 나는 모르는 사이는 아니었다. 과는 달랐지만 문리대를 같이 다녔다. 내가 1972년에 프랑크푸르트에서 학위를 마치고 뮌스

---

* 원문은 이렇다. "Ich orientiere mich im folgenden an: Du-Yul Song, Korea-Kaleidoskop, Osnabrück 1995."

들이점들 때문에 우리는 독일에서의 경험을 너무 성급하게 한반도의
경우에 확대 적용하지 않도록 해야 합니다. 이제 나는 3단계로 나누어
논의를 진행시키겠습니다. 나는 우선 독일과 한반도에서 민족통일에
연관되어 현재도 존재하고 있는 서로 다른 출발상황들을 상기시키고자
합니다. 그 뒤 우리는 민족국가와 민주주의의 연관에 관해 살펴볼 것
입니다. 이것은 유럽에서 커다란 의미를 지녔으며, 아시아에서도 다른
방식으로 나름대로의 의미를 갖는 문제입니다. 이러한 논의를 토대로
하여 우리는 성급하다고까지는 할 수 없어도, 신속히 진행된 독일통일
의 경험으로부터 장차 이루어질 한반도의 통일을 위해 무엇을 배울 수
있는가를 살펴보고자 합니다.

## 2. 상이한 출발 상황들

우선 북한과 이전의 동독을 비교해 봅시다. 북한의 특징은 (동독과
비교해) 비교적 인구가 많다는 데 있습니다. 동독에는 전체 독일인구
의 약 5분의 1밖에는 살고 있지 않습니다. 북한은 상당한 정치적 자
주성을 견지하고 있으며, 주체사상에 기초해 중국에 대해서 그러하듯
이 러시아에 대해서도 이데올로기나 정치에 있어 나름대로 독자성을

위 _ 하버마스 교수의 서울대 강연 원고 "Nationale Einigung und Volkssouveränität"
가운데 주 2)
아래 _ 하버마스 교수의 강연 원고 번역본에서 사라진 주 2(하버마스 지음, 한상진 엮음,
『현대성의 새로운 지평』(나남, 1996), 181쪽.

터 대학 사회학과에 부임한 후, 서울대에서 석사를 마친 그가 우리 과로 편지를 보내, 뮌스터에서 공부하고 싶다며 문의를 했고, 내가 답장을 보낸 적이 있었다. 그 후 그가 미국에서 학위를 마치고 1979년 말 독일 빌레펠트에 머물 때, 마침 독일을 방문한 황성모 교수를 맞아 당시 독일에서 사회학을 전공하는 후배들이 세미나를 조직했는데, 그 자리에서 그를 다시 만났다. 1992년 대선에서 실패한 김대중 씨가 정계 은퇴를 선언하고 옥스퍼드에 머무를 때, 그를 측근에서 보좌하기 위해 베를린에 잠깐 머물면서 개인적으로 상의할 것이 있어서 나를 만나러 온 적도 있었다. 그는 김대중 씨가 1997년 대선에서 당선되자 한국학중앙연구원장에 취임했다.

하버마스 교수의 한국 방문에 대해 독일의 보수 일간지 『프랑크푸르트 알게마이너 차이퉁』*FAZ*은 그가 남한의 좌익을 부추겼다고 보도해서 웃음거리가 되었지만, 하버마스 교수는 독일에 돌아오자마자 내게 연락해 아주 인상 깊은 방문이었다고 말했다. 그렇게 하버마스 교수가 한국을 다녀가고 나서 몇 달이 지난 8월 21일 아버지는 결국 세상을 떠나셨다.

만 75세는 넘겼지만 장수하시지 못한 셈이다. 아버지는 병세가 악화되어 병원에 다시 입원하기 직전에 전화로 유언을 하셨다. 남북으로 갈린 정치 현실에 휩쓸리지 말고 학자로서 정도를 지킬 것, 건강에 유의할 것, 그리고 며느리에게 아무것도 해주지 못한 것을 미안하게 생각하며, 손자 준과 린을 진정한 '세계인'으로 잘 키울 것을 부탁하셨다. 끝으로 자신과 나를 제외한 전 가족이 일찍부터 천주교 신자가 되었는데, 당신께서도 천주교에 이제 귀의했다고 말씀하셨다. 귀국 문제가 제기될 때마다 항상 요구되는 준법 서약서를 쓰고라도 임종을 지키려고 했으나, 자식의 그런 결정을 말리신 아버지의 유언을 생각하며 비탄의 눈물을 삼킬 수밖에 없었다.

장기간 입원 생활에 많은 경제적 부담이 따른다는 것을 알면서도 마음만 있을 뿐, 방문할 수도 없고 아무 도움도 드리지 못한 무력한 장남의 처지였으니, 나 자신을 원망스럽게 생각한 적이 한두 번이 아니었다. 다행히 도쿄에 계시는 작은아버지가 무능한 조카의 몫까지 떠맡아 물심양면으로 아버지의 마지막 길을 보살펴 주었다. 경기도 남양주시 천주교 묘지에, 1963년 겨울 세상을 떠난 할아버지 곁에 아버지도 묻히셨다. 2003년 9월 22일에 귀국했을 때 국정원에서 주야로 정말 힘든 조사를 받고 난 뒤 일주일 만에야 나는 성묘를 할 수 있었다. 아버지 곁에는 이로부터 9년 뒤인 2012년 9월 84세를 일기로 세상을 뜬 어머니도 묻혔다. 언제 다시 세 분의 묘소를 찾아 이 지상에서 나의 마지막 인사를 드릴 수 있을지……

## ┃ 황장엽

살아가는 동안 우리는 무수한 인연을 맺고 산다. 참 좋은 인연도 있지만 기억하기조차 싫은 인연도 있다.

1991년 8월에 서울에서 열릴 한민족 철학자 대회를 준비하는 송상용·이삼열 교수는 이 대회에 북의 철학자들도 초청하고 싶은데, 내가 평양을 방문할 때 성사 가능성을 타진해 보고, 꼭 성사되도록 힘써 달라고 부탁했다. 이보다 몇 달 앞서 그해 봄에는 서울대 사회학과에서 초빙교수로 방문을 제안했었는데, 안기부의 방해로 성사되지 못하는 일이 있었다. 이미 많은 학생이 수강을 신청했고, 사회학과에 이어 철학과 대학원에서도 강좌가 개설되었는데, 막판에 안기부가 개입해 초청이 무산되었다. (당시 수강 신청했던 학생들이 나중에 베를린을 방문해 그때의 분위기를 전하며 아쉬워했다.) 그 후 5월에 북의 사회과학원 초청으로 나는 김일성종합대학에서 "역사는 끝났는가"를 주제로 강연을 하게 됐다. 앞서도 말했듯이, 남의 철학계도 당시 북의 철학계와 학술 대회를 개최하고자 했으므로 마침 방북한 기회에 북에 뜻을 전달했다. 당시 나는 황장엽 비서를 만나지 않았으나 후에 베를린 주재 이익대표부를 통해 편지를 보내왔다. 평양에서는 실력 있는 철학자 5~6명을 한민족 철학자 대회에 파견하기로 했다며, 내가 서울에 갈 때 생길 수 있는 안위 문제까지 걱정하는 내용이었다.

당시 남쪽에 파견될 대표단에는 김일성종합대학교 철학부 강좌장 김영춘 교수, 사회과학원 주체철학연구소장 박승덕 교수, 주체과학원 철학연구소장 리성갑 교수 등이 포함되었는데 북에서는 단연 최정상의 학자군에 속했다. 나는 평양을 방문할 때 특별한 일이 없는 한 이들과 꼭 만나 식사도 하며 남과 북, 해외 철학계의 동향에 대해 많은 이야기를 나누곤 했다. 페레스트로이카의 소용돌이 속에 휘말리고 있던 러시아 철학계의 동향에 대해 특히 많은 대화를 했는데, 당시는 노태우 정부가 '북방 정책'으로 적극적인 대북 공세를 취할 때였다. 어쨌든 이 회의에 참가할 북쪽 대표단의 구성이 완료되었으나, 남북 간의 긴장으로 서울행은 얼마 후 전격적으로 취소되었으며, 나의 서울행도 좌절되었다.

그 이듬해인 1992년 여름, 나는 평양 용악산 자락에 새로 지은 주체과학원 집무실에서 그를 단독으로 만났다. 당 관료라기보다는 학

북의 철학자들과 함께. 왼쪽부터 박승덕·송두율·김영춘·리성갑 교수(평양, 1992년 9월)

자다운 인상을 한 그는 쇳소리가 약간 섞인 음성으로 쉬지 않고 이야기했다. 북의 고위 간부들은 보통 혼자 주로 이야기하는데, 그 또한 마찬가지였다. 그 뒤로 두 번을 더 만났는데, 한 번은 우리 두 사람, 또 한 번은 앞에서 말했던 그의 제자들인 김영춘·박승덕·리성갑 교수와 함께였다. 만날 때마다 그는, 이념적 공황 상태에 빠진 러시아를 방문했을 때, 주체철학을 강론해 굉장한 환영을 받았다는 자랑을 빼놓지 않았다. 그랬던 그가 김 주석 사망 후 3년도 되지 않은 1997년 2월 12일에 망명객으로 서울에 나타났으니 놀라울 따름이었다.

그로부터 얼마 후 1998년 여름, 나는 로스앤젤레스에서 통일 문제를 주제로 강연할 기회가 있었다. 강연이 끝나고 초청자들과 함께 식사를 하기 위해 코리아타운을 들렀는데, 가는 길에 한국 서점을 찾았다. 서점 입구에는 책과 잡지의 선전 포스터들이 어지럽게 걸려 있었다. 함께 간 지인이 웃으며, 벽의 포스터를 가리켰다. "저기, 송 교수님 선전도 걸려 있네요." 『월간조선』 8월호 광고였다. "황장엽의 충격 증언"이라는 제목이 먼저 눈에 띄었다. 목차를 우선 훑어보고 한 권을 샀고, 뉴욕으로 돌아오는 비행기 안에서 읽었다. 안기부 산하 통일정책연구소가 이미 한 달 전에 한정본으로 출간한 『북한의 진실과 허위』를 『월간조선』이 입수해 이 내용을 특집으로 편집한 것이었다. 여기서 황 씨는 내가 조선로동당 정치국 후보위원 '김철수'와 동일 인물이며, 이 같은 사실을 대남 담당 비서 김용순으로부터 들었다고 했다. 북의 통치사들이 순전히 나를 이용하기 위해 그런 지위를 부여했으며, 실제로는 전혀 신임하지 않는다며 빨리 그들과 결별할 것을 촉구하는 내용이었다.

그가 남으로 넘어올 때 가지고 왔다는 이른바 '황장엽 리스트'가

세간의 궁금증을 한껏 모았던 터라, 나에 대한 그의 언급은 사회적으로 큰 파장을 몰고 왔다. 나는 구체적인 법적 대응을 위해 지인들과 상의한 후, 저작권법 전문인 안상운 변호사를 선임해, 출판물에 의한 명예훼손으로 1998년 10월 서울지방법원에 민사소송을 제기했다. 형식은 황 씨를 대상으로 한 민사소송이었으나, 그는 안기부가 철저하게 관리하고 있었기 때문에 사실은 나와 안기부 사이에 오래 이어진 싸움의 연장이었다. 1심 판결은, 지루한 공방이 3년 가까이 계속된 2001년 8월에야 이루어졌다. 먼저 황 씨의 주장이 어떤 증거에도 근거하지 않는다고 하면서, 그럼에도 '공공의 이익'을 위한 것이므로 손해배상의 책임은 없다는 어정쩡한 판결을 내놓았다. 진보 성향 언론들은 내가 승소했다는 논평을, 보수 성향 언론들은 내가 패소했다는 논평을 내보내 사람들을 혼란스럽게 했다. 안 변호사는 항소하자고 했지만, 애초에 황 씨로부터 손해배상 1억 원을 받아 내려고 소송을 제기한 것이 아니었고, 또한 소송에 너무나 많은 시간과 정력을 빼앗긴 나로서는 일단 사실관계는 밝혀졌다고 판단해 항소를 포기했다.

그와의 첫 번째 악연은 이렇게 일단락되었지만 2003년 가을, 두 번째 악연이 본격적으로 다시 시작되었다. 그 전에 한 가지 짚고 넘어가야 할 대목이 있다. 황장엽은 『나는 역사의 진리를 보았다』(한울, 1999)라는 그의 책자 속에서 북한의 김용순 비서와 나의 관계에 대해서도 언급했다. 김 비서가 자신에게 "송두율은 주겠다는 것인지 달라는 것인지 도무지 알 수 없는 말만 하는 미치광이여서 상대하기 어렵소. 황 비서께서 좀 영향을 주어 그의 머리를 고쳐 주시오."라고 이야기했다고 밝혔다. 나는 이 전언의 진위를 확인할 수 없다. 다만 김 비서와의 관계에서 껄끄러운 분위기를 느낀 적은 있었다. 한번은 이런 일도 있었다. 앞서도 말했듯이, 윤이상 선생님은 건강 문제로 김 주석 장례식에 참석하지 못했다. 그 후 윤 선생님이 평양을 방문해 3주일을 머무를 기회가 있었는데, 그동안 김 비서를 만날 수 없었다. 장례식에 참석하지 못해 그렇지 않아도 마음이 불편했던 윤 선생님은 이를 섭섭해 하셨다. 나중에 김 비서를 만났을 때 나는 이때 꼭 만났어야 했다는 의미로 말을 꺼냈고, 그는 불편한 기색으로 당시 전혀 시간을 낼 수 없었다고 말했다. 어떻든 김 비서와 나의 관계는 그렇게 매끄럽지는 못했던 듯하다.

2003년 10월 구치소 안에서 김용순 비서의 사망 소식을 듣고 나는 불과 반 년 전에 평양에서 만났던 그의 모습을 떠올렸다. 그동안 만났던 허담·윤기복·김중린 비서도 이미 저세상 사람이 되었다. 허담 비서는 전형적인 외교관 출신이었고, 윤기복 비서는 부드러운 성품을 지닌 경제 전문가였는데, 경기중학 출신으로 여동생과 함께 월북한 인물이었다. 성품이 소탈한 김중린 비서는 항일 시기에 소년병이었는데 매사에 철저했다.

황장엽의 망명이 몰고 온 충격파의 첫 번째 대상이었던 나로서는 누구보다도 그의 망명 동기에 관심이 갔다. 김 주석이 사망한 뒤 점차 권력의 핵심에서 멀어진 황장엽을 측근에서 보좌했던 김덕홍이 안기부의 미끼를 처음 물었고, 황장엽도 결국 걸려들었다. 김영삼 정부 집권 당시, 김영삼 대통령의 차남 김현철이 '한보 사태'로 궁지에 몰린 '김현철 게이트'가 터지자 안기부를 통해 이를 황장엽 사건으로 덮으려 했다는 것이 내가 보는 황장엽 망명 사건의 큰 줄거리다.

## 김경필 파일

황장엽을 상대로 한 손해배상 소송이 본격적으로 시작되어 서울로부터 요구받은 서류와 자료를 송부하느라 바빴을 무렵, 내가 아는 또 한 사람의 북한 관리가 망명하는 일이 있었다. 1999년 1월에 베를린 주재 북한 대사관에서 일하던 서기관 김경필이 그의 아내와 함께 미국으로 망명한 것이다. 황 씨의 망명 사건처럼 처음에는 이 소식이 믿기지 않았다. 왜냐하면 그는 함께 살고 있던 중학생 딸을, 사건이 일어나기 얼마 전에, 군에 간 아들과 시집간 딸이 살고 있는 평양으로 먼저 보냈기 때문이다.

귀국이 정상적으로 추진되는 과정에서 그의 신변에 어떤 문제가 발생했기에, 급히 베를린의 미국 대사관을 찾아가 망명 신청을 해야 했을까. 나중에 들으니 점심 식사 준비가 끝난 상황에서 황급히 자리를 뜬 흔적도 있었다는 것이다. 더군다나 그는 전쟁고아로, 당이 키워낸 사람답게 우직스러울 정도로 당에 충실한 사람이었다.

이 수수께끼를 푸는 열쇠는 최창동이라는 인물이 쥐고 있었다. 1990년대 중반에 독일에 나타난 그는 자신이 부산외국어대 법학 교수로 민주화를위한전국교수협의회(이하 민교협)에서 활동했다는 이유로 재임용에서 탈락해, 미국을 거쳐 독일에 왔다는 것이다. 그는 당시 유학생으로 범민련 유럽 본부의 회원이었던 박충흡과 연계되어 뷔르츠부르크Würzburg를 거쳐 베를린에 정착했다. 처음 만났을 때 그는, 지금은 고인이 된 치과 의사 최도식 선생의 명함을 들고 와서 자신의 친척 아저씨라면서 자기소개를 했다. 최 선생은 대구 출신으로 민주화 운동 과정에서 나도 몇 번 만난 적이 있다. 하지만 나는 다른 사람의 명함까지 들고 온 최창동을 왠지 열린 마음으로 대할 수 없었다.

그는 베를린에 있는 범민련 유럽 본부의 사무실에서 아예 기거하며 잡지 만드는 일을 도맡아 해 자신의 입지를 굳혔다. 또한 〈국가보안법〉을 강력히 비판하는 책자도 출간해 회원들의 절대적인 신임을 얻었다. 대부분 광부와 간호사 출신이었던 회원들은, 한국에서 민주화 운동을 하다가 해직되어 가족과 헤어져 해외에서 유랑하는 전직 교수라는 그에게 동정을 보냈다. 이렇게 그는 곧 범민련 유럽 본부에 깊숙이 들어갔다. 그런데 얼마 지나지 않아 회원들 간에 내분이 발생하는 바람에 당시 사용하던 컴퓨터를 한쪽에서 들고 나가 버렸다. 이런 상황을 전해 듣고 김경필은 잡지를 발행하는 데 차질이 없도록 자신이 사용하는 컴퓨터를 빌려주었다. 물론 그 전에 개인 파일을 모두 지우고서 말이다. 하지만 선의에서 비롯된 이 행동이 자신의 운명을 바꾸게 될 줄은 털끝만큼도 예상하지 못했다. 컴퓨터에 초보였던 그는 하드디스크에 남아 있는 흔적을 완전히 지우지 못한 채 컴퓨터를 최창동에게 넘겨주는 큰 실수를 저지른 것이다. 그는 컴퓨터를 입수하자마자 김경필의 파일을 복구해서 디스켓에 저장했고, 이는 추후 안기부에 넘겨졌다.*

결국 김경필은 평양 귀환을 목전에 두고 깊은 고민에 빠졌던 것으로 짐작된다. 평양에 돌아가자니, 고의는 아니었지만 생명 같은 조직의 비밀 문건을 통째로 '적'에게 넘겨준 것이 얼마나 엄중한 과오인

---

* 이런 사실은 2004년 7월 21일 선고된 서울고등법원 2심 판결(사건 2004노827) 내용에도 자세히 나와 있다.

지, 그리고 이에 대해 어떤 책임을 져야 할지를 누구보다 잘 아는 그는 고민에 빠졌을 것이다. 모든 것을 포기하고 남으로 가느냐, 아니면 제3국으로 망명하느냐를 선택해야 하는 급박한 상황에서, 그는 미국 대사관을 찾았다. 이 일이 있기 이틀 전에 그의 아내는, 집사람이 평소 앓고 있는 류머티즘의 민간 치료에 관한 기사가 북의 잡지에 났다며, 우리 집에 팩스로 보내 주었다. 그의 아내도 이틀 후의 상황을 전혀 예상하지 못했음을 짐작할 수 있다. 남쪽을 택하기보다는 그래도 미국을 택하는 쪽이 평양에 남겨진 가족들에게 화가 덜 미칠 것으로 판단한 듯하다. 나는 그가 지금 미국 땅 어디에 살고 있는지 모르나, 북에 있는 자식들과 생이별하고 무슨 생각을 하면서 살고 있는지 종종 궁금해진다. 내가 2003년 가을 귀국해서 고초를 겪을 때 국정원이 요원을 미국에 급파해, 나에 대한 증언을 들으려 했지만, 그는 면담을 거절했다는 소문을 후에 들었다.

안기부가 입수한 김경필의 '파일'에는 과연 무슨 내용이 담겨 있었을까. 그가 미국으로 사라지면서, 1995년부터 해마다 열렸던 남북 해외학자통일회의도 차질이 생겨, 2000년부터 2002년까지 3년 동안 중단되었다. 물론 2000년 6·15 공동선언이 약속한 사업을 추진하는 데 북의 대남 일꾼들이 많이 참여해야 했으므로 당장 급한 사안이 아니었던 학술회의가 우선순위에서 밀렸던 것이기도 하다. 하지만 김경필 서기관이 그동안 베를린에서 신속히 처리했던 북과의 연락이 끊긴 것도 중요한 요인이었다. 그의 후임이 오긴 했지만 학술회의를 준비하기 위한 소통이 전처럼 원활하게 이루어지지는 못했다. 그래서 학술회의를 다시 정상화시키는 문제로 내가 직접 평양을 방문하게 됐는데, 이때 '김경필 사건'에 대해 물었더니 문제의 파일을 그쪽에서도 복구했으나 나와 관련해 특별한 것은 없다는 대답을 들었다. 물론 얼버무리기 위한 대답일 수 있지만 나로서는 더 자세히 알아볼 수도 없었다.

파일 내용은, 내가 2003년 가을 귀국해서 〈국가보안법〉 위반 혐의로 재판을 받을 때 검사 측의 증거자료로 제출되었기 때문에 담당 변호인을 통해 전달받았다. 국정원과 검찰이 나를 기소하기 위한 비장의 무기로 여겼던 이 파일에서 나는 '김철수'로, 동시에 '통전 대상' 즉 공작 대상자로도 표기되었다. 노동당의 '정치국 후보위원'인 김철수라는 북의 권력 핵심이 어떻게 북의 통일전선의 대상이 될 수 있는가. 흡사 '원형의 사각'이라는 표현처럼 모순적이었다. 1심 판결은 이 모순을 외면하고 내게 7년형을 선고했고, 2심 판결은 이 파일 내용의 자가당착을 고려해 집행유예를 선고했다. 황장엽과 김경필은 37년 만에 귀향한 나를 법정으로, 각각 자기 방식으로 안내한 셈이 되었다.


## | 6·15 시대를 맞아

이렇게 황장엽과의 소송, 그리고 김경필의 망명으로 어수선했던 20세기의 마지막 해 1999년을 보내고, 21세기의 문턱에서 2000년을 맞았다. 1998년에 잠깐 방문한 적이 있었던 하와이 대학 한국학연구소Center for Korean Studies의 강희웅 교수로부터 2월에 있는 국제고려학회 학술 대회에 참석해 달라는 초청이 왔다. 그는 한국사를 전공한 학자로, 1999년 베이징에서 열린 남북해외학자통일회의에 해외동포 학자의 일원으로 참석한 적이 있었다. 그가 관여하고 있던 국제 고려학회는 (재일동포가 설립한) 오사카 경제법과대학의 주도로 창립된 학회로, 북의 사회과학원과도 밀접한 관계를 맺고 있었다. 그러나 황장엽이 망명하면서 점차 소원해졌기 때문에 내가 하와이를 방문하면 이 문제도 협의해 보고 싶다고 했다. 이와 더불어 한일병합조약 90주년을 맞아 서울 법대의 백충현 교수(국제법)와 서울 인문대의 이태진 교수(국사학)가 주축이 되어, 이 조약의 부당성에 대해 남북한·일본·미국·유럽의 학자들이 함께 토론하는 국제회의를 추진하는 문제도 상의하고 싶다고 했다.

우리 가족은 미국에 이주한, 아내의 형제자매들의 초청으로 이미 1997년부터 미국 영주권을 갖고 있어 규정상 적어도 1년에 한 번은 미국 땅을 밟아야 했으며, 두 아들도 학업과 연구 때문에 미국에 자주 체류했다. 특히 아내는 류머티즘 때문에, 습도가 높고 추운 베를린보다 따뜻한 곳에서 치료받고 싶어 했으므로, 대학 사정도 알아볼 겸 나는 하와이를 다시 찾았다. 강 교수는 일을 성사시켜 보려고 많이 애썼지만, 당시 대학 측이 선호했던 불교 철학은 내 전공이 아니었고, 내게 적합한 자리를 새로 만들기도 힘들어 보였다. 게다가 학술진흥재단과 같은 한국의 여러 공적 기관과 긴밀한 관계를 맺어야 했기 때문에, 훔볼트 대학에서 경험했던 불쾌한 일이 재발할 수 있다고 판단해 하와이행을 포기했다.

5월 초에는 '한민족포럼'이라는 단체가 주관하는 통일 문제 토론회가 뉴욕에서 열렸는데, 이 자리에서 5년 만에 리영희 선생님과 재회했다. 5·18 광주민주화운동 20주년을 맞이해 광주에서 열린 국제학술회의에 초청받았지만 이 역시 준법 서약서 문제로 또다시 무산되었다.

초여름으로 접어들면서 놀랄 만한 낭보가 날아왔다. 6월 중순에 역사적인 남북 정상회담이 평양에서 열린다는 것이었다. 1972년 7월에 공동성명까지 발표되었다가 몇 달 만에 유신 체제가 선포된 일이 생각났지만, 이번에는 뭔가 될 것 같은 느낌이 들었다. 예정대로 정상회담이 시작되자 국내 여러 언론 매체로부터 많은 문의 전화가 왔다. 주로 이번 정상회담에서 '공동 합의서'가 나올 수 있을지, 있다면 과연 어떤 내용이 담길지에 대한 질문이었다. 이에 대해 나는, 김대중 대통령에 대한 김정일 위원장의 파격적인 환대는 적극적으로 합의서를 도출하겠다는 신호이며, 합의서는 남쪽이 선호하는 1991년 말에 체결된 기본 합의서와 북쪽이 선호하는 1972년의 7·4 공동선언을 결합한 것으로, 자주, 평화, 민족 대단결과 같은 원칙적인 문제를 재확인하고 남북의 공동 이익을 추구하는 구체적이고 실질적인 해결 방안에 대한 큰 테두리 안에서 조화를 이룬 내용이 되리라 예견한다고 대답했다. 6·15 공동선언문이 발표되자 내가 예견한 바와 크게 다르지 않았는데, 이를 계기로 남측 언론은 내게 새삼 주의를 돌렸으며, 이후 남북문제에 대한 나의 생각을 다양한 매체를 통해 전달할 기회도 늘어났다.

이렇게 바쁜 나날을 보내는 중에, 문익환 목사님을 기리는 늦봄 통일상 제5회 수상자로 선정되었다는 연락이 왔다. 수상식은 2000년 7월 4일에 열릴 것이라 했다. 바로 얼마 전 5·18 광주민주화운동 20주년 기념행사에 참여하는 문제도 준법 서약서를 요구해 무산되었는데, 이번에도 결과가 비슷하지 않을까 하는 우려도 있었다. 그러나 6·15 공동선언이라는, 남북 관계의 역사적 정점을 돌아선 직후인지라 귀국이 성사될지도 모른다고 낙관적으로 내다보기도 했다. 33년 만에 귀국하게 될 수도 있으리라 생각한 아내는 서울 나들이옷도 준비했고, 나는 나대로 예정된 여러 강연을 위해 원고를 쓰느라 바빴다. 늦봄기념사업회 측에서는 내가 준법 서약서를 제출하지 않고도 귀국할 수 있도록 국정원과 마지막까지 협상을 벌였다. 그러나 결국 우리는 서울행 비행기에 오르지 못했다. 6·15시대가 왔음에도 나의 귀향에는 여전히 빗장이 걸려 있었다.

2001년 1월 말, 한일 병합에 대한 첫 번째 워크숍이 하와이 대학에서 열렸다. 내가 교섭해서, 처음으로 북의 사회과학원 산하 역사연구소 소장 리종현 교수를 단장으로 한 북쪽의 학자 대표단 4명이 이 회의에 참가했다. 이는 같은 해 11월 중순에 하버드 대학 동아시아연구소에서 열릴 최종적인 국제 학술회의를 준비하기 위한 모임으로, 4월 말에 도쿄에서 한 차례 더 워크숍을 가졌다. 남북 학자들이 일본 및 외국의 양심적인 학자들과 함께 처음으로 한일 병합의 적법성 문제를 국제적 차원에서 논의하는 자리라는 점에서 뜻깊은 학술 행사였다. 이 행사를 준비하기 위해 나는 1년 사이에 보스턴을 세 번, 하와이를 두 번, 도쿄를 한 번, 그리고 평양을 두 번이나 찾았다. 남북이 만나는 데 큰 문제가 없는 작은 학술 행사를 준비하는데도 이런데, 남북이 첨예하게 맞서는 통일 문제를 두고 몇 년 동안 지속된 학술회의를 위해 내가 얼마나 많은 시간과 정력을 쏟았는지는 나 자신도 가늠하기 힘들다.

## 〈경계도시〉

2000년 6월, 한 사람으로부터 전화를 받았다. 서울을 출발해 며칠 전 베를린에 도착한 영화인 부부인데, 서울대 김세균 교수의 소개로 나를 찾아오고 싶다는 것이었다. 젊은 부부는 독일국제학술교류처 DAAD의 초청으로 베를린에서 10개월 동안 머물면서 작업을 하게 되었다며, 김 교수의 소개장을 건넸다. 서울대 정치학과 제자인 강석필 피디와 그의 부인 홍형숙 감독을 소개하니, 독일 체류 기간에 훌륭한 작품을 남길 수 있도록 많은 조언과 조력을 부탁한다는 내용이었다. 한국 영화계에 대해 잘 알지는 못했지만 홍 감독이 한국에서 이미 알려진 다큐멘터리 영화감독이기에 내가 할 수 있는 한 최선을 다해 도와주기로 했다. 영화의 전체적인 틀을 모르는 상태에서 촬영은 시작되었다. 그때가 마침 늦봄통일상의 수상식에 참석하기 위해 서울행을 시도했으나 좌절될 때였는데, 이 과정을 홍 감독 부부는 영상으로 자세히 기록했다. 하루는 이 부부의 집에 도둑이 들어 촬영 카메라를 잃는 일도 있었다. 이렇게 베를린에서 10개월 동안의 작업을 마치고 이들은 2001년 봄에 서울로 돌아갔는데, 그 뒤로도 계속 작업을 했다. 2002년 여름에 편집을 어느 정도 마쳤다는 연락이 왔다. 이때 국정원도 나에 관한 다큐멘터리 영화가 만들어졌다는 정보를 입수하고는 이들 부부를 접촉하고 은근히 압력과 협박을 가했다. 용의주도한 강 피디는 국정원 요원이 협박하는 장면을 카메라에 몰래 담았다.

2003년 9월 일주일 동안 주야로 국정원 지하실에서 취조를 받을 때 나는 한 사람과 마주 앉았는데, 그의 목소리를 듣고 나는 직감적으로 바로 그가 영화 〈경계도시〉의 도입부에 등장한 정보 요원임을 알

수 있었다. 내가 "당신이 바로 〈경계도시〉를 만들지 말라고 강 피디를 협박한 사람이군요."라고 하자 그는 놀라며 대답을 피했다. 2002년 가을 부산국제영화제에 이 영화가 상영되었을 때는 협박 장면이 도입부에 들어 있지 않았으나, 2002년 말 독립영화제부터는 이 장면이 포함되어 긴장감을 자아냈다. (이때 영화를 참관한 여러 사람들이 영화 포스터에 가슴 뭉클한 글들을 많이 남겼다. 나중에 이 포스터를 선물로 받았는데 지금 내 서재에 걸려 있다.) 노무현 후보가 2002년 말 대통령 선거에서 승리함으로써 이 영화도 결국 빛을 본 셈이다. 〈경계도시〉는 2003년 2월 초 베를린 국제영화제에도 초청되었다. 관객이 너무 많이 몰려 상영관 하나로는 모자라 주최 측이 임기응변으로 마련한 옆 상영관에서 동시에 상영되기도 했다. 이날 우리 부부는 상영이 끝난 뒤 관객과의 만남의 시간을 밤늦게까지 가졌다. 당시 이 영화의 주인공으로 등장한 나보다 아내가 더 역할을 잘했다는 평을 듣기도 했다.

나는 무엇보다 내가 평소 좋아하는 음악 두 곡이 이 작품에 흐르고 있다는 점에서 잘 만든 다큐멘터리 영화라고 평한다. 음악을 좋아하는 강 피디가 선택한 윤이상 선생의 오보에 독주곡 〈피리〉와 구스타프 말러Gustav Mahler의 교향곡 4번은 나도 평소에 자주 듣는 곡이다. 〈피리〉는 클라리넷으로도 연주되지만 원래 오보에 연주자들에게는 필수 곡이다. 오보에를 오랫동안 연주했던 둘째 린은, 실력이 뻐어나야 제대로 연주할 수 있는 어려운 곡이라고 했다. 어릴 적부터 우리 귀에 익은 피리의 음색이 한恨 속에서도 높은 이상을 끊임없이 추구하는 구도자를 그리고 있다는 느낌을 이 음악을 들을 때마다 나는 받는다.

영화 속에 반복적으로 흐르는 말러 교향곡 4번의 3악장은 작곡가가 "정靜으로 충만하게"ruhevoll 연주하도록 주문했듯이, 여러 현악기의 조용하고 애조 띤 느린 화음을 콘트라베이스의 둔중한 울림이 동반한다. 모든 것이 덧없이 흘러가는 지상과 영원한 천상이 끝까지 긴장 속에서 조응하는 말러 교향곡 4번을 아도르노는 "첫 번째 음표부터 마지막 음표까지 가정假定의 걸작"이라고 평한 적이 있다.

독일의 철학자 한스 파이힝거Hans Vaihinger는 『가정의 철학』*Philosophie des Als Ob*에서 우리의 지식·종교·예술 또는 형이상적인 질문들은 많은 경우 객관적으로 타당한 것은 아니지만 '쓸모 있는 허구'nützliche Fiktion라고 주장했다. 그는 아직 모르는 것을, 이미 알고 있던 듯이 단순하게 생각하지 말고, 이 두 세계를 비교하는 가운데 생기는 긴장이 삶의 지평을 좀 더 넓힐 수 있다는 점을 강조했다. 완전한 심미적 세계를 전제하고 이를 긴장 속에서 추구했다는 의미에서 말러의 교향곡 4번을 아도르노는 그렇게 평했던 것 같다. 나는 답답하거나 심난할 때 마음의 평정을 찾고자 가끔 이 곡을 듣는다.

## 경계인

나를 지칭하는 대명사처럼 되어 버린 '경계인'은 원래 1990년 독일어로 출간된 나의 저서 『현대의 변형 : 유럽과 아시아 사이에 선 한 경계인의 고찰』*에 등상한다. 현대성의 원형原形으로 인식되고 있는

---

\* Du-Yul Song, *Metamorphosen der Moderne. Betrachtungen eines Grenzgängers zwischen Asien und Europa* (Wurf, 1990).

선물 받은 〈경계도시〉 포스터

서유럽이나 미국이 동양이라는 거울에 어떻게 비치고, 또한 동양은 어떻게 이 원형의 거울에 다시 비치는지를 철학·예술·정치·사회·경제 등 여러 영역에 걸쳐 조명한 논문들을 모았다. 분단된 한반도의 남북 사이에 서있는 '경계인'이라는 뜻보다는 서양과 동양 사이에, 부자 선진국과 가난한 '제3세계' 사이에 서있는 나의 관점을 강조한 글들이었다. 분단된 한반도의 남북 사이에 서있는 '경계인'의 의미는, 2002년 가을 아내의 환갑을 맞아 출간된 나의 저서『경계인의 사색 : 재독 철학자 송두율의 분단 시대 세상 읽기』(한겨레신문사)에 나타났다. 그때까지 대다수 한국인에게는 생소한 개념이었던 '경계인'이 이 때부터 본격적으로 등장했다.

내가 말하고자 한 '경계인'은 무엇을 의미하는가? 1972년 박사 학위논문 "계몽과 해방"에서 그 인식론적 틀이 이미 제기된 바 있다. 나는 중국의 유무상생有無相生을 가르친 도가 사상이나 "신은 존재sat인 동시에 비존재asat"라고 언급한 인도 힌두 사상의 예를 들어, 아리스토텔레스 형식논리의 세 기둥인 동일률과 모순율에 이은 이른바 배중율排中律(A는 A이면서 동시에 A 아닌 것일 수 없다)의 문제점을 지적했다. 네덜란드 출신의 수리철학자 얀 브루어Jan Brouwer로 대표되는 직관주의도 "세계는 이미 있었거나 아니면 언젠가 시작했다."라는 명제처럼 과거에 일어난 또는 미래에 일어날 사건에 대한 서술에서 '배중율'은 타당하지 않다고 지적했다. 1987년에 재출간된 내 학위논문의 독일어 난행본(우리말 번역본은 한길사에서 1988년에 나왔다)의 보론 부분에서 나는 물리학자 볼프강 파울리Wolfgang Pauli를 언급했다. "아리스토텔레스 논리학의 이분법적 구성은 확실히 파울리가 말한 대로 악마적 속성을 지닌 것이고, 이의 반복은 우리를 오로지 혼란으로만 이끌 뿐이다. 그러나 양자이론적인 상호 보완성과 함께 나타난 제3의 가능성은 좋은 결과를 맺을 수 있으며, 이의 반복은 우리를 진실한 세계의 공간으로 인도한다."라고 강조한 '불확정성'Unschärferelation의 주창자 베르너 하이젠베르크Werner Heisenberg의 글을 빌려 나는 배중율의 모순을 지적했다. 그와 함께 양자역학을 개척한 닐스 보어Niels Bohr도 하나의 사물에는 항상 상호 보완성이 있고, 이는 서로 모순될 수도 있지만 이를 통해 전체를 이룰 수 있다고 강조했다. 하이젠베르크의 수학적 공식에 부드러운 철학적 외피를 입혔다고 볼 수 있는 이 양자이론적 상호 보완성은, 근본적으로 '변화하지 않는 어떤 것'을 설정하는 플라톤적 사고방식 대신, '모든 것은 흐른다'πάντα ρεῖ는 헤라클레이토스의 사유를 따른다. '이것'이 있으면 '이것이 아닌 것'은 있을 수 없다는 것이 아니라, '이것'이 있으면 동시에 '이것이 아닌 것'도 있을 수 있는 연속의 세계에 우리가 살고 있다는 것을 강조하고 있다.

"이것이냐, 아니면 저것이냐"라는 이분법적 사고가 처음부터 배제하는 '중간' 또는 '제3'은 1980년대를 거치면서 우리의 사고와 삶의 긍정적인 요소로서 어느 정도 자리를 잡았는데, '탈현대'Postmoderne에 관한 여러 논쟁들도 바로 이런 분위기를 잘 보여 준다. 인식론에서부터 예술 분야(특히 건축)에 이르기까지 다양하게 진행된 '탈현대' 논의를 나 또한 비교철학적 관심 속에서 오래전부터 지켜보며, 앞에서 말한 책 『현대의 변형』*에서 '제3'의 창조적인 의미를 강조했다.

---

* Du-Yul Song, *Metamorphosen der Moderne. Betrachtungen eines Grenzgängers zwischen Asien und Europa* (Wurf, 1990).

2002년에 출간된 또 다른 독일어 저서『현대의 명암』*에서 나는 이 논의를 좀 더 진전시켰다. 특히 프랑스 철학자 미셸 세르Michel Serres 와 영국의 탈식민주의 이론가 호미 바바Homi Bahbah를 원용하면서, 이분법적 사고에서 배제된 '제3'의 의미를 찾으려고 했다.

최근에는 미국의 사회학자 레이 올든버그Ray Oldenburg도 '제3의 장소'The Third Place라는 공간사회학적 개념을 제안했다. '제1의 장소' 로서 집, 그리고 '제2의 장소'로서 직장과는 다른 이 '제3의 장소'는 도시의 카페·바·서점·공원·공회당·박물관이나, 탱고를 즐기는 부에 노스아이레스 곳곳의 밀롱가Milonga처럼, 여러 층의 사람들이 면식을 떠나 부담 없이 만나서 즐기고 교제하는 자유로운 공간이다. 집과 직 장이라는 이원론으로 표현되는 현대인의 삶을 열린 곳으로 인도하는 이 '제3의 장소'는 종래의 집·장소·도시·환경·지역과 지리 개념을 함 께 묶는 실제적이며, 동시에 상상의 공간 개념인 셈이다.

그러나 '제3'을 위한 이런 모든 지적인 모색들이, 두 동강 난 땅위 에서 과연 어떻게 실천으로 연결될 수 있는지를 항상 자문했다. 그러 나 한 '경계인'의 삶이 37년 만의 귀향에서 그렇게까지 무자비하게 난도질당할 줄을 나는 상상도 할 수 없었다. 남북·해외 학자 간의 통 일 논의를 오랫동안 주선하면서 나는 종종 "언어의 한계는 세계의 한 계다."라고 지적했던 루트비히 비트겐슈타인Ludwig Wittgenstein을 떠 올렸다. 가령 회의에서 '남북의 지도자(들)'이라는 말을 사용할 때, 남쪽의 학사들은 정치 엘리트 일반을 지칭하는 복수의 보통명사로

---

* Du-Yul Song, *Schattierungen der Moderne: Ost-West-Dialoge in Philosophie, Soziologie und Politik* (Papyrossa, 2002).

사용하는데, 북쪽의 학자들은 고유명사로서 '지도자 동지'를 떠올린다. 물론 남북 학자들이 자주 만나 토론하고 이야기를 나누면서 서로 이해의 폭을 넓힐 수 있었으며, 이런 것들이 밑받침되어 6·15 선언도 가능했다고 나는 확신한다.

이와 관련해, 영국에서 온 식민지 이주자들과 오스트레일리아의 원주민aborigines의 소통을 돕는 '중개인'이었던 '경계인'border rider의 의미를 생각해 볼 수도 있겠다. 그러나 그의 역할은 어디까지나 수동적이거나, 중간에서 어부지리를 노리고 자신의 잇속을 챙기는, 이른바 '회심의 미소를 짓는 제3자'tertius gaudens일 뿐이다. 이는 내가 2003년 가을에 귀국했을 때 공안 몰이 여론에 가담해 나를 '남북에 양다리를 걸친 기회주의자' 정도로 매도한 서글픈 인간 군상이 이해하는 '경계인'의 개념이다.

최인훈의 소설 『광장』의 주인공 이명준의 비극적인 운명에 주목하며 '경계인'의 개념에서 새로운 의미를 발견하려는 사람들도 있었다. 그러나 '불쌍한 제3'tertius miserabilis을 의미하는 이런 '경계인'은 한마디로 말해, 양분된 진영으로부터 동시에 배제된다. 물론 분단 70여 년 동안 강고하게 유지되고 있는 적대적 진영 사이에서 한 개인은 무력한 존재이다. 그러나 이 무력한 개인이 고립된 점으로만 남아 있지 않고, 다른 개인들과 연결되어 선을 이루면서, 이것이 점차 집적되면 결국에는 자신들의 공간을 만들 수도 있다. 이 새로운 공간은 기존의 양분된 공간 사이에 막혔던 숨통을 틔우는 '제3'을 형성할 수 있다. 바로 이 '제3'이, 70년 넘도록 분단된 땅에 살고 있는 많은 사람들의 가슴을 채우는 과정 자체가 곧 민족 통일이라고 나는 항상 생각하고 살았다.

'휴전'이라는 이름으로 진행되고 있는 민족 분단의 한가운데인 '비무장지대' 안에 살아 있는 생태계를 형성해 이를 '평화 지대'로 만들자는 구상이 있다는 이야기를 들었다. 분명 하나의 역설임에는 틀림없으나 죽음의 땅이 생명의 복귀를 예언하고 있는 것이다. 그래서 언젠가 아내에게 내가 죽거든 화장한 재를 휴전선에 뿌려 달라고 한 적이 있었다. 아내는 반대하면서, 이국땅에서 나고 자란 자식들이, 앞으로 찾아갈 수도 없을 장소를 떠올린 나의 이기주의를 나무랐다.

비록 이국의 하늘 아래이지만 우리 부부가 1977년 여름부터 살아왔고 두 자식을 키웠던 이곳 베를린이 내 영혼의 마지막 안식처가 될 수도 있다는 생각을 해보게 된다. 서울에서 곤욕을 치르고 베를린으로 돌아온 뒤 2005년 6월부터 매일 새벽 운동을 하고 있는데, 그 길에 지나치는 우리 동네 묘지가 그래서 예사롭게 보이지 않는다. 언젠가, 통일이 안 되면 분단의 한이 서린 휴전선에 한 줌의 재로 뿌려져 동서남북으로 흩어지기를 바란다고 (미국으로 망명하기 전의) 김경필 서기관에게 이야기한 적이 있다. 그는 "신미리에 있는 애국렬사릉에 묻히셔야지요."라고 대답했었다. 황장엽은 남으로 망명해 남쪽의 국립묘지인 현충원에 묻혔다. 그러나 어떤 경우에도 내 영혼은 갈라진 강토의 어느 한쪽에만 갇혀 있지 않을 것이다.

## 아주 특별한 해, 2003년

2002년이 저무는 12월 대통령 선거 결과는 전혀 예상하지 못한 것이었다. 노무현 후보가 당선된 것이다. 이런 분위기에서 1999년 마지막으로 열렸던 남북해외학자통일회의를 외국이 아니라 이제 한반도 안에서 열자는 요구가 생겨났다. 이는 또한 첫 번째 회의가 열린 1995년부터 내가 염두에 둔 목적이기도 했다. 이를 위해 나는 2003년 1월 말에 베이징에서 남쪽의 백영철 교수, 북쪽의 김경남 참사와 만나 평양에서 열릴 제6차 회의를 준비했고 드디어 세부 사항에도 합의했다.

이라크 전쟁이 본격적으로 전개되어 바그다드에 미군의 폭탄이 투하되는 상황이었지만 남쪽과 해외 동포 학자들, 『중앙일보』와 KBS의 보도진이 베이징에 도착했다. 그다음 날인 2003년 3월 25일, 평양 순안공항에 도착한 우리를, 학술회의 북측 대표이자 사회정치학회 회장이었던 강운빈 교수와 실무진이 친절하게 맞았으며, 숙소인 고려호텔 직원들도 특별히 로비에서 우리를 반겼다. 사증 발급과 관련해서도 한 사람 빼고는 문제가 없었는데, 그 한 사람은 국정원이 파견한 인물이었다. 나는, 남북의 현재 상황에서 양쪽의 정보 조직이 피차 개입할 수밖에 없으니 그 정도는 서로 이해해야 한다고 북측을 설득했고, 다행히 문제가 해결되었다.

3월 26일과 27일 이틀에 걸쳐 인민문화궁전에서 열린 회의는 『로동신문』과 조선텔레비죤 등 북의 주요 매체가 보도하고 1백여 명의 방청자들이 현장에서 지켜보는 가운데 진행되었다. 어떻든 남북해외학자통일회의가 평양에서 열렸으니 이제는 남과 북을 오가며 전문적인 논의가 정례화될 여건이 조성되었다는 점에서 중요한 의미가 있었다. 우리는 다음 회의를 서울에서 열 것을 기약하며 헤어졌고, 나는 다시 베를린으로 돌아왔다. 그러나 6·15시대를 맞이했음에도 불구하고 통일 논의의 새로운 전개와 발전에 제동을 거는 세력은 늘 있었기에 서울에서 열릴 제7차 남북해외학자통일회의를 낙관하기는 어려웠다. 남북해외학자통일회의가 열렸던 근 10년 동안 남쪽 대표들이 나와 접촉하지 못하도록 방해한, 국정원을 비롯한 대북 강경론자들이 잠시 동면에 들어갔을 뿐이었다.

2003년, 정전협정 체결 50주년을 맞아 베를린의 코레아협의회 Korea-Verband는 6월 25일 "북한은 어디로 가는가?"라는 주제로 심포지엄을 열었다. 이 협의회의 실무 책임을 맡았던 최현덕 박사가 주로 행사를 준비했는데 미국에서는 브루스 커밍스 교수, 서울에서는 백영철 교수 등이 참가했다. 원래 북측 대표단도 참가하려 했으나, 당시 사스가 창궐해 베이징의 입출국이 금지된 상황이라 조선사회과학자협회가 "이른바 '핵 문제'를 대하는 조선의 입장"이라는 논문만 급히 보내왔다. 이 논문은, 내가 아는 한, 처음으로 북의 핵무기 보유는 한반도에서 '전쟁 억지력'의 역할을 한다는 입장과 함께, 재래식 무기 경쟁이 첨예하게 벌어지는 조건에서 재래식 무기 개발에 필요한 자원과 재원을 민수용으로 전환하는 데 필요한 조치라고 강조했다. 북의 1차 핵실험이 2006년 10월에 있었음을 감안할 때, 후에 북에서 일반적으로 언급되는 '핵과 경제 발전 병진 노선'을 이 논문이 이미 명시적으로 언급하고 있었다는 점에서 충분히 주목을 받을 수 있는 발표문이었다. 이 심포지엄의 결과는 내가 서울구치소에 갇혀 있던 2004년 7월에 나를 포함한 베르닝, 최현덕 세 사람의 공동 편저로 『북한은 어디로 가는가?』*라는 제복으로 출판되었다.

---

* Choe Hyondok, Du-Yul Song, Rainer Werning, *Wohin steuert Nordkorea?: Soziale Verhältnisse – Entwicklungstendenzen – Perspektiven* (Papyrossa, 2004).

국내 여러 언론 매체와의 각종 인터뷰로 바빴던 7월 초, 토론토에서 사목을 하는 최종수 신부로부터 연락이 왔다. 서로 안면은 없었으나 우리 교민이 많이 살고 있는 토론토에서 광복절을 맞아 마련한 통일 문제 특별 강연에 초청하고 싶다고 했다. 토론토는 한국의 진보적 기독교계의 뛰어난 지도자였던 김재준 목사님이 1970년대 중반부터 10여 년간 체류했으며, 『뉴코리아타임스』를 오랫동안 발간했고 이산가족 상봉에 힘을 기울인 전충림 선생이 활동했던 곳이다. 그럼에도 불구하고 교민들이 전반적으로 상당히 보수적이라는 이야기를 들은 바 있다. 토론토에 가는 길에, 뉴욕 근교에 있는 한인 천주교의 피정소에서 열릴 통일 세미나에도 참석하는 일정으로 8월 중순 뉴욕에 도착했다.

이때 재미 사학자 이도영 박사를 처음 만났다. 그는 제주 모슬포 출신으로, 제주 4·3과 한국전쟁 발발 직후 '예비검속'이라는 미명 아래 자행된 집단 학살 사건의 진상을 밝힐 귀중한 자료를 발굴해, 이를 여론화하는 정말 외로운 싸움을 하고 있었다. 동향인데다 두 살 아래인 그는 제주도 사투리를 가끔 섞으며 나를 '성님'으로 불렀다. 연좌제로 미국행이 좌절된 첫 부인과는 사별하고, 독일에서 간호사로 근무했던 두 번째 부인이 삼남매를 키우며 가전제품 가게를 운영했다. 그도 워싱턴 근교에서 양계업을 했지만, 그곳에서 일하는 주된 목적은 근처에 있는 미국 국립문서기록관리청NARA에 보관되어 있던 제주 4·3 사건과 집단 학살에 관한 미발표 자료를 발굴해 한국 현대사의 가장 어두운 구석을 밝히려는 일이었다.

2004년 8월, 우리 내외는 서울에서 돌아오자마자 뉴욕을 방문했다. 전문의 과정을 밟고 있던 둘째 린을 만난 뒤, 나의 석방을 위해 힘

썼던 문동환·지창보·이행우·임원기·김수곤·김수복 선생을 비롯한 많은 분들을 만나 감사 인사를 전하기 위해서였다. 꼭 1년 만에 다시 만난 이도영 박사는 나를 얼싸안고 기뻐 어쩔 줄 몰라 했다. 그랬던 그가 얼마 후 전립샘암으로 힘겨운 투병 생활을 한다는 소식을 들었다. 그 후에도 뉴욕에 들르면 매번 만났는데 2012년 3월 중순에 그만 세상을 떠났다는 비보가 날아왔다. 4·3을 주제로 그림을 그렸던 제주 출신의 화가 강요배의 판화집 『동백꽃 지다』(보리, 2008)에 실린 한 송이 동백꽃처럼, 그는 그렇게 갔다. 너무나 아까운 사람이었기에 가슴이 찢어지는 듯했다. 그러나 그가 발굴해 낸 우리 현대사의 진실은 머지않아 빛을 볼 날이 있을 것으로 나는 확신한다.

2003년 토론토 방문은 처음이었다. 토론토 대학에서 열린 첫 번째 강연은 주로 캐나다 사람들을 대상으로 했고, 두 번째 강연은 교민을 상대로 했는데 각각 2백여 명이 참석했다. 이곳에는 고등학교 동창들이 많이 살고 있어, 나를 위해 환영식도 마련해 주었다. 나이아가라폭포가 미국과 캐나다의 국경이었으므로, 가까운 미국 버펄로 대학 의대에 재직하고 있던 이중오 교수 부부도 참석했는데 처음 상면이었다. 이 교수는 다방면에 관심이 많아 대화하는 자리를 즐겁게 만드는 분인데, 『이광수를 위한 변명』(랜덤하우스코리아, 2000)을 저술했으며, 지금은 은퇴해 플로리다의 올랜도에 거주하고 있다. (얼마 후 나의 귀향으로 한국이 떠들썩해지자 반공 성향의 일부 토론토 교민들은, '노사모'를 중심으로 내 강연을 준비한 사람들을 '빨갱이'라고 성토하며 문제를 제기했다고 한다. 그럼에도 교민 사회 원로의 한 분인 송완일 선생, 최종수 신부, 고등학교 동창들은 구원 운동을 펼쳤고, 내가 있던 서울구치소에까지 면회를 왔다.)

위 _ 이도영 박사와 함께(미국 롱아일랜드, 2003년 8월)
아래 _ 토론토에서 강연을 마치고(2003년 8월)

8월 25일 베를린에 돌아오니 신청해 둔 북한 사증이 도착했다는 연락이 왔다. 9월 9일 평양에서 공화국 창건 55돌 경축식이 열리는데, 이 자리에 우리 부부를 초대한다는 연락이 와서 토론토를 떠나기 전에 사증을 신청해 두었던 것이다. 우리는 9월 5일부터 열흘간 평양에 체류하는 일정을 잡았다. 공교롭게도 거의 비슷한 시점에, 평소에 동생처럼 대하는 서강대 박호성 교수로부터 연락이 왔다. 그가 연구실장을 맡고 있는 민주화운동기념사업회가 9월 23일부터 일주일 동안 민주화 운동에 기여한 해외 인사를 초빙해 한마당 행사를 준비하고 있는데, 우리 부부도 초청하겠다는 내용이었다. 그리고 이를 협의하고자 나병식 기념사업회 상임이사, (독일에서 오랫동안 민주화 운동을 함께하다 1989년 봄에 귀국해 광주대학교에 재직하던 중 KBS 이사장에 선출된) 이종수 교수와 함께 9월 2일 인천공항을 출발한다는 것이었다.

우리는 먼 길을 온 그들에게 우선 초청에 감사하나 출범한 지 얼마 되지 않은 노무현 정부에 부담을 주고 싶지 않고, 이미 평양 방문 일정이 있어 2~3일 내로 출발할 예정이라고 이야기했다. 아내는 그들에게, 우리의 귀국에 너무 연연하지 말고, 은퇴하면 따뜻한 바르셀로나로 이주할 생각이니 다음번에는 그곳에서 만나자고 눈물을 글썽거리며 말했다. 박 교수는 이번이 아니면 영영 기회가 없을지 모르니 우선 평양 방문을 미루고 서울 방문을 적극 추진하자면서, 주독 한국 대사관 측과 거의 매일 접촉하고 의견을 수렴하는 것 같았다. 그러나 본부의 훈령을 기다리는 그들과 접촉해도 뾰족한 수가 있을 리 없었다. 번번이 준법 서약서를 제출하는 문제로 귀국이 불가능했는데, 그 대신 예우 속에서 간단하고 형식적인 조사를 진행할 수 있다는 선에서 대충 결론이 내려졌다. 그런 형식이라면 우선 우리가 살고 있는 베를린에서, 차선책으로는 귀국할 때 공항이나 숙소에서 할 수 있다는 정도로 우리도 양보했다.

그들이 귀국하고 한동안 연락이 없어 이번에도 귀국은 물 건너간 것으로 생각하던 차에 박 교수로부터 다시 연락이 왔다. 국정원을 중심으로 한 강경 보수파들이 내가 입국하면 조사를 받아야 한다고 고집하고 있으나, 전체적으로는 나의 귀국에 대해 우호적인 분위기가 강하다는 것이었다.

이렇게 내 귀국 문제가 여러 매체에서 공론화되자, 국정원은 내가 귀국하면 〈국가보안법〉 위반 혐의로 나를 조사하기 위해 검찰을 통해 법원의 체포 영장을 발급받았다고 9월 18일에 전격적으로 발표했다. 나는 중대한 결단의 기로에 섰다. 체포 영장이 발부된 상황에서 귀국을 감행할 것인가, 아니면 이번에도 다시 주저앉을 것인가. 다행히 서울과 베를린 간에는 8시간의 시차가 있기 때문에, 나와 아내는 한참을 토의한 끝에 결론을 내렸다. 이번이 아니더라도 귀국할 기회는 있겠지만 마냥 기다릴 수만은 없으므로, 이번에는 강력한 귀국 의사를 국내에 전달하는 의미에서 귀국을 준비하기로 했다. 태어나 처음으로 조국 땅을 밟게 될 두 아들에게 급히 연락해, 베를린에서 합류해 함께 출발하기로 했다. 두 아들은 이미 공부를 마치고 각자 전문 분야로 나가기 직전이라 다행히 일주일 정도 시간을 낼 수 있었다. 박 교수가 알려 온 일정은 다음과 같았다. 민변의 김형태 변호사와 박 교수가 20일 저녁 늦게 베를린에 도착해, 우리 가족과 함께 이튿날인 21일 낮에 프랑크푸르트를 거쳐 루프트한자 항공편으로 한국 시각 9월 22일 오전 11시 10분 인천공항에 도착하는 빠듯한 일정이었다.

9월 18일과 19일 이틀 동안 온종일 바빴다. 우선 하버마스 교수와 뮌스터 대학 동료들에게 귀국한다는 사실을 알렸고, 도쿄의 작은아버지에게도 연락했다. 모두들 무사히 다녀오기를 바란다며 격려했다. 18일 오전에 우리 부부는, 몇 달 전 서울에 부임했다가 본부와 업무 협의차 베를린에 온 미하엘 가이어Michael Geier 주한 독일 대사의 연락을 받고 시내에서 그를 만났다. 그는 귀국 의사를 다시 한 번 확인하면서 만의 하나 발생할 사태를 준비하겠다고 했다. 그는 또한 주독 한국 대사를 만나 내 귀국 길에 발생할 수 있는 외교적 문제에 대해 주의를 환기시켰다. 19일 오전 10시에 나는 37년 만의 귀향에 대한 소회를 기자회견을 통해 밝혔다. 서울로부터 〈경계도시〉의 강석필 피디와 KBS 팀도 귀국 과정을 촬영하기 위해 베를린에 속속 도착해 정신을 차릴 수 없을 정도였다. 열흘 남짓 일정이라 가을철 옷을 간단히 챙기고, 일부는 밤에 세탁해 채 마르지 않은 옷을 비닐봉지에 담아 짐을 꾸렸다.

박 교수와 김 변호사가 베를린에 저녁 늦게 도착한 데다, 베를린에서 프랑크푸르트까지 가는 비행기 편이 달라 서로 이야기도 나누지 못하고, 프랑크푸르트 공항에서야 합류할 수 있었다. 우리 가족은 프랑크푸르트 공항에서 9월 21일 저녁 6시 인천행 루프트한자 712에 탑승했다. 나는 인천까지 가는 비행기 안에서, 앞으로 닥칠 사태에 대해 그들과 충분히 논의할 수 있으리라 생각했으나 좌석이 멀찌감치 떨어져 있어 이 역시 불가능했다. 나중에 안 사실이지만 우리 좌석은 서울에서 파견된 국정원 요원들로 둘러싸여 완전히 격리되어 있었다. 1967년 7월 15일 트렁크 하나를 달랑 들고 김포공항을 떠난 지 36년 2개월 만인 2003년 9월 22일, 나는 우여곡절 끝에 그 땅을 다시 밟게 되었다. 나보다 1년가량 빨리 독일 생활을 시작한 아내도 그 뒤로 첫 귀국이었고, 이미 장성했지만 난생처음 서울 땅을 밟게 될 두 아들과 함께 떠난 길이라 정말 많은 생각들이 끊임없이 교차했다. 잠을 청했지만 허사였다.

제 4 부

미완의 귀향:
37년 만의 귀향

"오랜 외국 생활에 시달리는
제 영혼의 외로움을
멀리서 달래 주었던
제주의 그 검푸른 바다와
광주의 그 뜨거운 대지와의 재회를
간절히 바란다."
— 송두율, 2004년 6월 30일,
    항소심의 "최후진술" 중에서

피로와 긴장이 몰려오는데 한 시간 뒤 인천공항에 도착한다는 기내 방송이 흘러나오고 승무원이 입국 카드를 나누어 주었다. 난생처음 기록해 보는 한국 입국 카드였다. 비행기는 활주로를 따라가다가 드디어 멈췄다. 그러자 우리 일행은 기내에서 기다리라는 방송이 나왔다. 불길한 예감이 뇌리를 스쳤다. 조금 기다리니 나병식 민주화운동 기념사업회 상임이사가 기내에 들어와 밖의 상황을 설명했다. 체포 영장을 집행하기 위해 국정원 직원들이 공항에 대기 중인데, 내일 자진 출두하는 조건으로 우선 입국 절차를 마치는 것이 어떤지 물었다. 그리고 지금 독일 대사관에서 나온 두 영사가 우리의 신변 보호를 위해 밖에서 기다리고 있다고 전했다.

비행기 밖으로 걸어 나오니 영사 크리스티나 바인호프Christina Beinhoff가 변호인 없이는 절대 국정원의 심문에 응하지 말 것을 강조하면서, 대사관 측에서 우리의 안전을 위해 만전을 기하고 있으니 걱정하지 말라고 안심시켰다. 그리고 만일의 경우를 위해 24시간 연락할 수 있는 자신과 대사의 개인 휴대전화 번호를 아내에게 알려 주었다. 이어서 깡마른 체격의 국정원 직원이, 체포 영장을 집행하려 했으나 여러 사정을 고려해 다음 날 아침 국정원으로 내가 자진 출두하면 영장 집행을 연기하겠다는 취지의 이야기를 했다. 나는 그러라고 대답한 뒤 입국 수속을 마쳤다. 밖으로 나오니 정말 많은 환영객들이 우리를 맞았다. 보고 싶었던 사람들을 외국 땅이 아니라 서울에서 직접 만나게 됐다는 사실이 믿어지지 않았다. 주최 측이 마련한 기자회견을 마치고 숙소로 향하는 차에 탔는데, 차창 밖으로 보이는 거리의 풍경이 너

37년 만의 귀향(2003년 9월 22일)

ⓒ 시사IN

무 낯설었다. 내가 서울을 떠날 때만 해도 제2 한강교(양화대교)가 막 개통되었는데 그동안 30개 가까운 다리가 놓였다니 산천도 그 사이에 많이 변했다. 하기야 37년이라는 시간이 흘렀으니 당연한 일이었다.

이날 수유리의 아카데미하우스(내가 유학길을 떠날 즈음 서독 기독교의 후원으로 설립되었다)에서 열린 '해외 민주 인사 한마당' 환영연에 참석했을 때 비로소 나는 내가 서울에 와있다는 사실을 실감했다. 아내는 고인이 된 유인호 교수의 부인과 얼싸안고 재회를 기뻐했고, 이른바 '인혁당 사건'으로 사랑하는 남편을 잃고 고통과 분노 속에서 수십 년을 버틴 유가족의 손을 잡고 눈물도 흘렸다. 국내와 해외에서 그동안 민주화 운동을 통해 직간접적으로 인연을 맺었던 여러 지인들과 자리를 함께하면서, 입국 전후 가졌던 긴장을 잠시나마 풀 수 있었다. 나는 인사말에서, 현재 나에 대해 여러 논란이 일고 있으나 여러분들이 지금까지 알고 있던 송두율이 바로 이 자리에 서있다고 이야기했다. 그러면서 스위스 작가 막스 프리슈Max Frisch의 소설 『슈틸러』 Stiller를 떠올렸다. 이 소설은 화이트White라는 이름의 미국인이 몇 년 전 사라진 슈틸러와 동일 인물이라며 스위스 국경에서 체포되는 장면으로 시작된다. 주인공은 자기가 슈틸러가 아니라고 주장했지만, 사실이 부정되는 상황이 계속되면서 결국 자신도 슈틸러임을 인정하지 않을 수 없게 되는 자가당착적 모순이 벌어진다.

다음 날 아침 9시에 국정원에 자진 출두하기로 되어 있었고, 적어도 2시간 전에는 호텔을 나서야 한다기에 잠을 청했으나 시차까지 겹쳐 한숨도 눈을 붙이지 못했다. 8시간의 시차 탓에, 독일에서라면 깊은 잠에 빠져들었을 시간에 국정원의 심문이 시작될 예정이었다. 37

년 만에 보낸 서울에서의 첫 밤을 거의 뜬눈으로 새우고 아침 7시에 김 변호사의 차로 숙소를 출발해, 9시경 국정원에 도착했다. 난생처음 이름을 들어 보는 내곡동에 청사가 있었는데, 현대식으로 새로 지었지만 왠지 썰렁한 느낌을 주는 큰 건물이었다. 국정원 본부 입구에는 나를 기다리는 취재진이 장사진을 치고 있었다. 기다리고 있던 검은 승용차 속으로 국정원 직원들이 나를 밀어 넣자마자, 차는 쏜살같이 수사가 진행될 건물로 향했다. 먼저 지하실로 인도되어 간단한 신체검사를 받았다. 취조를 받다가 끔찍한 사고가 발생한 일이 한두 번이 아니었기에 그들 나름대로 증거를 남겨 두려는 것이라 짐작했다.

차가운 형광등 조명 아래 출입구 하나뿐인 밀폐된 방이었다. 심문자와 피의자가 마주 앉을 수 있는 책상이 한가운데 놓여 있었고, 그 옆에 기록하는 사람이 앉는 책상이 따로 있었다. 자해 행위를 방지하기 위해 넥타이와 허리띠를 풀라고 했다. 거울이 없는 화장실과 조그만 침대도 있었다. 두 사람이 취조했고 한 사람이 이를 기록했다. 취조자들은 자신이 누구인지 밝히지 않았지만 40대 후반으로 보였으니 적어도 과장급이 아니었을까 싶다. 그중 한 사람이 〈경계도시〉의 첫 장면에 등장해 강 피디를 협박한 인물이었다. 두 시간마다 두 사람이 교대로 취조를 하는 것으로 보아 나를 취조하는 팀에 어림잡아 적어도 10명은 투입된 것 같았다. 심문 내용은 이미 짐작한 대로였다.

내가 북의 노동당 정치국 후보 위원 김철수이며, 해외에서 오랫동안 반국가 단체의 지도 성원으로 대한민국 체제를 전복하려고 암약했기에 〈국가보안법〉의 여러 조항을 위반했다는 것이다. 그들은 수십 년 동안 이런 혐의를 입증하고자 엄청난 양의 첩보를 확보했으므로 기소하는 데 문제없다는 듯 자신만만했다. 그들은 몇 십 년 전의 일들과 최근의 일들을 두서없이 물으며 내 기억을 뒤죽박죽으로 만들려 했다. 이렇게 몇 시간을 보내고 점심 식사도 그 안에서 했다. 갈증이 너무 심해, 이 물을 마셔도 괜찮을까 의심하면서도 계속 물을 들이켰다.

그사이 밖에서도 일이 벌어졌다. 오후 2시 반경 두 아들과 함께 늦은 점심을 들며, 조사가 끝났다는 전화만을 초조하게 기다렸던 아내는, 김형태 변호사가 전화를 걸어오자 모든 조사가 끝났다고 생각했다. 그러나 그렇지 않았다. 또한 내가 당연히 변호사의 입회 아래 조사를 받았으리라 생각했는데 그것도 아니었다. 국정원이 완강하게 변호인의 입회를 반대해 김 변호사가 사무실로 돌아왔다는 이야기에 아내는 너무 놀라 곧바로 가이어 주한 독일 대사에게 전화를 걸었다. 대사는 방금 전에 청와대와 국정원으로부터 연락을 받았는데, 변호사의 입회하에 내가 조사받고 있다고 말했다며, 지금 변호사가 어디서 전화했는지를 물었다. 아내가 변호사 사무실이라고 하니 가이어 대사는 다시 확인하겠다며, 일처리를 위해 바로 전화를 끊었다. 국정원의 실무진이 국정원 상부는 물론, 청와대에까지 허위 보고를 했던 것이다. 있어서는 안 될 뿐더러 한심하기까지 한 일이었다. 노무현 정부가 출범하면서 국정원의 원장과 고위 간부들은 교체되었지만, 이른바 중견 간부들은 그대로였다. 검찰도 마찬가지였다. 그러다 보니 젊은 검사들까지 대통령에게 대드는 형국이 되었다. 권위주의적 통치 양식은 배격되어야 하지만 권위가 무너져 통치에 어려움이 야기된다면 문제는 심각하다.

심문은 밤늦게까지 이어져 취침 시간이 되었다. 국정원은 내게 심문실에 있는 침대에서 자거나, 밖에서 자고 들어와 다음 날 아침에 다시 심문에 응할 수도 있다고 했다. 김 변호사는 국정원의 이런 제의가 여론을 호도하려는 작전이라고 판단해, 차라리 내가 국정원에서 하룻밤을 보내는 편이 낫다고 생각했다. 그러나 아내와 두 아들은 단 1초라도 내가 국정원에 머물러서는 안 된다고 주장했고, 독일 대사관 측도 같은 생각이었다. 그래서 자정을 훨씬 넘긴 시간에 나는 수유리의 숙소로 돌아왔다.

다음 날에는 낮에 잠깐 가족과 김 변호사와의 접견이 허용되었다. 자리에서 일어나는데 다리가 휘청거려 아내가 잠시 부축할 정도로 나는 극도로 지쳐 있었다. 그래도 심문은 계속되었다. 이런 식으로 9월 27일까지 나흘 동안 국정원의 지하실에서 아침부터 저녁 늦게까지 조사를 받았다. 그들은, 베를린의 범민련 유럽 본부에서 중요한 자료를 빼내어 서울로 돌아와 국정원 산하 연구소에서 일하고 있던 최창동이 제공한 정보를 주요 자료로 삼고 황장엽의 증거를 보태어 나를 심문했다. 앞서도 잠깐 말했지만, 서독에서 가족과 동반 입북했다가 1년도 안 되어 탈북한 오길남과의 대질심문도 있었다. 그뿐만 아니라 국정원은, 베를린 주재 북한 대사관에서 근무하다가 최창동에게 넘어간 파일로 곤경에 처하자 미국으로 망명했던 김경필이 마치 대질심문을 위해 옆방에 대기 중인 것처럼 위장하기도 했다. 마치 연옥을 통과하는 듯한 나흘이었다.

## 성묫길

귀국 일주일째인 9월 29일에야 비로소 나는 지친 몸으로 할아버지와 아버지의 묘소를 찾을 수 있었다. 1963년 겨울 할아버지가 묻힌 천주교 묘지에 아버지도 1996년 여름에 묻혔다. 경기도 남양주에 있는 이 묘지는 1967년 여름 내가 서독으로 유학을 떠나기 직전에 작별인사차 들른 적이 있으나 그때 그 모습을 전혀 찾을 수 없었다. 당시 관리인의 아들이 대를 이어 관리하고 있었다. 묘소에는 귀국하던 날 저녁에 아카데미하우스에서 잠깐 상봉했던 어머니와 동생 가족, 친척들이 미리 도착해 기다리고 있었고, 신문사와 방송사 기자들로 붐볐다. 슬프면서도 착잡한 마음으로 임종조차 지켜보지 못한 불효에 대해 용서를 빌었다. '세계인'이 되라는 유언에도 불구하고 당신이 가슴 아파했던 민족 분단의 멍에 때문에 이렇게 심신이 지친 모습으로 묘소를 찾아왔으니 흐르는 눈물을 억제할 수 없었다.

물리학자인 부친은 과학과 종교가 서로 다른 세계라고 생각해 종교를 갖지 않았다. 그러던 분이 건강이 악화된 이후 어느 날 통화 중에 종교에 관해 이야기하면서 자신도 가톨릭에 귀의했다고 했다. 앎과 믿음의 두 세계가 단순히 치환될 수 있다고 생각하지는 않았지만 생의 끝이 다가오자 믿음의 세계에 자신을 의탁한 것으로 나는 생각했다. 나 자신도 나이 들어 가며 이 문제와 자주 만나게 되는데, 특히 불교에 대해 이런저런 생각을 하게 된다. 유일무이한 절대자로서 신을 전제하지 않고, 만물의 상호 관계인 '이것이 있으면 저것도 있다'는 '연기'緣起를 강조한다는 점에서, 불교는 종교라기보다 하나의 형이상학적 체계라고 나는 생각한다. 앎과 믿음 간의 갈등도 기독교보다 상대적으로 적다. 막스 베버가 그의 종교사회학에서 강조한 '세계 안으로 향한 금욕'을 통해 메시아가 인도하는 미래를 긴장 속에서 기다리는 기독교와 달리, 불교는 만물의 영원한 회귀를 바탕으로 관조적인 삶을 지향한다. 어떻든 부친은 말년에 가톨릭에 귀의해 세상을 뜨셨다.

내가 국정원에서 조사받는 동안 밖에서는 연일 내 문제로 떠들썩했다. '해방 이후 최대 간첩'이라는 수식어가 붙은 내가 드디어 '노동당 서열 23위의 김철수'라고 자백했다는 보도를 시작으로, 국정원, 보수 언론, 한나라당이 서로 주거니 받거니 하면서 한목소리로 나를 처벌하라고 요구했고, 이 광기 어린 파상 공세에 놀란 집권당은 물론 진보 언론과 지식인들조차 방향을 잡지 못하고 기껏해야 선처를 호소하는 정도였다. 당시 강금실 법무부 장관이 설사 내가 정치국 후보위원이라 할지라도 처벌할 수 있겠는가라는 취지로 발언했는데, 이는 정말 예외적이었다. 물론 이로 말미암아 강 장관은 보수 야당과 언론의 집중 포화를 받았다. 이런 분위기에서, 모양새는 좋지 않겠지만 우리가 자진 출국하면 어떻겠느냐고 아내는 숙소로 돌아가는 차 안에서 내게 이야기했다. 하지만 공교롭게도 그날 저녁으로 나의 출국은 금지되었다.

국정원에서 철야로 며칠 동안 조사를 받고 너무나 지쳐 하루는 조용한 산사를 찾고 싶다고 하니, 귀국 직후부터 줄곧 그림자처럼 우리를 수행하고 도움을 주었던 민주화운동기념사업회의 홍용학 씨가 9월 28일 경기도 양평에 있는 사나사舍那寺라는 조그만 절로 우리를 안내했다. 법당에 들러 잠시 묵상한 뒤 주지스님의 차 대접을 받으며 세간 이야기를 나누었다. 사실 기독교 문화권에서 오래 살다 보면 불교와 여간해서는 만나기 힘들다. 1988년 9월 재창간된 『불교신문』에 창간 축사를 써달라고 해서 글을 보낸 적은 있었다. 뉴욕에 들르면 독실한 불교 신자인 처형과 함께 절을 찾기도 했다. (내가 입국했을 때,

특히 조국평화통일불교협회(평불협)와 실천불교 전국승가회는 나의 석방을 위해 많은 노력을 기울였는데, 구치소를 나서는 나를 위해 화쟁위원회의 도법 스님이 들려주던 목탁과 은은한 독경 소리는 아직도 내 귓가에 흐르고 있다.)

10월 1일, 국정원은 나를 정식으로 기소하는 의견서를 검찰에 제출했고, 보수 언론은 물론 보수 야당도 국회에서 내 사건을 빌미로 노무현 정부에 대한 총공세를 본격적으로 시작했다. 그러자 지인들은 내가 기자회견에서 입장을 표명해 오해를 불식하는 것이 좋겠다는 의견을 제시했다. 이 문제를 논의하기 위한 회동이 두 차례 있었지만, 그것이 궁지에 몰린 나를 방어할 수 있을지에 대해 솔직히 나는 회의적이었다. 밤늦게까지 이 문제를 두고 갑론을박했다. 아내는 나보다 더 비판적이었다. 매일 밤낮으로 국정원, 보수 야당, 언론의 마녀사냥에 시달리고, 심지어 진보 매체나 인사들까지 등을 돌리는 상황에서 어떤 출구를 모색하느니 법정에 빨리 서는 게 낫겠다고 생각했다.

특히 민주화 운동 세력의 일부가, 나의 귀국이 민주화의 성과를 바래게 했다며 불평 내지 질책할 때마다 깊은 상처를 받았다. 한국 사회의 레드 콤플렉스가 얼마나 뿌리 깊은지를 확인할 수 있었다.

내가 기자회견에 발표할 내용을 차분히 준비하고 정리할 수 있는 상황이 아니었기에 주위 친지들이 마련한 두 개의 문건을 검토해 기자회견을 준비했다. 이 과정에서 상당한 견해차가 있었으나, 당시 내게 제기된 혐의를 7개 항목으로 정리해 해명한 글, "그간의 활동에 대한 자성적 성찰"을 아카데미하우스에서 10월 2일 오후 2시에 기자회견을 통해 발표했다. 검찰 출두를 하루 앞둔 날이었다. 텔레비전으로도 직접 중계된 이 회견장은 취재기자들로 발 디딜 틈조차 없었다. 나는 이 자리에서 '노동당 정치국 후보위원'으로 통고받거나 활동한 바 없으며, 오길남을 포함한 어느 누구에게도 입북을 권유한 적이 없고, 북으로부터 공작금을 받은 적이 없었다는 등, 국정원이 주장하고 언론이 보도하는 내용들을 해명했다.

10월 3일 검찰 조사가 시작되었고, 10월 21일 검찰이 구속영장을 청구해 서초경찰서에 인치되기까지 총 아홉 차례 검찰에 출두해 조사를 받았다. 나는 오랜 조사로 말미암아 피로가 누적되어 치핵 제거 수술을 받아야 했다. 양길승 박사가 원장으로 있는 녹색병원에서 수술을 받았는데, 그다음 날도 검찰에 출두해야 했다. 조사를 받는 중에 출혈이 심해 검사에게 이야기했더니 그도 놀라 곧 조사를 중단했다.

내가 불구속 상태에서 검찰 조사를 받는 것에, 일부 보수 언론들은 불편한 심기를 노골적으로 드러내기도 했다. 하루는 머리도 식힐 겸 북한산을 찾았는데, 산을 오르는 도중에 한 중년 여성이 나를 보더니 "세상 많이 좋아졌다."고 혼잣말처럼 툭 던졌다. 그만큼 나는 여론에 의해 단죄된 상태였다. 이런 상황에서 돌파구를 마련하기 위해 친지들은 다시 기자회견을 준비했다. 10월 14일 프레스센터에서 열린 기자회견에는 1차 때 없었던 내용, 즉 노동당을 탈당하고 독일 국적을 포기하겠다는 등의 내용도 있었다. 그러나 지금 와서 생각해 보면 그다지 현실적이지도 않았고, 오히려 독일 정부가 내 문제에 신속히 개입하지 못하게 혼란만 가중한 셈이 되었다. 독일 주간지 『디 차이트』*Die Zeit*의 베이징 특파원인 게오르그 블루메Georg Blume는 서울에서 작성한 장문의 기사 "친구들 속에 갇힌 수인囚人"Gefangener unter Freunden을 송고해 이런 정황을 자세히 보도했다.

## 두 가지 승리

10월 3일 서초동 대검찰청 건물 9층에 있는 검사실에 처음 들어서니 문 옆에 '검사 정점식'이라는 이름패가 붙어 있었다. 40대 초입으로 보였는데, 젊은 검사 두 사람이 그를 보좌했다. 이 검사 위로는 오세헌 공안 1부장검사가 있고, 그 위에는 서울지검 박만 2차장 검사가 사건 수사를 총지휘하고 있다고 했지만, 이 두 사람은 검찰 수사 기간 동안 한 번도 본 적이 없었다. 검사실에 들어서면 한쪽 책상에는 기록하는 서기가 앉아 있고, 중앙에는 검사가 앉는 책상이 있다. 이 맞은편 의자에 피의자인 내가 앉게 된다. 국정원에서 심문을 받을 때 변호사의 입회가 봉쇄된 경험이 있었기에, 검찰 조사 때는 변호인의 입회를 관철하려는 우리 측 변호인들과 이를 방해하려는 검찰이 처음부터 신경전을 벌였다.

불구속 상태에서 아홉 차례에 걸쳐 조사받을 때는 변호인의 입회가 허락되었지만, 10월 22일 구속되자 상황이 돌변했다. 이때부터 수사에 방해된다는 이유로 검찰은 변호인의 입회를 거부했다. 우리 측 변호사는 검찰 측의 부당함을 지적해 곧바로 항고했고 대법원도 위법이라는 판결을 내렸으나, 이미 검찰은 주요 사안에 대해 조사를 마친 상태였다. 변호인이 참여할 수 없는 조건에서 나는 결국 묵비권을 행사하는 투쟁을 벌였다. 그러나 검사의 억지 논리에 화가 치밀어 반박하고 싶은 것을 참느라 무척이나 애를 썼다.

어쨌든 내 사건을 계기로 검찰이 피의자를 심문할 때 변호인이 참여할 수 있도록 해야 한다는 문제가 제기되었다. 이후 헌법재판소의 판결에 따라 2007년 6월 〈형사소송법〉이 개정되면서, 모든 피의자는 변호인의 조력을 요구할 수 있게 되었다. 한국 사회의 민주화에 있어 특별히 기록될 승리였다. 또 한 가지가 있다. 피의자를 심문할 때 수갑을 채우고 포승으로 결박하는 것이 관행이었는데, 이는 인권 존엄의 차원에서는 물론, 피의자 무죄 추정의 원칙에도 위배되는 불법 행위였다. 이 문제를 대한변협의 조사단과 상의했는데 이 관행도 결국 폐지되었다. 민주화에도 불구하고 사라지지 않았던 비민주적 관행들을 바꾸는 데, 37년 만에 귀국한 내가 갖은 수모를 겪으며 일조한 셈이었다.

내가 독일로 돌아온 뒤 '요원의 불길'처럼 국내에서 번진 〈국가보안법〉 철폐 운동은 내가 서울에서 입은 상처를 한동안 잊게 할 만큼 인상적이었다. 한겨울 추위에도 식지 않았던 거리의 열기에 대한 소식을 멀리서 들으며, 내 문제를 "국가보안법 체제와의 마지막 투쟁"이라고 평했던 일본 잡지 『세카이』의 제목을 떠올리기도 했다. 노무현 대통령이 탄핵의 위기를 넘기고, 구시대의 유물인 〈국가보안법〉을 폐지하자고 역설했고, 탄핵 역풍에 힘입어 집권당인 열린우리당이 국회 의석의 과반수를 차지했음에도 뿌리 깊은 반공 의식과 기회주의 탓에 〈국가보안법〉 철폐는 결실을 맺지 못했다.

이때 검찰의 공안통들이 몰락하는 것처럼 보이기도 했으나, 그 뒤 이명박·박근혜 정부에서 승승장구해 국무총리 등을 비롯한 요직에 등용되어 화려하게 부활했으니, 역사와 사회가 거꾸로 간다는 생각이 들 따름이었다.

## 구치소 풍경

37년 만에 찾은 고국에서 대면한 현실은 정작 구치소로부터 시작했다. 구속되기 전 국정원과 검찰에서 시달린 한 달, 집행유예로 석방되어 독일로 돌아오기까지 바깥세상에서 보낸 2주일보다 훨씬 길게만 9개월을 보낸 구치소는 나의 귀향을 담을 수 있었던 구체적인 경험 공간이었다.

10월 22일 밤늦게 나는 서울구치소의 독방 번호 11-3-1(11동 3층의 1호실)에서 미결수 번호 65번으로, 37년 만에 나의 서울 생활을 시작했다. 한 평(3.3제곱미터) 크기의 방 안에는 뒤쪽에 변소가 있었고 밥상으로도 사용하는 조그만 책상, 담요 두 장, 그리고 작은 텔레비전 수상기가 있었다. 다음 날 아침 6시, 스피커에서 흘러나오는 에드워드 엘가Edward Elgar의 〈사랑의 인사〉Salut d'amour에 눈을 떴다. 나중에 들은 이야기이지만, 당시 강금실 법무부 장관이 구치소와 교도소의 삭막한 점호 문화를 바꾸려고 자신의 시디를 전국의 수형 시설에 보낸 뒤로, 클래식 음악이 아침저녁의 군대식 점호를 대치했다는 것이다. 점호가 끝나면 식사가 들어오는데 출입문 옆 아래쪽에 있는 조그만 문을 통해, 제소자 가운데 선발된 당번이 하루 세끼를 들여오고 내간다. 다른 식사는 몰라도 부대찌개는 정말 손이 가지 않아 그대로 내보내야 했다.

이렇게 해서 시작된 오전 일정은 대체로 가족이나 친지, 그리고 변호사의 면회와, 구치소에서 가장 기다려지는 한 시간 동안의 운동으로 채워진다. 점심 식사를 하고 나서 잠깐 눈을 붙인 뒤에 재판 준비를 하거나 책을 읽고 편지를 쓴다. 저녁 식사 후에는, 수용실의 조명이 좋지 않아 가벼운 운동을 하거나 명상으로 시간을 보내다가, 스피커에서 흘러나오는 차이코프스키의 〈아름다운 마을에 대한 추억〉 souvenir d'un lieu cher을 들으며 잠자리를 준비했다. 저녁 시간에는 녹화된 텔레비전 프로그램도 보는데, 주로 천편일률적인 멜로드라마였지만 〈대장금〉은 예외적이었다. 〈공동경비구역 JSA〉가 2000년 베를린 영화제에 초대되어 상영할 때, 여주인공 역을 했던 이영애 씨가 관객에게 인사하던 모습이 생각났다.

한편, 내가 내보낸 편지 속에서 구치소를 '한국 사회의 표본'이라고 묘사한 적이 있지만, 구치소에서는 밖에서 체험할 수 없었던 한국 사회의 민낯을 볼 수 있었다. 경제사범으로 들어온 사람이 제일 많았고, 조폭 혐의와 마약 사범으로 들어온 사람도 제법 많았다. 바로 옆 독방에는 사형수도 한 사람 있었다. 40대 후반으로 보이는, 체구가 작은 사나이는 몇 사람을 잔인하게 살해한 죄목으로 사형 선고를 받았다. 사형 판결이 확정되면, 집행만 남은 미결수가 되기 때문에 사형장이 있는 서울구치소로 이감되어 집행을 기다린다.

의무실로 향한 복도의 오른쪽에 난 좁은 문이 바로 형장으로 들어가는 문이었다. 이 구치소에서 마지막으로 사형이 집행된 것은 1997년 말이었지만 그 문 앞을 지날 때면 나도 오싹한 느낌을 지울 수 없었다. 내 옆방의 사형수는 곧잘 교도관과 다투어 이감이 잦았는데 내가 석방되기 직전에도 다른 감방으로 옮겨졌다. 아무도 상대하려 들지 않아 외로웠는지, 그는 종종 교도관의 눈을 피해 한자를 섞어 쓴 쪽지를 내 방에 들여보냈다. 전해 듣기로, 그는 고아로 절에서 컸는데, 자신을 키운 대처승 부부를 살해하고, 이어서 그가 일했던 개 사육장의 주인도 살해했다고 한다. 그의 눈은 항상 충혈되어 있었다. 출생부터 사람대접을 못 받은 사회에서 한순간의 분노를 이기지 못하고 끔찍한 일을 저지른 것이다.

때마침 '한나라당 차떼기 사건', '대북 송금' 문제와 그 밖의 이러저러한 비리 혐의로 20여 명의 정치인과 고위 관리, 재벌 그룹의 경영인 들이 줄줄이 구속되어 구치소 독방이 이른바 '범털'들로 만원이었을 때였다. 내가 있던 건물에도 서청원·박주천·김영일·강삼재·권노갑·박지원·정대철·이재정·이상수·박주선·박광태·안희정 등의 정치인, 손길승 그리고 전두환의 차남 전재용 등의 경제인이 있었고, 후에 이인제도 합류했다. 하루 한 시간 허락된 운동 시간 혹은 면회를 기다리는 중에 종종 만나면 시사와는 거리가 먼 덕담을 나누기도 했다.

수감되고 얼마 지나지 않은 밤에 일이 발생했다. 저녁부터 호흡이 힘들더니 밤에는 거의 숨이 멎을 정도였다. 알레르기 때문에 봄철에는 기침과 호흡곤란이 있었지만 이번에는 사정이 달랐다. 밤이라 교도관을 불러 봐야 아무 소용이 없어 가느다란 숨을 쉬며 겨우 새벽을 맞았다. 구치소 의료 시설에 기댈 수 없는 상황에서 아내는 곧 친지들과 상의했다. 인제대학교 이사장인 백낙환 선생님과 연락이 닿아, 곧 백병원의 호흡기 질환 전문 엄호기 교수가 재발 방지 조처를 취해 주었다. 먼 거리를 만사 제쳐 놓고 두 번이나 치료차 왔던 엄 교수와, 수감 중인 나를 면회도 하고 물심양면으로 지원했던 백 선생님의 배려가 무척 고마웠다.

지금은 이름이 기억나지 않는 교도관들이지만 그들은 내 처지를 이해하고 조금이라도 나의 고통을 덜어 주려 애썼다. 추운 날 끓여 준 따뜻한 커피 한 잔을 앞에 두고 함께 세상사를 이야기하는 이 짧은 시간을 가진 것도, 그들이 마음을 써준 덕분이었다. 특히 명절날에는 아무것도 할 수 없어서 감옥이 지옥이 된다는 말이 있을 정도였다. 면회 시간도 없고 편지도 전달되지 않았으며, 유일한 즐거움인 운동 시간도 없었다. 나는 독방에 있었으므로 말벗도 없었다. 온종일 수용실에 있는 날도 여럿이었고, 연말이나 설 연휴에는 며칠 내리 홀로 시간을 보내기도 했다. 그런 내게 말동무를 해준 친절한 교도관들을 여태껏 기억하는 이유도 그래서다.

오랜 외국 생활로, 새로운 극한 상황에 적응하기가 쉽지 않았는데, 온종일 바닥에 앉아 모든 일을 해야 하는 생활이 가장 힘들었다. 그래서 조그만 의자를 신청했는데, 결국 출소할 때까지 허락되지 않았다. 구치소 측의 반대 이유는 다른 재소자와의 형평성을 고려해야 한다는 것이었다. 이에 대해 변호사와 독일 대사관 측은 범죄행위로 수감된 미군 병사의 경우 침대와 운동기구, 심지어 냉장고도 있는 방에서 생활할 수 있는데, 집필이 주된 작업인 학자에게 그 정도 편의도 제공할 수 없느냐고 비판했다.

내 구치소 생활이 구체적으로 어떤 모습인지 상상이 안 갔던 둘째 아들 린은 어느 날 영치금이 한 번에 많이 지출되자, 구치소 안에서도 아버지의 삶이 어떤 식으로든 활력을 얻고 있다고 생각했다. 하지만 면회 시간에 그 돈의 용도를 묻기에 겨울을 나려고 동복을 구입하는 데 썼다고 대답하니, 린이 실망한 표정을 지은 적도 있었다. 나는 법정에 나갈 때만 볼품없는 연한 옥빛 동복을 벗고 검정 양복을 입었다. 서울에 도착해서 갑자기 날씨가 추워지자 강영주 교수가 시내에 데려가 맞춰 준 옷이었다. 법정으로 나를 호송하던 한 구치소 직원이 아주 잘 어울린다고 했던 영국제 양복이었는데, 이후 베를린에서 가끔 이

옷을 입을 때면 당시를 회상한다.


## 밖에서의 투쟁

12월 22일은 서울에 체류한 지 만 3개월째 되는 날이었다. 무비자 입국자는 이날까지 서울을 일단 떠나야 한다. 그뿐만 아니라 아내는 내 문제를 국제사회에 본격적으로 호소하기 위해, 그리고 자신의 직장 문제 때문에도 서울을 떠나야 했다. 이날은 공교롭게도 우리의 30주년 결혼기념일이었지만, 출국을 앞두고 구치소로 면회 온 아내도 나도 서로 마음을 상하게 할까 봐 이야기하지 않았다. 서울에 도착한 날부터 밤낮없이 시달리다가 찬 수용실에 갇혀 있는 남편과 헤어지는 마당에 무슨 마음의 여유가 있었겠는가. 독일로 돌아가는 비행기 안에서 소리 없이 눈물을 흘렸던 내유외강의 아내는, 1백여 개 시민단체가 모여 결성한 '송두율교수석방과 국가보안법철폐대책위원회', 60여 명의 변호사로 구성된 변호인단, 독일 대사관 등과 함께 대책을 마련하는 정말 힘든 싸움을 모두가 놀랄 만큼 잘해 냈다. 부모와 함께 한국 땅을 처음 밟았다가 예상치 못하게 격랑에 휩쓸렸던 두 아들은 일단 먼저 독일로 돌아갔다. 작은아들 린은 힘든 싸움을 하고 있는 아내를 도우려고 곧 서울로 다시 돌아왔다. 아내가 잠시 독일에 간 사이 내 옥바라지를 하기 위해서였다.

독일로 돌아간 준은 10월 28일에 있는 구두시험이 끝나자마자 구명 운동에 매달렸다. 국제사면위원회Amnesty Internation를 비롯한 국제 조직과 독일의 언론 매체, 세계적으로 저명한 인사들과 연락하는

ⓒ 연합뉴스

위 _ 국보법 폐지 시위를 하는 아내와 준(2004년 1월 13일)
아래 _ 석방 촉구 집회에 참석한 아내와 린(2003년 12월 11일)

일을 도맡았다. 원래 준은 학위를 마치고 캘리포니아 어바인에 있는 한 연구실에 가기로 되어 있다. 그 연구 분야의 최고 권위자이자 2004년 노벨화학상을 수상한 학자의 연구실이었다. 그런데 전혀 예기치 못한 상황이 발생하자 고민 끝에 일본 센다이의 도호쿠 대학 연구실에 가기로 급히 결정했다. 서울과 가깝기에 여차하면 날아갈 수 있었고, 화학 분야에서 2002년 노벨상 수상자를 배출할 정도로 실력 있는 곳이기도 했다. 한때 중국의 루쉰魯迅이 이 대학에서 의학을 공부한 것으로 알려져 있으며, 내가 문하에서 공부하려 했던 하이델베르크 대학의 뢰비트 교수도 미국에 가기 전 1936년부터 5년간 이 대학에서 가르쳤다.

린의 경우, 독일과 미국의 의사 시험에 합격하고 미국에서 전문의 과정을 시작하기 전에 뮌헨 대학에 제출할 박사 학위논문을 마지막으로 손볼 때였다. 린은 아는 사람도 별로 없는 서울에서 아내를 대신해 나를 돌보았고, 아내는 베를린에서 밤낮으로 구명 활동을 하고 있던 큰아들 곁에서 2003년의 끝자락을 보냈다. 37년 만의 귀향이 이런 모습이 될 줄, 가족 중 누구라도 상상이나 했겠는가.

서울에서 혼자 연말을 보내는 린을 생각해 가이어 대사는 크리스마스에 자신의 집에 초대했다. 숙소로 돌아가는 린과 마침 연락이 되지 않자 베를린에 있는 아내는 린에게 무슨 일이 생기지는 않았나 걱정하며 뜬눈으로 밤을 새우기도 했다. 이튿날 아침 아무 일 없다는 것을 확인하고 그제야 숨을 돌렸다는 아내는 다시 서울로 떠날 준비를 했다.

국내에서는 각계각층의 시민 단체들이 대책위를 꾸려 적극적인 지원 활동을 전개했다. 모두들 열심이었지만, 그중에서도 조용하되

1심 첫 공판에 앞서 성명을 발표하는 대책위 대표 김세균 교수. 왼쪽에는 독일 코레아협의회 대표 라이너 베르닝 박사
(2003년 12월 2일)

빈틈없이 대책위 간사를 맡은 김건수 씨를 아내는 지금도 특별히 기억하고 있다. 대책위는 먼저 서울대 김세균 교수를 중심으로 중요한 사안이 있을 때마다 기자회견을 열어 입장을 표명했다. 또한 후원의 밤이나 '경계에 피는 꽃'과 같은 문화제 등을 조직했는데, 김 교수는 안식년이었던 2003년 겨울 학기를 완전히 내 문제로 보냈다. 이런 활동으로 말미암아, 부인이 경영하던 한식당 '민들레'에도 적지 않은 피해가 있었다는 소식이 들려 마음이 아팠다.

구속된 지 이틀 후 "송두율 교수 석방을 요구하는 시민사회 1천 인 성명"이 발표되었다. 또한 법무법인 덕수에서 김형태 변호사를 중심으로 송호창·진선미·이정희·윤영환·위대영 변호사가 나섰고, 그 밖에 안영도·최병모·박연철·심재환·임종인·김승교·황희석·이민종·김진 변호사 등이 합류하면서 무려 60명이 넘는 변호인단이 결성되었다. 그 가운데 심재환 변호사는 성격도 있어서, 한번은 변호인 참관차 심문실에 들어갈 때 검찰 직원에 제지당하자 언쟁을 벌이기도 했고, 듬직한 인상을 주었던 김승교 변호사는 얼마 전 젊은 나이에 그만 세상을 떴다. 송호창·진선미 변호사는 그 후 정치인으로 변신해 의정 활동에서도 좋은 평가를 받고 있다는 소식을 들었다. 2009년 가을, 둘째 린을 만나려고 보스턴에 갔다가 당시 코넬 대학에 연수차 왔던 송 변호사와 그의 가족을 5년 만에 만나 단풍놀이를 함께했고, 진 변호사는 한 번은 여성 단체의 일로, 또 한 번은 국회의원 시찰단의 일원으로 베를린에 들렀을 때 반갑게 재회했다.

덕수를 대표하는 이돈명 변호사님은 고령에다 건강도 좋지 않은 상태에서 꼿꼿한 자세로 항상 재판을 지켜봐 젊은 후배 변호사들에게 귀감이 되었고, 우리 가족에게도 용기를 주었다. 석방된 뒤 뒤풀이

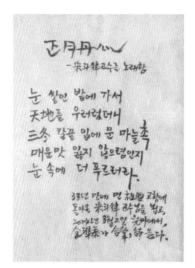

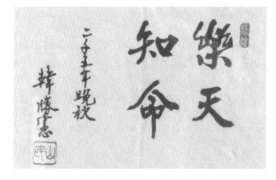

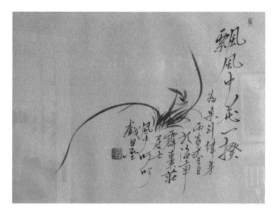

서재에 걸린 김준태,
그리스하버(Hap Grieshaber),
한승헌, 김지하의 서화들.
두 번째 '독일의 피카소'로 불렸던
그리스하버의 작품은 〈결박된
가수〉(ein gefesselter
Sänger)로, 윤이상 선생의 구원
활동을 위해 제작된 목판화의
원본(1968년 1월)

하는 자리까지 오신 이 변호사님은 나를 얼싸안고 기쁨에 겨워하셨는데, 2011년 1월 별세하셨다. 한번은 한승헌 변호사와 함께 구치소로 변호인 접견차 오셨을 때 두 분이 어찌나 천진난만하게 농담을 나누시는지, 그 모습을 보며 나는 수감 생활의 고통을 잠시 잊은 적도 있었다. 이 변호사님이 얼굴만 마주쳐도 웃음이 절로 난다고 말한 한 변호사님은 후에 감사원장직에 있을 때 세계감사원장 회의에 참석하러 베를린을 방문한 덕분에 기쁘게 재회할 수 있었다. 그때 주신 글 "낙천지명"樂天知命을 볼 때마다 유머가 남달랐던 한 변호사님을 떠올린다.

학계에서도 원로인 리영희·김진균·강만길·송상용·국순옥·박순경·조영건·양재혁·신영복·김수행·송영배·안병욱·정현백 교수 등을 중심으로 전국적으로 많은 교수들이 석방 운동에 참여했는데, 학술단체협의회(학단협), 민교협 등이 주축이 되어 박호성·조희연·신정완·장시기·김정인 교수 등이 주요 실무를 맡아 보았다. 김진균 교수님은 건강이 좋지 않은 상황에서도 우리를 걱정하다가 2004년 2월 세상을 떠나셨는데, 구치소에서 이 소식을 듣고 너무나 마음이 아팠다. 그분을 처음 만난 것은 베를린장벽이 무너졌을 무렵이었다. 독일과 동유럽 지역을 돌아보기 위한 교수팀 일행이 베를린에 들렀는데, 나와 아내는 김진균 교수, 김홍우 교수, 그리고 지금은 고인이 된 서울대학교 이상희 교수와 저녁 식사를 함께한 적이 있었다. 그러나 그때는 시간이 짧아 많은 이야기를 나눌 수 없었다. 두 번째 만남은 1995년 9월, 독일 기독교 교육센터 아놀스하인 기독아카데미Ev. Akademie Arnoldshain가 마련한 통일 문제 세미나 자리에서였다. 프랑크푸르트 근교 타우누스Taunus에 자리 잡은 교육센터에서 열린 세미

석방 후 이돈명 변호사, 김형태 변호사와 함께(2004년 7월 26일)

나에, 남쪽에서는 김진균·강정구 교수가, 북쪽에서는 박승덕 교수와 김관기 연구사가 초청되었다. 아내는 김진균 교수가 소탈하고 대범하면서도 자상하다는 첫인상을 받았다고 한다. (부고를 듣고 둘째 린이 나를 대신해, 서울대병원 영안실에 마련된 빈소를 찾았다. 독일과 장례 풍습이 달라 처음에는 빈손으로 갔던 린은, 다른 조객들이 조위금을 지참한 것을 보고 자신도 봉투를 마련해 다시 영안실을 찾았다고 했다. 그 이야기를 듣고 당시 베를린에 있던 아내는 아주 대견하게 여겼다.)

리영희 선생님은 거동이 불편함에도 재판을 방청했다. 손수 쓰신 2004년 연하장을 구치소로 보내 격려해 주시기도 했는데, 2010년 12월 저세상으로 가셨다. 삶과 활동의 공간은 비록 달랐어도 이 세상에서 인연을 맺은 당대의 양심적인 지성들이 하나둘 사라져 갔다. 이후로 김수행·신영복 선생도 그 길을 뒤따랐다. 김수행 선생이 연구차 애머스트 대학에 체류할 때 뉴욕 플러싱에서 그분 내외와 함께 식사하면서 이야기를 나눈 적이 있다. 무척이나 소탈한 분이었다. 신영복 선생은 아쉽게도 직접 뵐 기회가 없었다. 그러나 신 선생은 나를 위해 마련된 '후원의 밤'에 "함께 맞는 비"라는 의미심장한 휘호를 희사했다. 이렇게 추억을 하나하나 떠올리노라면 이제부터는 만나보고 싶은 분들과 사별하기 전에 그 땅을 다시 밟고 싶어진다. 하지만 그럴 수 없는 현실을 이내 깨닫고는 답답해지고 분노만 하게 된다. 대책위도 내가 출국한 이후 오래지 않아 재회할 수 있도록 여러 계획을 세웠지만 암담한 현실은 여전하다.

그럼에도 불구하고 다행스러웠던 것은 청년 학생들이 자발적으로 석방 운동을 활발하게 벌였고, 그 활동 방식도 다양했다는 점이다. 하루는 호송차에 실려 법정으로 가는 길에, 피켓을 든 젊은이들이 몇 미

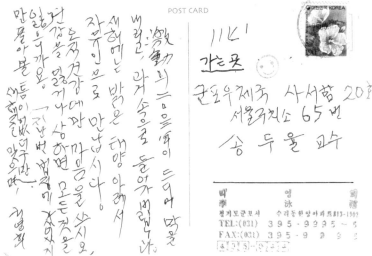

위 _ 리영희 선생님과 함께, 왼쪽은 일본 주오 대학의 이토 나리히코(伊藤成彦) 명예교수, 로자 룩셈부르크 전문가로 나의
구명 운동에 적극적이었다(독일 포츠담 상수시궁전, 1995년 가을)
아래 _ 리영희 선생님이 구치소로 보낸 2004년 연하장

214

터 간격으로 선 채 나를 성원하는 모습을 철창 틈새로 볼 수 있었다. "송두율 교수는 가족의 품으로! 국가보안법은 쓰레기통으로!", "송두율 교수는 무죄, 국가보안법이 유죄"라는 문구가 눈에 띄었다. 이들 가운데는 후에 국회의원이 되어 맹활약한 김광진 의원, 핀란드 투르쿠Turku 대학의 박강성주 연구원, KBS의 김진정희 피디 등이 있었는데, 올바른 사회를 위한 젊은 날의 뜻이 계속 살아 있기를 나는 멀리서도 기원하고 있다. 특히 '양심수 후원회'의 권오훈 선생님과 민주화실천가족운동협의회(민가협)의 임기란 여사님은 이런 젊은이들 못지않게 나의 석방을 위해 정열적으로 활동했다. 부디 건강하시기를 빈다.

구속되기 전인 10월 9일에 '민족의 화해와 통일을 위한 종교인 협의회'(공동 대표 나핵집 목사, 함세웅 신부, 청화 스님, 이정택 교무)는 나를 관용으로 받아들이자는 내용의 성명을 발표했다. 내가 구속되자 정의구현사제단을 중심으로 한 가톨릭교회는 석방 운동에 열심히 나섰다. 함세웅·안충석·진종훈 신부는 구속되기 전에도 만났지만, 내가 수감된 이후에도 아내의 활동을 적극적으로 도왔다. 1심 선고를 나흘 앞둔 2004년 3월 26일, 함 신부님이 이사장으로 있는 안중근의사기념사업회는 단체 내 보수 인사들이 격렬하게 반대했음에도 제3회 '안중근 평화상'을 내게 수여해 많은 용기를 주었고, 아내는 시상식에서 나의 수상 소감을 대독했다. 가톨릭계 시민 단체인 천주교인권위원회는 대책위의 공식적인 연락처로서 석방운동에 적극 나섰는데, 안주리·이은희·김덕진 씨가 특히 많은 수고를 했다.

가톨릭 내에서 대표적인 보수 인사로 종종 논란의 대상이 되었던 박홍 신부(전 서강대 이사장)도 의외로 내게는 호의적이었다. 2003년

위 _ 프랑크푸르트 교외에서 열린 통일 문제 심포지엄에 참석한 김진균·강정구 교수와 함께(1995년 9월)
아래 _ 나의 석방을 위해 애쓴 젊은이들과 함께(2003년 7월 21일)

10월 10일 검찰에서 조사받고 있을 때, 서강대에서 열린 '한국철학자대회'에 가까스로 참석할 수 있었는데, 대회가 끝난 뒤 열린 연회에서 나를 위해 건배를 들기도 했다. 그는 12월 6일 구치소로 면회를 왔고, 성탄절에는 김수환 추기경님을 모시고 특별 면회를 왔다. 2014년 2월 12일 이화여대에서 열렸던 '경계에 피는 꽃'이라는 문화제에도 참석했다. (그의 이런 행보를 보수는 보수대로, 진보는 진보대로 달가워하지 않았지만 그를 옆에서 지켜본 둘째 린은 그에게 그래도 여타 사람들과는 다른 무엇이 있는 것 같다고 어머니에게 말했다 한다.)

개신교 측에서도 다양한 석방 활동을 벌였는데, 오랫동안 민주화 활동으로 갖은 고초를 겪은 이해동 목사 내외가 특히 기억에 남는다. 1980년대 중반 독일 프랑크푸르트 한인 교회에서 3년간 시무할 때 인연을 맺은 적이 있지만, 오래 사건 벗 못지않게 공판정에서 재판을 항상 지켜보며, 석방 운동을 하느라 힘든 아내를 지원했다. 또한 (귀국 직전 여름 뉴욕에서 열린 강연회에서 인사를 드렸던) 홍근수 목사님이 귀국해서 은퇴할 때까지 시무했던 향린교회의 조헌정 목사와 교우들도 〈국가보안법〉의 멍에를 떨치지 못한 한국 사회의 어둠을 밝히는 등불 역할을 하면서 아내를 위로하고 독려했다.

민주화운동기념사업회 초대 이사장이었던 박형규 목사님은 나를 초청한 단체의 책임자였던 까닭에 정말 많이 시달렸다. 마침 국정감사가 열린 때라 국회에 불려 나가 보수 야당 의원들의 무례한 공격을 받았으나, 내가 유죄판결을 받으면 이사장직에서 미련 없이 사퇴하겠다고 당당하게 대응하는 모습을 뉴스 보도를 통해 보기도 했다. 구치소를 나와 박 목사님을 뵙고 그간 겪었을 마음고생에 대해 사과드리자, 별일 아니라는 듯 오히려 나를 위로했다. 2005년, 3년 임기를

위 _ 안중근 평화상을 대신 수상한 아내와 함세웅 신부(2004년 3월 26일)
아래 _ 석방 후 민주화운동기념사업회 박형규 이사장과 함께(2004년 7월 28일)

채우고 이사장직을 떠난 박 목사님이 구순을 훨씬 넘기고도 건강하시다는 소식을 듣고, 한평생 민주화를 위해 고난을 감당했음에도 축복받고 있다고 여겼는데, 2016년 8월 18일, 93세를 일기로 소천하셨다. 불의와는 타협할 줄 몰랐지만 참으로 인자한 분이었다. 전주 고백교회의 한상렬 목사도 잊을 수 없다. 줄곧 민족 화해와 통일을 위해 헌신했던 한 목사가 2010년 6·15 선언 10주년 기념식을 위해 방북했다가 〈국가보안법〉 위반으로 구속되어 3년이나 수감 생활을 할 때 나는 멀리서 손쓸 방법을 찾지 못해 안타깝기만 했다.

한평생 야인으로 독재에 저항했던 백기완 선생님은 내가 구속되자 모든 일을 제치고 석방 운동에 적극 나섰다. 백 선생님과의 첫 인연은 1988년 여름으로 거슬러 올라간다. 백 선생님은 1987년 대선에서 김영삼·김대중의 분열로 노태우가 어부지리로 대통령에 당선되리라 내다보고, 독자적인 재야의 목소리를 내기 위해 출마했으나 낙선했다. 그 뒤에 독일을 방문했는데, 당시 우리는 새로 이사해서 짐도 풀지 못한 어수선한 상황에서 백 선생님 일행을 맞았던 기억이 난다. 그리고 10분만 허용되는 구치소 면회 시간을 위해 새벽같이 고속버스를 타고 서울로 올라왔던 송기숙 선생님도 잊을 수 없다. '5·18' 당시 배후 조종자의 한 사람으로 지목되어 야만적인 고문을 받았던 이야기를 하면서 눈물을 흘려 아내도 같이 눈물을 쏟게 만들었던 송 선생님은 자신의 소설집 『들국화 송이송이』(문경, 2003)를 차입시켜 나의 답답한 구치소 생활을 잠시 잊게 했다.

구치소에 있었기에 밖에서 일어난 일들을 자세히 알지 못했으나, 아내는 박성준 교수와 (임수경 전 의원의 아버지인) 임판호 선생에 대해 자주 이야기했다. 두 사람 모두 자신이 경험했던 현대사의 어두운 한

우리 집을 방문한 백기완 선생님 일행(1988년 9월)

페이지를 되돌아보며, 같은 고통을 당하고 있던 아내를 따뜻하게 위로해 주었다는 것이다.

우리의 귀향은, 이렇게 과거의 좋은 인연은 이어가고 새로운 좋은 인연을 맺을 수 있게 했다. 물론 좋은 기억만 있었던 것은 아니다. 밤낮으로 구명운동을 하느라 지친 아내에게는 단 한마디의 위로가 무척 그리웠을 텐데, 잘 알고 지내던 사람들이 사건 이후 하루아침에 연락을 끊거나 모르는 체하기도 했다. 이름만 들어도 알 만한 민주화운동의 한 원로와 지금도 '잠룡'의 반열에 등장하는 한 정치인은 아내를 직접 만난 자리에서, 이미 구면인지 몰랐던 다른 동석자가 자신을 소개까지 했는데도 모른 척했다. 두 사람 모두 우리 집에서 담소를 나누고 즐거운 시간을 보낸 적이 있던 터라 그들의 외면에 아내는 마음이 몹시 상했다.

아내가 처음으로 남 앞에서 눈물을 보인 적이 있었다. 고등학교 3년을 빼고 초등학교부터 대학까지 쭉 함께 다녔던 독문학자 국중광 교수 내외를 공판정에서 만났을 때였다. 국 교수 부인이 "왜 오셔서 이렇게 고생하셔요."라고 하는 말에 흐르는 눈물을 주체할 수 없었다는 것이다. 아내는 암으로 운명이 경각에 달린 형부를 병문안 갔을 때 같은 말을 다시 한 번 들었다. 가까운 사람들을 만나자 그동안의 설움이 한꺼번에 터져 나온 것이었다. (아내의 큰언니는 이미 1988년 6월에 암으로 세상을 떠났다. 성장 과정에서 가장 가까이 지냈던 언니가 위독해지자 아내는 자신과 비슷한 한국 여성의 여권을 빌려 서울에 갈 생각까지 했다. 물론 불가능한 일이었지만 그만큼 큰언니는 아내에게 소중했다.)

해외에서도 국내 못지않게 구원 운동이 활발히 전개되었다. 하버마스, 귄터 그라스Günter Grass, 독일 전 대통령 리하르트 본 바이츠제커, 그의 친형으로 물리학자이자 철학자인 칼 프리드리히 본 바이츠제커, 평화 이론가 요한 갈퉁Johann Galtung, 브란트의 동방정책을 수립한 에곤 바르Egon Bahr, 독일통일 당시 서베를린 시장이었던 발터 몸퍼Walter Momper 등 국제적으로 잘 알려진 인사들도 구속의 부당성을 지적하고 석방을 탄원하는 편지를 재판부와 한국 정부에 직접 보냈다. 미국에서는 노엄 촘스키Noam Chomsky, 하워드 진Howard Zinn과 같은 지성과 양심의 표상들, 그리고 일본 주오中央 대학의 이토 나리히코伊藤成彦 명예교수와 재일동포 2세 학자인 윤건차 교수가 주축이 되어 364명의 일본인 교수들도 나서서 석방 운동을 벌여 나와 우리 가족들에게 큰 용기를 주었다.

## 경계에 피는 꽃

2004년 2월 초의 구치소 안은 아주 추웠다. 자살을 방지한다고 유리 대신 합성수지 재질의 창을 달았는데, 찢어진 틈새로 찬바람이 온종일 술술 들어왔다. 하루는 면회 온 아내와 린이 노래 연습을 하고 있다며, 나를 위한 문화 행사가 곧 열릴 예정이라고 했다. 2월 12일 저녁 이화여자대학교 언어교육원 강당에서 '경계에 피는 꽃 : 송두율과 그의 벗들을 주제로 한 변주'라는 제목으로 열릴 이 행사에서 아내는 홍난파 작곡의 〈고향의 봄〉을 부르고 린이 피아노 반주를 하기로 했다는 것이다. 내가 향수에 젖으면 혼자서 가끔 부르는 〈가고파〉, 〈보리밭〉, 〈고향의 봄〉 가운데 〈고향의 봄〉을 택했다고 했다. 원래 남 앞에서 노래 부르는 것을 내켜 하지 않고 몸도 편치 않은 아내가 노래 연습까지 해야 한다기에, 나는 차라리 내가 좋아하는 토마소 알비노니Tomaso Albinoni나 도메니코 치마로사Domenico Cimarosa의 오보에 곡을 린이 연주했으면 했다. 그러나 오보에를 급히 준비할 수 없어 원래 예정대로 진행되었다. 행사가 끝난 다음 날 면회 온 아내는 4백여 명의 청중이 참석했으며 아주 성공적이었다고 전했다.

나중에 베를린에 돌아와서 행사를 담은 디브이디를 보며, 정말 많은 사람들이 나를 위해 밖에서 싸웠다는 사실을 다시 확인했다. 삼팔선을 베고 죽겠다던 백범 김구, 통일과 민주를 위해 대장정에 나섰던 돌베개 장준하, 음악으로 남북을 이은 윤이상, 평양에 가겠다는 잠꼬대 아닌 잠꼬대를 하다 삼팔선을 넘은 늦봄 문익환 목사를 위한 자리가 객석에 마련되어 있었는데, 그 옆에 나를 위한 지정석이 있어 가슴이 뭉클했다. 신동호 시인의 사회로 열린 이 문화제에서 이지상 씨는 자작곡 〈경계에 피는 꽃〉을 기타 반주를 하며 불렀고, 문화제 총감독을 맡았던 서해성 씨가 대본을 쓴 창작 판소리 〈경계인〉도 선보였다. "넘다 보니 산이요 건너다 보니 강물이로다. 예까지 오니라 넘어온 국경이 몇이나 되며, 두고 온 세월이 그 얼마드뇨. 신발만 갈아 신어도 고향 생각 간절허더니, 이 내 몸은 가막소 경계에 갇혔으니, 입도 발도 다 묶은 신세 옥방과 세상 사이가 아득한 경계로구나."로 시작하는 이명국 명창의 창작 판소리 〈경계인〉과 현대 무용가 박호빈 씨의 창작무용 〈경계를 넘는 몸짓〉은 구치소에 갇힌 나의 외침과 몸부림을 감동적으로 대신 전달했다.

린의 피아노 반주에 맞추어 아내가 〈고향의 봄〉을 부르는 장면을 볼 때는 애잔함과 함께 미안한 감정이 가슴을 쳤다. 그녀가 이 노래를 부를 때 많은 청중이 함께 불렀고, 눈물을 흘리는 사람도 있었다. 그

린의 피아노 반주에 맞추어 〈고향의 봄〉을 노래하는 아내(2004년 2월 12일)　　　　　ⓒ 서상일

녀가 가슴으로 부른 〈고향의 봄〉의 가사 "나의 살던 고향은 꽃피는 산골/ 복숭아꽃 살구꽃 아기진달래/울긋불긋 꽃대궐 차리인 동네/그 속에서 놀던 때가 그립습니다."를 우리는 어릴 때부터 잘 알고 있다. 그러나 주로 도시에서 성장한 나와 달리 충청도 당진에서 어린 시절을 보냈던 아내에게는 이 가사가 이날 저녁 특별한 느낌으로 와닿았던 듯하다. 복숭아나 살구를 시장에서 살 수는 있어도, 독일에서 오랫동안 살면서 우리는 피어 있는 복숭아꽃이나 살구꽃을 한 번도 본 적이 없다. 기후와 토양 때문에 독일에서 자랄 수 없어 대부분 기후가 따뜻한 이탈리아·스페인·터키 등지에서 수입되기 때문이다. 봄이 되면 복숭아꽃과 살구꽃이 만발할 그 고향에 정작 돌아왔으나 남편은 구치소의 찬 독방에 갇혀 있으니 〈고향의 봄〉을 어떻게 회한 없이 노래할 수 있었겠는가. 하지만 공연 마지막에 많은 사람들이 무대에 올라와 〈상록수〉를 함께 부를 때 그녀의 회한도 많이 사라졌으리라 생각한다.

나중에 알게 되었지만 이 공연을 위해 정말 많은 분들이 수고했다. 공연을 주최한 '경계를 넘는 사람들'은 분단·이념·성별·지역·빈부 등 여러 경계에 서있는 우리 시대를, 갈등과 투쟁이 아닌 조화와 상생의 길로 이끌고자 하는 각계 인사들의 모임이었다. 이 모임은 김세균 교수, 박호성 교수, 이돈명 변호사, 진관 스님, 함세웅 신부, 황석영 작가, 개그맨 김미화 씨 등 총 71명으로 구성되었다. 문화제를 기획한 다재다능한 작가 서해성 씨는 내가 한국에 들어와 어려움에 처했을 때 처음부터 발 벗고 나섰다. "경계는 갈등과 번민과 증오이자 동시에 사랑과 조화의 시작점이며, 오해를 푸는 출발선이다."라고 강조한 그는 나의 사상과 삶을 짚어 보는 첫 예술 공연을 성공적으로 치렀다.

이 문화제를 통해, 무엇보다도 '경계인'의 진정한 의미를 이해하고 이를 우리의 삶 속에서 발견하는 동시대인이 많다는 사실을 확인하고, 나는 힘과 용기를 얻었다. 가끔 지면에서 서해성 씨의 글을 접할 때마다, 여전히 현실에 참여하고 있는 그의 모습에 멀리서나마 성원을 보낸다. 이명국 명창은 그 후 얼마 지나지 않은 3월 6일 프랑크푸르트에서 열린 민건 창립 30주년 기념행사에서도 〈경계인〉을 선보였다. 이 자리에는 우리 가족 중 유일하게 독일에 있었던 큰아들 준이 참석했다.

## 법정 이야기

2003년 3월 9일에 있었던 1심 결심공판에서 검찰은 내게 징역 15년을 구형했으며, 3월 30일의 1심 선고 공판에서 이대경 판사는 징역 7년을 선고했다. 2003년 12월 2일에 시작해 거의 넉 달에 걸쳐 진행된 10차례 공판의 결과였다. 3월 9일 결심공판에서 나는 〈국가보안법〉의 허구와 '경계인'의 통일 철학을 주된 내용으로 하는 제법 긴 '최후진술'을 했다.

존경하는 재판장님,

국내외의 지대한 관심 속에서 진행된 이번 재판에 많은 노고를 기울여 주신
재판부에 우선 심심한 사의를 표합니다. 그러나 솔직히 말씀드려 여러 재
판 과정을 거쳐 지금에 이른 저의 심정은 여러 가지로 착잡합니다. 한편으
로는 악몽 같기만 했던 지난 일이 일단 끝난다는 기대감도 있지만, 동시에
다른 한편으로는 분단 시대를 뒤로하고 이제 바야흐로 통일 시대로 접어
들었다고 기뻐하며 가슴 가득 희망에 부푼 많은 분들에게 이번 재판의 결
과가 어떤 의미를 던질 것인지를 가늠해 보는 일이 쉽지 않기 때문입니다.

## 〈국가보안법〉의 실체

외국 땅에서 40년 가까이 살아온 저로서는 지금까지 〈국가보안법〉이라
하면 겨우 '반국가단체', '고무-찬양', '잠입-탈출', '회합-통신'과 같은
단어 정도를 연상할 수 있었습니다. 그러나 지난 넉 달 넘게 '국정원' 조사
로부터 시작해서 검찰의 심문 조사를 거치며 지금까지 숨 가쁘게 이어져
온 수차례에 걸친 재판 과정을 통하여, 저는 〈국가보안법〉의 실체를 몸으
로 터득할 수 있게 되었습니다. 이 〈국가보안법〉을 저에게 적용하려는 검
찰의 시도가 얼마나 심각한 모순을 안고 있는가 하는 것을 저의 변호인단
측에서 법적으로 충분히 지적했기 때문에 그것을 재차 여기서 반복할 필
요를 느끼지는 않습니다. 그 대신 〈국가보안법〉을 바라보는 외부의 시선
에 대해서는 짧은 언급이나마 절실한 듯이 보입니다. 여러 가지 가운데 우
선 두 문제만 지적하고자 합니다.

베를린 시의 중심에 있는 쇠네베르거 우퍼Schöneberger Ufer 거리에는 재
독 '대한민국' 대사관이 있습니다. 이곳에서부터 자동차로 겨우 10분 정
도 떨어진 글린카 거리Glinkastrasse에는 '조선민주주의인민공화국'의 대

사관이 자리 잡고 있습니다. 저를 포함해서 외국인이 평양을 방문하기 위해서는 당연히 이 대사관을 방문하여, 입국 사증의 신청 등 필요한 절차를 밟아야 합니다. 그런데 검찰의 공소장은 제가 이 대사관을 방문한 것이 '국가를 참칭한 반국가단체가 지배하는 지역'으로 들어가 '반국가단체'의 성원과 '회합-통신'한 죄를 범했다고 주장하고 있습니다. 만약 이런 식으로 말한다면 지금 평양에 상주하는 독일 대사관 직원들은 모두 〈국가보안법〉의 위반자일 수밖에 없습니다. 또한 서울에 있는 괴테 문화원 원장은 평양에 있는 괴테 문화원의 '독서실'을 함께 관장해야 하기 때문에, 자주 평양을 방문해야 합니다. 검찰의 논리를 따른다면 이런 행위 역시 당연히 '잠입-탈출죄'를 범한 것이 됩니다. 그래서 제 사건을 보고 충격을 받은 독일인들은 한국이 드디어는 〈국가보안법〉을 독일에까지 수출하려 하느냐고 비아냥거리기까지 합니다.

뿐만 아니라 15년 전에 제가 독일 말로 쓴 책의 내용을 문제 삼아 역시 〈국가보안법〉에 저촉되는 양 검찰이 논리를 세우는 것을 보고 모두 아연실색하고 있습니다. 프랑크푸르트에서는 매년 10월 세계에서 가장 규모가 큰 국제 도서 박람회가 열립니다. 이 행사 기간에 1871년 독일제국 헌법을 제정 통과시킨 제국의회가 열렸던 파울 교회에서는 인류 문화의 지적 보고인 책을 통해서 평화에 기여한 인사에게 유명한 평화상도 수여됩니다. 내년 2005년에는 한국이 이 박람회 측에서 특별 선정한 '주빈국'이 되었습니다. 세계 최초로 금속활자를 발명해 '고금상정례문'이나 '직지' 등을 인쇄해서 인류 문화사에 뚜렷한 족적을 남긴 문화국에 대한 당연한 예우라고 생각합니다.

그런데 이런 나라임에도 아직도 사상 관련 저술에 중세 때나 가능한 마녀사냥 식의 〈국가보안법〉을 적용하는 반문화적인 현실을 이 세계는 어떻게 이해하겠습니까? 오늘의 세계는 문화를 존중하는 시대로 나아가고 있는데도, 우리의 공안 검찰은 이런 반문화적인 작태를 태연히 자행함으로써 한국의 국위를 너무나도 심각하게 실추시키고 있습니다.

검찰은 '실정법'이라는 이유를 들어 〈국가보안법〉을 옹호하고 있습니다. 그러나 이 법은 지상 유일의 분단국가가 통일된 민족국가로 나아가는 길을 가로막고 있는 반통일적 장애물입니다. 뿐만 아니라 이 법은 세계화의 기치 아래 '세계 시민사회'Weltbürgergesellschaft를 지향하는 오늘의 국제적 현실과는 너무나 동떨어져 있습니다. 제가 가르치고 있는 대학이 있는 뮌스터 시에는 30년 전쟁(1618~48년)을 종결시킨 베스트팔렌평화조약이 체결된 회의실이 아직도 보존되어 있습니다. 근세 국제법적인 의미에서 최초의 평화조약이라고 불리는 이 조약의 정신은 칸트의 '영구 평화론'을 거쳐 나치 독일을 피해 미국에 망명, 법을 통한 평화를 설파해서 초국가적인 평화기구인 유엔의 설립 정신에 기여한 한스 켈젠Hans Kelsen의 법철학의 근간을 이루었습니다.

민족국가를 기초로 해서 성립된 이런 평화 개념은 이제 민족국가의 국경 개념을 희미하게 만드는 세계화의 과정 속에서 국가 대신 시민사회에 근거한 보다 보편적이고 사해동포적인 네트워크를 지향하는 탈현대적인 postmodern 법 이해를 요구하고 있습니다. 사정이 이런데도 불구하고 〈국가보안법〉은 '남북기본합의서'가 이미 밝히고 있는 원칙, 즉 남북은 통일을 지향하고 있는 '특수한 관계'도 인정치 않고 있을 뿐만 아니라, 위에 말한 베스트팔렌평화조약이 전제하고 있는 '국민, 국토, 주권'이라는 기본 요건마저 무시하고 있습니다. 한마디로 말해서 17세기 중반의 법 이해 수준에도 훨씬 못 미치는 법 아닌 법입니다.

## 나의 '통일 철학'

그러나 저는 이 기회에 — 걸림돌을 디딤돌로 만들어 가고자 하는 심정으로 — 이런 〈국가보안법〉이 이해하려고 시도하지도 않고 또 이해할 수도 없는 저의 통일 철학의 핵심을 간략히 밝히고자 합니다.

통일 문제를 말할 때, 언제나 저는 제일 먼저 '상생'相生의 원칙을 강조해 왔습니다. 불교적 용어로 이해되고 있는 '상생'은 '연기'緣起라는 개념을 전제합니다. 즉 "이것이 있으면 저것이 있고, 이것이 없으면 저것도 없다."는 이 가르침은 남북으로 갈라진 우리의 민족 현실에도 그대로 적용됩니다. 이는 '남이냐, 북이냐'라는 양자택일의 논리가 아니라 '남과 북'이 공유하는 관계를 중시하는 논리로서, 저는 큰 대나무와 저 작은 대나무가 실은 땅속에서 뿌리를 통하여 서로 깊이 연결되어 있다는 비유를 들어 이 관계를 설명합니다.

1989년 봄, 빈에 있는 유명한 '문학의 집'Literaturhaus에서 행한 "탈현대의 고고학"Zur Archäologie der Postmoderne이라는 강연에서 저는 대나무와 도토리나무의 비유를 들어 현대의 인식론적인 문제를 설명한 적이 있습니다. 어미 대나무[母竹]로부터 뿌리가 옆으로 퍼지면서 일정한 거리에 죽순이 나오는데 이들이 서로 연결되어 번식하면서 무성한 대나무 밭을 형성하게 됩니다. 그러나 도토리나무는 도토리가 땅에 떨어져 떡잎이 나오고 어느 정도 성장하지만 어미 도토리나무의 무성한 잎이 만든 그늘 때문에 이 어린 나무는 자라지 못하고 얼마 지나지 않아 죽습니다. 대나무는 '관계 철학', 도토리나무는 '주관철학'을 각각 상징합니다. 또 '관계 철학'은 '상생'을, '주관 철학'은 나만이 옳다는 '아만'我慢을 은유적으로 표현하고 있습니다.

바로 이 '상생'의 원칙에 입각할 때, 비로소 남과 북은 서로를 '자기 속의 타자他者'로 인식하는 발상의 전환이 가능하게 됩니다. 남과 북이 똑같다면 이미 통일이 이룩된 상태일 것이고, 남과 북이 완전히 다르다면 통일이야기를 꺼낼 필요조차 없는 상황일 것이기 때문에, '같으면서도 다르고, 다르면서도 같은' 남북은 긴장 속에서도 계속 줄기찬 여유를 지니지 않으면 안 됩니다. 그리고 바로 이런 태도는 통일을 어떤 '사건'이 아니라, 끊임없이 전개되는 '과정'으로서 바라보는 훈련을 요구합니다. 왜냐하면 반세기 이상 서로 이질적으로 형성되어 온 남북의 체험 공간은 서로의 기대지평을 달리 만들어 왔기 때문에, 서로를 이해하는 '과정'은 필수적일 수밖에 없습니다.

이런 '과정'은 서로가 '주인'과 '종'의 관계가 아니라, 서로를 인정하는 그리하여 서로의 관점을 바꾸어 보는 '합리적인 대화'를 가능하게 합니다. 폭력에 의해서가 아니라 평화적 수단을 통해 갈등을 해결한다는 이런 원칙을 우리의 현실이 그 어느 때보다도 분명히 요구하고 있습니다. 비록 평화적 수단에 의한 평화 체제의 수립이라는 '적극적' 의미의 평화는 아니더라도, 적어도 전쟁이 없다는 의미에서는 '소극적'인 의미의 평화 정도만이라도 절실히 요구되는 것이 오늘의 한반도 현실이기 때문입니다.

'상생', '자기 속의 타자', '과정', '합리적인 대화' 그리고 '평화'를 주된 내용으로 하는 나의 '통일 철학' 실현을 위해 '배제하고 동시에 통합하는 제3의 무엇'을 지향하고자 하는 '경계인'의 삶을 '기회주의적'이라고 오해하고 있는 현실을 보면서, 제 뇌리 속에는 초기 불교의 성전 『쌍윳따 니까야』[阿含經]의 함축적인 비유 하나가 떠올랐습니다. 즉 흰 소와 검은 소가 서로 묶여 있는 것을 보고, 대개는 검은 소가 흰 소에, 또는 흰 소가 검은 소에 묶여 있다고 보는데, 사실은 이 두 소를 서로 묶고 있는 것은 단지 '끈'에 지나지 않는다는 이야기입니다. 남과 북의 관계도 마찬가지라고 생각합니다. 이 비유는 남이 북에게, 또는 북이 남에게 묶여 있는 것으로 보기보다는, 이 남북의 '사이'를 생각해 보라는 것을 가르치고 있습니다. 현재 남북을 가르는 휴전선이라는 '제3의 공간'이 전 한반도로 확장된다면, 위에서 지적했습니다만, 전쟁이 없다는 뜻에서의 소극적인 평화 정도는 가능하다는 발상으로 통하기 때문입니다.

## '경계인'의 의미

37년 만에 '경계인'으로서 제 조국 땅을 밟으면서, 저는 '조직 사회학'에서 종종 거론되는 다섯 마리 원숭이에 대한 우화를 생각했습니다. 원숭이 사육사가 매일 아침 나무 꼭대기에 신선한 바나나를 매달고, 그 근처에 전류를 통하게 했습니다. 첫 번째 원숭이가 바나나를 따먹으려고 나무에 오르다가 흐르는 강한 전기에 놀라 곧 포기했습니다. 두 번째, 세 번째 그리고 네 번째 원숭이도 흐르는 강한 전기에 놀라 연이어 포기했습니다. 이튿날 새롭게 우리 안에 들어온 다섯 번째 원숭이가 걸려 있는 바나나를 보고 나무에 오르려고 하자 이미 혼난 경험이 있는 네 마리 원숭이가 다 나서서 그를 말렸습니다. 그러나 이 다섯 번째 원숭이는 이 만류를 뿌리쳤습니다. 사육사가 이미 전류를 끊었는데도 네 마리 원숭이는 그 사실을 몰랐던 것입니다. 이 우화는 지식의 역할이 사회에서 반드시 긍정적이지만은 않다는 것을 드러내고자 한 것입니다.

즉 '지식은 조직을 멍청하게 만든다'Intelligenz macht Organisation dumm는 역설을 이야기하고 있는 것입니다. 그래서 사회를 항상 깨어 있게 하는 지식은 기존의 선입견을 파괴하고 새로운 의견을 제시하는 이른바 '달리 생각하는 사람들'die Andersdenkenden을 요구합니다. 〈국가보안법〉을 신줏단지처럼 모시는 국가정보원과 공안 검찰 및 이른바 거대 언론, 그리고 이에 덧붙여 기존의 선입견을 '지식'으로 포장하고 확대 재생산시켜 온 이른바 '지식인들'이 바로 위에서 지적한 네 마리 원숭이가 아닐까 하고 생각해 봅니다. 그러나 저는 동시에 이 사회를 항상 깨어 있게 만드는 많은 '달리 생각하는 사람들'을 기억하고 있습니다. 이 다섯 번째 원숭이는 '해방 이후 최대 간첩'이니 '말 바꾸는 지식인'이라고 저를 매도하는 네 마리의 원숭이가 벌이는 그 시끄러운 굿판Affentheater 속에서도 달리 생각하고 행동했습니다.

그러나 어떤 사회를 건강하고 새롭게 만드는 지식 체계의 구성은 사실 그리 간단치는 않습니다. 특히 사회의 위기를 미리 감지하고 이를 예방하는 문제는 사회가 복잡해지면 복잡해질수록 더욱 어려운 과제로서 등장합니다. 또한 '위험 사회'니 '보험 사회'니 하는 말처럼, 위험이 항시적으로 도처에 도사리고 있으면서도 이에 대한 우리의 감각이 둔화하기 때문에 위험을 느끼지 못하는 경우도 많이 있습니다. 이런 현상을 생태 철학자 그레고리 베이트슨Gregory Bateson은 재미있는 비유를 들어 설명합니다. 개구리를 미지근한 물에 넣어 조금씩 가열하면 이 개구리는 끓는 물 속에서 그만 죽습니다. 그러나 만약 끓는 물에 개구리를 집어넣으면 이 개구리는 펄쩍 뛰어 밖으로 도망치려고 시도합니다.

이 비유는 분단 시대를 오래 살아온 우리에게도 해당된다고 생각합니다. 〈국가보안법〉이 민주화의 진전에 따라 유명무실하게 되었다고 믿었던 많은 사람들에게 저의 입국을 전후해서 생긴 소용돌이는 분명히 큰 충격이었을 것입니다. 민족 분단을 확대 재생산해 온 우리의 의식구조 속에서 제 문제가 충격적이라면, 저는 차라리 이 충격이 지속적이기를 원했습니다. 그러나 세상을 놀라게 했던 모든 사건도 곧 잊히는 것이 현실입니다. 그래서 저는 또 한 번의 가능한 충격을 곧 있을 재판의 결과에서 기대합니다.

그러면서 동시에 네 마리 원숭이가 벌였던 그 시끄러운 굿판이 결국 도깨비장난에 지나지 않았다는 사실이 몰고 올 또 한 번의 충격을 기대해 봅니다. 그런 충격은 우리의 정신적 위기 상황을 적극적으로 깨닫게 하는 일종의 '정신 생태학'Ökologie des Geistes을 가능케 할 수 있다고도 생각합니다. 이런 '정신 생태학'은 자연환경을 문제시하는 '생태학' 못지않게 중요하다고 느낍니다.

저의 문제를 계기로 해서, 분단된 땅에서 살아가는 우리 모두가 인간과 인간, 인간과 자연이 서로 화해할 수 있는 그런 아름다운 나라로 한 걸음 더 다가섰으면 하고 저는 바랍니다.

## 최후진술을 마치면서

저는 부모가 난 땅을 난생처음 밟았다가 기대가 실망으로 뒤바뀐 엄청난 충격을 경험했던 저의 자식들이 재판부의 현명한 판단에 거는 기대도 같은 맥락이라고 믿습니다. 이 나라가 깨어 있고 또 건강해서 바로 그 때문에 사랑할 만하다는 확신을 불러일으키는 계기를 마련해 주는 판결을 저의 가족들이 기다리고 있습니다. 개인적으로는 민족과 세계를 함께 생각하면서 걸어온 지난 40년 가까운 학자 생활이 이번 사건을 계기로 새로운 전기轉機를 맞아 또 한 번 비상할 수 있는 용기와 힘을 주는 그런 재판의 결과를 기대합니다. 온 나라와 세계가 주목하고 있는 재판부의 미래지향적인 판결에 희망을 걸면서 저의 최후진술을 경청해 주신 재판부에 거듭 감사를 드립니다.

2004년 3월 9일

송두율

그러나 징역 7년을 선고한 3월 30일의 어이없는 1심 재판 결과를 본 나는 다음 날 밖에 있는 친지들에게 보낸 편지에서, "투쟁은 계속된다."lotta continua라고 당시의 심경을 밝혔다. 판사가 검찰 측의 증인(황장엽, 오길남, 최창동) 심문을 하나같이 비공개로 하는 것부터가 미심쩍었다(황장엽은 국정원 산하의 통일정책연구소의 이사장이었는데, 이곳에 오길남과 최창동이 연구원으로 있었다). 황장엽에 대한 증인 심문은 무엇 때문인지 2004년 2월 11일 이대경 판사의 비좁은 집무실에서 비공개로 이루어졌는데, 변호사와 검사만 참여가 허락되어 우리 가족은 물론, 독일 영사의 방청조차 허락되지 않았다. 판사의 집무실에 함께 앉아 있던 피고인과 증인 사이의 직접적인 갑론을박은 허락되지 않았지만, 평양에 있는 주체과학원의 큰 집무실에서 만나고 10여 년 만에 서울의 작은 판사 집무실에 나타난 그의 모습을 보며, 인간이 저렇게도 변할 수 있구나 하는 생각에 서글퍼졌다. 긴 복도에서 아내는 황장엽에 대한 증인 심문이 끝나기를 기다리고 있었는데, 예정보다 일찍 끝나 경호원들을 기다리던 그를 발견하고 곁에 있던 둘째 린에게 말했다. "이 시간은 역사에 기록될 것이다. 저기 서있는 변절자의 모습을 잘 봐두어라." 이 소리가 안에 있던 내 귀에까지 들렸다.

한편, 공개로 진행된 공판에서는 홍진표와 김광동이 검찰 측 증인으로 출석했다. 이들은 『강철서신』의 김영환처럼 학생 시절부터 통일 운동을 한 경력이 있으나 전향해서 '북한 민주화 운동'을 벌였는데, 국내에서 출간된 내 저서를 통해 친북 활동의 사상적 영향을 받았다고 증언했다. 그들이 법정에서 밝힌 전향의 동기는 특별한 철학적 이유를 발견하기 어려울 만큼 단순하고 판에 박힌 것이었다. 어떻든 이대경 판사는 황장엽의 증언과 이른바 '김경필 파일'을 토대로 내가

'정치국 후보위원 김철수'라고 인정했다. 그리고 두 젊은이들이 증언했던 '저술 활동을 통한 친북 활동'을 이유로 징역 7년을 선고했다.

검사 측 증인 5명에 대해, 변호인단은 모두 9명의 증인을 채택해 검찰 측 공소 내용을 반박했다. 유영구(전『중앙일보』북한 문제 전문 기자), 길승흠, 라이너 베르닝, 박호성, 이삼열(숭실대 교수), 양정윤(의사, 고 김길순 박사 사촌 동생), 권만학(경희대 교수), 박순성(동국대 교수) 씨가 증인으로 나섰다. 길승흠 교수와 권만학 교수는, 베이징에서 1995년부터 열렸던 남북해외학자통일회의가 북의 대남 공작의 일환으로 열렸다는 검찰 측의 주장을 강하게 반박했다. 길 교수는 말미에 "남측 학자들은 그러면 핫바지냐?"라고 반문해 공판정에 있던 사람들을 잠시 웃게 했다.

박순성 교수는 나의 '내재적·비판적' 연구 방법이 북 체제를 일방적으로 변호하려는 의도를 담았다는 검찰 측 주장에 대해, 이 연구 방법이 북한 연구자들로 하여금 북한을 바로 이해하는 데 오히려 많은 기여를 했다고 반박했다. 유영구 기자도 남북해외학자통일회의가 2000년 6월 남북정상회담의 기초가 되었으며, 장의 위원의 서열과 권력 서열은 일치하지 않는다고 검찰 측의 주장을 반박했다. 1988년에 출판된『한국 : 올림픽경기에 적당하지 않은 나라』의 공동 저자 가운데 한 사람이었던 라이너 베르닝은 검찰이 기소한 책의 내용이 사실과 전혀 다르다고 반박했다. 그러나 이미 예단을 갖고 있던 판사에게 많은 증인들이 밝힌, 그리고 사실에 가까운 증언들은 '소귀에 경 읽기'처럼 별 효과가 없었다.

7년 징역이 선고된 다음 날, 면회를 온 대책위의 김세균 교수는 농담조로, 그래도 15년을 구형했었는데, 선고에서는 반 이하로 떨어졌으니 다행이라며 위로의 말을 건넸다. 우리 측이야 형량에 대해 항소하는 것이 당연했으나, 무엇이 불만이었는지 검찰 측도 항소하겠다고 나섰다. 뮌헨에서 발행되는 유력 일간지 『쥐드도이체 차이퉁』 *Süddeutsche Zeitung*의 베이징 특파원으로 1심 결과를 취재하기 위해 급히 내한했던 헨리크 보르크Henrik Bork 기자가 아내에게 외신 기자들과 회견할 것을 권고해, 1심 판결이 난 그날 아내는 둘째 아들 린과 함께 주한 외신 기자 클럽에서 외신 기자들을 상대로 회견을 했다. 이 기자회견 내용은 50여 주요 외국 언론에 보도되었다.

기자회견을 마치고 아내와 아들이 집에 돌아가는데 검은 색의 큰 차가 시동을 건 채 문 앞에 대기하고 있었고, 색안경을 낀 건장한 사내가 자동차에 기대어 아내와 아들을 쏘아보았다. 상황이 심상치 않았으나 아내는 그를 정면으로 응시하고는 얼마간 기싸움을 벌였다. 그러자 그는 자동차를 시끄럽게 몰고 휑하니 사라졌다. 차량 번호를 외워 둔 아내는 곧 그 자동차 소유주가 혹시 같은 건물에 사는지를 경비원에게 물었는데, 예상대로 그렇지 않았다. 이런 상황에서 서울에서 할 수 있는 것이 많지 않다고 판단한 아내는, 국제적인 캠페인을 본격적으로 벌이는 한편, 오랫동안 비워 둔 직장 문제도 해결하고자 둘째 린을 서울에 잠시 남겨 두고 4월 12일 다시 베를린행 비행기에 올랐다.

## 외국에 비친 한국의 모습

내가 서울에 도착한 뒤 벌어진 사태의 추이를 예의 주시했던 독일의 외무부, 언론, 학계, 시민 단체 등은 10월 22일 내가 전격적으로 구속되자 충격을 받고 여러 성명, 논평, 항의 편지와 서명운동을 통해 부당함을 지적하며, 즉각적인 석방을 요구했다. 누구보다 먼저 뮌스터 대학 동료들이 움직였고, 오랜 동료인 크리스만스키 교수는 내가 구속되자마자 상황을 판단하기 위해 2003년 11월 4일 서울로 날아왔다. 그는 닷새 동안 서울에 머물며 전반적인 상황을 자세하게 파악해 독일의 여러 요로에 전달했다. 이들 중에는 나의 지도 교수였던 하버마스 교수도 있었다.

하버마스 교수는 2003년 12월 22일 이대경 판사 앞으로 공개서한을 보내, 문제의 핵심은 남한의 국내 정치적 갈등이 나를 '놀이공'Spielball으로 만들고 있다고 정확하게 짚으면서, 민주적 법치국가의 수준에 걸맞은 공정한 판결을 촉구했다. 노벨 문학상 수상자인 귄터 그라스도 2004년 1월 6일 판사 앞으로 보낸 공개서한에서, 독일의 경험을 반추하면서 저작 활동을 문제 삼아 처벌하려는 비민주적인 처사가 종식되고 '말의 자유'Freiheit des Wortes가 통할 수 있는 계기를 마련하는 판결을 기대한다고 썼다.

나의 체포·구금·공판의 전 과정을 면밀하게 분석하고, 그 결과를 독일의 요로에 전달하는 과정에서 외르크 바루트Jörg Baruth 목사를 잊을 수 없다. 동독 출신인 그는 독일동아시아선교원Deutsche Ostasienmission이 한국의 이주 노동자를 돌보기 위해 1998년 파견했다. 그는 우리말이 능숙해, 공판을 방청하고 중요한 내용을 그때그때 정리해 독일로 보냈다. 또한 독일 개신교Evangelische Kirche in Deutschland의 롤프 코페 Rolf Koppe 주교는 2003년 12월 16일에 학문과 양심의 자유를 침해하는 사태에 유감을 표현하며 나의 조속한 석방을 요구하는 성명을 발표했다.

당시 사민당과 녹색당으로 구성된 독일 정부의 요슈카 피셔Joschka Fischer 외무부 장관은 2003년 11월 24일 독일을 방문한 윤영관 외무부장관에게, 내 문제에 대한 독일 정부의 '우려'concern를 전달했는데, 윤 장관은 이를 '관심'interest을 보였다는 정도로 한국 언론에 흘렸다. 『연합뉴스』의 베를린 특파원이, '우려'와 '관심' 사이에 놓인 뉘앙스 차이를 정말 구별하지 못할 정도로 영어 실력이 떨어지는지를 반어적으로 꼬집은 기사를 구치소에서 읽은 적이 있다. 녹색당 연방의회 의원인 한스-크리스티안 스트뢰블레Hans-Christian Ströble도 이번 재판은 남한이 법치국가인지를 가늠할 재판이 될 것이라는 공개편지를 재판부 앞으로 보냈다.

국제 여론이 이런 상황에서, 2004년 3월 30일 선고된 1심 판결 결과(7년 징역)는 큰 충격을 몰고 왔다. 국제사면위원회는 즉각 '자의적'인 〈국가보안법〉에 따라 사상과 양심의 자유를 침해한 판결을 철회해야 한다는 성명을 4월 3일 발표했으며, 이어 4월 13일에는 나를 '양심수'로 선정하고 전 세계에 구명을 호소했다. 국제사면위원회 본부의 아이린 칸Irene Khan 사무총장은 4월 30일 고건 대통령 권한대행 앞으로 항의 서한을 보내 나의 즉각적인 석방을 요구했다. 독일의 주요 언론 매체 또한 바로 보도와 논평을 내보냈는데 그중에서도 "매카시가 인사를 보낸다"(n-tv24), "고국 방문은 구치소 11-1호실로 통했다"(『쥐드도이체 차이퉁』), "화해 정치에 징역형"(『타게스차이퉁』Tageszeitung),

"제한될 수 있다 : 남한에서 어떻게 학문의 자유가 법정에 서게 되었는가"(『프랑크푸르터 룬트샤우』*Frankfurter Rundschau*)라는 제목의 보도와 해설 기사들이 눈에 띄었다.

## 잔인한 4월

독일에 도착한 아내는 곧장 외무부의 고위 관리들을 만났고, 뮌스터 대학 사회학과의 동료들, 하버마스 교수, '송두율 교수 석방을 위한 유럽 대책위', 코레아협의회, 그리고 절친한 친구들과도 앞으로의 대책을 논의했다. 코레아협의회 회장 라이너 베르닝은 법정 증언과 현장 분위기를 파악하고자 그사이 두 번이나 서울을 다녀왔고, 코레아협의회 사무국장 최현덕 박사, 박충흡 박사, 안숙영(당시 베를린 자유대 정치학 박사과정, 현 계명대 교수), 최재한(당시 베를린 자유대 사회학 박사과정) 등 유럽 대책위 회원들은 나의 석방을 위해 정말 열심히 뛰었다. 1심 판결 후 2심 공판이 5월 중순으로 예견되어 있어, 내게는 한 달이라는 말미가 있었지만 엘리엇T. S. Elliot의 장시 "황무지"The Waste Land의 첫 구절처럼 희망 속에 긴장과 답답함이 얽혔던 시간이었다.

4월은 가장 잔인한 달/ 죽은 땅에서 라일락을 키워 내고
추억과 욕정을 뒤섞고/ 잠든 뿌리를 봄비로 깨운다.
겨울은 오히려 따뜻했지요/ 망각의 눈으로 대지를 덮고/
마른 뿌리로 약간의 목숨을 남겨 주었습니다.

석방 운동을 벌이기 위해 베를린으로 잠시 돌아가는 아내를 기다리는 것들 가운데는 경제문제도 있었다. 예기치 않은 일을 위해 우리가 늘 저축하고 살아온 것이 아니어서, 앞으로 얼마나 더 지속될지도 모르는 재판을 생각하면 경제적 부담이 간단치 않았다. 물론 변호인단이 무료로 변론을 맡아 주었고, 친지들도 알게 모르게 재정적 지원을 해주었지만, 서울과 베를린의 두 집 살림, 거기다가 아내와 두 아들이 수시로 비행기를 타야 하는 조건은 시간이 흐를수록 가계를 어렵게 만들었다. 더구나 독일인 변호사가 이 사건에 적극 개입하는 것이 효과적일 것이라는 주위의 권고를 따른다면 우리의 부담도 가중될 수밖에 없었다.

베를린에 사는 오랜 친구인 일본 언론인 가지무라는 당장 일본에라도 건너가 독지가를 찾아보겠다고 나섰다. 이에 소요되는 경비는 작고한 프로이덴베르크 교수의 부인이 선뜻 내놓았다. 다행히 가지무라는 일본에서 한 독지가를 만났는데 그는 많은 돈을 아무런 조건 없이 내놓았다. 다른 법도 아니고 〈국가보안법〉으로 '해방 이후 최대 간첩'으로 몰린 나를 지원하기가 분명히 쉬운 일이 아니었을 것이다. 하지만 그 자신과 가족이 민족 분단 탓에 고통을 당한 경험이 있기에 그런 용단을 내렸을 것이라고 후에 가지무라가 이야기해 주었다. 2004년 7월에 석방된 이후 한 번도 뵌 적이 없는 그분께 직접 감사의 인사를 전한다는 것이 아직까지 여러 가지 이유로 성사되지 못해 마음이 무겁다. 또한 그 사이 부인과 사별하고 건강도 좋지 않다니 걱정이 앞선다. 모든 심려를 떨치고 자유롭게 만날 수 있는 날이 언제가 될지 몰라 답답할 뿐이다.

# Südkorea: McCarthys Comeback

37 Jahre lang war dem deutsch-koreanischen **Soziologie-professor Song Du-Yul** an der Universität Münster die Einreise in seine Heimat Südkorea verwehrt worden. Ende September 2003 kehrte er endlich auf Einladung der staatlichen Stiftung für Demokratie nach Südkorea zurück. Vorherige Versuche waren gescheitert, weil er von Seiten des südkoreanischen Geheimdienstes, dem National Intelligence Service (NIS), beschuldigt worden war, ein hochrangiger „Spion" Nordkoreas zu sein.

Die verspätete Heimkehr nahm jedoch eine dramatische Wendung. **Sofort nach seiner Rückkehr wurde er vom NIS, später von der Staatsanwaltschaft in Fesseln und ohne Rechtsbeistand in kalten und dunklen Keller-räumen täglich, über Wochen, stundenlang verhört.** Sogar notwendige medizinische Behandlung wurde ihm lange Zeit verwehrt, bis schließlich die Deutsche Botschaft massiv intervenierte. Die Liste schwerwiegender Menschenrechtsverletzungen lässt sich noch fortführen.

**Ende Oktober wurde Prof. Song verhaftet und wegen mutmaßlicher Verletzung des Nationalen Sicherheits-gesetzes (NSG) angeklagt, eines Gesetzes, auf dessen Grundlage die Militärdiktatur seinerzeit Tausende politische Gegner verhaften, foltern und töten ließ.** Im laufenden Prozess ist sein wissenschaftliches und publizistisches Werk ein zentraler Punkt der Anklage, welches als "pro-nordkoreanische Propaganda" von der Staatsanwaltschaft verleumdet wird. Bisher jedoch hat die Staatsanwaltschaft weder in diesem noch in den anderen Anklagepunkten Beweise für ihre Anschuldigungen vorbringen können.

**Weltweit setzen sich zahlreiche Personen und Organisationen für die Abschaffung des NSGs und die Freilassung von Prof. Song ein.**

**Auszüge aus offenen Briefen an den Vorsitzenden Richter Lee Dae-Gyeong:**

**Hans-Christian Ströbele:** „Gleichwohl habe ich erhebliche Zweifel, ob dieser Prozess demokratischen und rechtsstaatlichen Regeln eines fairen Verfahrens entspricht, die nach international anerkannten Grundsätzen immer beachtet werden müssen. Nicht das Unter-lassen von Kritik oder die Gesinnung können strafbar sein, sondern nur aktives Handeln, also Taten, die durch ein rechtsstaatliches Gesetz ausreichend bestimmt unter Strafe gestellt sind."

**Günter Grass:** „Enttäuscht und nicht frei von Entsetzen hörte ich nun, daß Professor Du-Yul Song aufgrund einiger seiner Veröffentlichungen vor Gericht gestellt worden ist. Als Vorsitzenden Richter des Seoul District Court bitte ich Sie, einen Rückfall in undemokratische Zustände zu verhindern und der Achtung gegenüber der Freiheit des Wortes Geltung zu verschaffen." (6.1.04)

**Prof. Jürgen Habermas** über seinen Kollegen und früheren Schüler: "Nach meiner Kenntnis der Person erscheinen mir die Anklagen der Staatsanwaltschaft, soweit sie nach rechtsstaatlichen Maßstäben überhaupt ins Gewicht fallen dürften, ganz unwahrscheinlich." (22.12.03)

> **Helfen Sie uns in unseren Kampf für die Freilassung von Professor Song und die Abschaffung des Nationalen Sicherheitsgesetzes in Südkorea!**
>
> **Bitte unterstützen Sie uns, indem Sie unsere Petition unterschreiben, einen Brief an den Vorsitzenden Richter schreiben oder andere über den Fall Song informieren.**
>
> **Vielen Dank!**

## Weitere Informationen finden Sie unter: http://www.freesong.de

Maßnahmenkomitee in Europa für die Freilassung von Prof. Song Du-Yul
und Abschaffung des Nationalen Sicherheitsgesetzes

송두율 교수 석방 유럽 대책 위원회가 석방 서명운동을 벌일 때 배포했던 호소문

## 항소심

4월이 지나고 5월이 시작되었다. 젊은 하인리히 하이네Heinrich Heine가 남긴 "서정적 간막"Lyrisches Intermezzo의 첫 번째 시에 슈만이 곡을 붙인 〈시인의 사랑〉Dichterliebe이 서정적 테너 프리츠 분더리히 Fritz Wunderlich의 목소리로 어디서부턴가 들려올 것 같은 화창한 5월이었다.

> 아름다운 5월에 꽃망울이 모두 펼쳤을 때
> 나의 마음속에도 사랑이 움터났네
> 아름다운 5월에 새들이 모두 노래 부를 때
> 나도 그녀에게 고백했네
> 나의 그리움과 소원을

5월 19일에 항소심 첫 공판이 있다는 연락을 늦게 받은 아내는 공판 시작 이틀 전에 황급히 서울로 날아왔다. 급하게 비행기 표를 구하기 쉽지 않아 베를린에 있는 '김치식당'의 김 여사가 여러 곳을 수소문해서 비행기 표를 마련해 주었다고 했다. 사별한 남편을 대신해 힘겹게 사업을 하면서도 우리에게 마음을 써준 이야기를 아내에게 전해 듣고, 그녀의 식당을 자주 찾지 못했던 것이 마음에 걸렸다.

5월 초 어느 날, 아침 운동을 하러 나가는 길에 〈정치자금법〉 위반으로 수감 중이던 이상수 의원을 만났다(그는 후에 노무현 정부에서 노동부 장관을 역임했다). 2심의 주심이 누구냐고 묻기에 내가 김용균 판사라고 대답했더니 정말 잘됐다고 했다. 법조인 출신인 그는 김 판사

기자회견하는 독일 슐츠 인권 변호사(2004년 6월 14일)

가 매우 합리적인 사람이니 좋은 결과를 기대할 수 있을 것 같다고 말했다. 경직된 인상을 주었던 1심 판사와 달리, 2심 첫 공판정에서 김 판사는 우선 주의 깊게 경청하면서 스스로 많은 생각을 하는 것 같았다. 아직도 인상 깊은 장면은 김 판사가, 사상 검증하는 것이 아니라고 전제하면서 주체사상에 대해 어떻게 생각하느냐고 내게 물었을 때였다. '사투리가 갖는 생명력'을 지니고 있다고 진술하자 그는 뭔가 곰곰이 생각하는 표정을 지었다.

중요한 쟁점들에 대해 이미 1심에서 많은 공방을 했기에 변호인단 측은 2차 공판(6월 2일)에서 김연철 교수(당시 고려대, 현재 인제대)와 3차 공판(6월 16일)에서 강정인 교수(서강대)를 증인으로 내세웠고, 검찰 측은 증인을 아예 신청하지 않았다. 김 교수는 북한 문제 전문가답게 북의 권력 구조를 자세히 설명하며 검찰 측의 정치국 후보 위원 설을 일축했다. 강 교수는 당시 미국에 연구차 체류 중이었는데도 증인으로 출두했다. 나의 '내재적-비판적' 북한 연구 방법론을 둘러싸고 우리는 계간지 『역사비평』의 지면을 통해 몇 차례 논쟁을 했었는데, 1심에서 검찰은 그의 비판을 그들의 공소 내용을 뒷받침하는 논거로도 사용했다. 그러나 강 교수는 법정에서 학문을 법으로 재단하려는 어떤 시도도 반민주적이라고 강하게 주장해 검찰 측을 머쓱하게 만들었다.

그동안 독일에서는 마땅한 인권 변호사를 물색했다. 1967년 동베를린 사건 때 관여했으나 그 사이 은퇴한 하노버 변호사가 한스-에버하르트 슐츠Hans-Eberhard Schultz 변호사를 추천했는데, 그는 한국의 민변에 상응하는 공화주의변호사협회Republikanischer Anwaltsverein의 일원이었다. 그때까지 주로 터키의 인권 문제에 관여했던 그도 선뜻

동의해 6월 16일에 열린 3차 공판 직전에 서울에 도착했다. 그는 나를 면회하고 독일 대사관 측과 변호인단을 만나 상황을 파악한 후, 기자회견을 통해 학문의 성과를 중세식 마녀사냥으로 재단하는 〈국가보안법〉을 비판했다. 그러고 나서 독일에 돌아가 관계 기관과 협의한 뒤 7월 21일에 있을 항소심 선고를 참관하기 위해 다시 서울에 왔다. 그는 독일에 있는 동안 북쪽 대사관과도 접촉해, "외국인 신분인 송 교수는 북의 정치국 후보 위원이 될 수 없다."라는 중요한 공식 문건을 입수해 이를 재판부에 제출했다.

6월 30일 결심에서, 검찰은 예상대로 다시 15년을 구형했다. 구형 때마다 등장하는 재미있는 대목은 "개전의 정이 없다"는 것이었는데, 내가 1심 "최후진술"에서 '네 마리 원숭이' 우화를 인용한 것에 모욕을 느낀 듯했다.

큰아들 준은 학위 취득 후, (독일 루드비히스하펜Ludwigshafen에 본사가 있는) 세계적인 화학 관련 대기업 바스프BASF에서 잠시 일하면서 나의 구명 운동을 하다가, 일본 센다이의 도호쿠 대학에 가기 전에 다시 서울에 들러 건강이 나빠진 어머니를 옆에서 도왔다. 6월 말까지는 센다이에 가야 했는데, 아내는 발이 떨어지지 않는 아들을 재촉해 도쿄까지 바래다주고 곧 돌아왔다. 항소심 선고 공판 날짜인 7월 21일이 가까워지자 재판부 앞으로 나의 석방을 요구하는 탄원서와 성명문이 줄지어 발표되었다. 그중에도 나를 기쁘게 했던 것은 주로 미국에서 유학 중인 젊은 연구자 175명의 호소와 국내 철학자 259명이 1심 판결의 모순을 논리 정연하게 분석한 성명문이었다. 한국 철학계가 현실 참여를 절박하게 여기지 않는다고 생각해 왔던 내게는 뜻밖의 기쁜 소식이었다.

## 꿈자리

6월 30일 상고심 마지막 공판이 끝나고 3주 후인 7월 21일로 선고일이 잡혔다. 그러는 동안 쉽게 잠들지 못하는 밤이 자주 있었다. 어느 날 밤에는 구치소와 가까운 청계산에서 소쩍새 우는 소리가 들렸다. 언젠가 평양에서도 들었던 소리였다. 베를린에서 가끔 들을 수 있는, 밤에만 우는 나이팅게일의 부드럽고 밝은 소리에 비하면 조금 어둡고 음산한 느낌을 주었지만 그래도 오랜만에 밤에 듣는 새소리였다. 아침에 운동하러 나가면 코끝을 스치는 아카시아 꽃향내에 우리 집 정원에 있는 두 그루 라일락의 짙은 향기가 떠오르면서, 이제는 고향이 되어 버린 베를린의 집 생각이 간절해졌다.

그리고 혹시 2심 결과가 좋지 않아 3심(대법원)까지 가야 한다면 어떻게 해야 할까 생각하느라 잠을 설칠 때도 있었다. 무엇보다 오랫동안 자가면역질환을 앓고 있는 아내의 건강 상태가 장기간의 스트레스로 하루하루 달라지는 모습을 면회 때마다 볼 수 있었다. 그래서 3심까지 가겠다는 결단은 쉽지 않았다. 그러나 〈국가보안법〉 철폐의 마지막 힘겨운 싸움의 상징이 되어 버린 나의 법정 투쟁이 승리하기를 바라는 수많은 사람들의 기대 또한 쉽게 외면할 수 없는 노릇이었다. 대학 동료를 비롯한 독일의 여러 지인들은 법이라고도 할 수 없는 〈국가보안법〉을 폐지하려고 3심까지 간다는 것은 37년 만에 귀국한 나나 우리 가족에게 너무나 가혹한 요구이자 형벌이라고 펄쩍 뛰면서, 그전에 과거 동베를린 사건 때처럼 독일 정부와 남한 정부가 외교적으로 타결해야 한다고 강력히 주장했다.

좌우간 좋은 결과를 기대하면서 장마철인 7월을 보냈다. 2심 판결이 있기 전날 저녁, 나는 1심 선고 재판 때와는 달리 꼭 만 9개월을 보낸 조그만 공간에 쌓인 짐을 정리했다. 책과 옷을 정리하니 비닐 포대로 세 뭉치가 되었다. 잠을 청했으나 쉽게 잠이 오지 않았다. 그러다 어느새 나도 모르게 잠이 들었던지 꿈을 꾸었다. 수용소의 창밖에 비둘기 한 쌍이 알 두 개를 낳았는데 이것이 부화해서 잘 자랐다. 어느 날 보니, 이 어린 비둘기가 인사도 없이 사라졌다. 건너편 사동의 지붕을 보니 그 비둘기들이 앉아 있었다. 한편으로는 섭섭하고 다른 한편으로는 다행이라고 생각했다. 비둘기 새끼는 자라면서 까마귀의 습격을 받아 떨어져 죽거나 잡아먹히는 일이 많았기 때문이다. 다음 날, 왠지 모르게 오늘 재판이 마지막 재판이 될 것이라는 확신 속에서 공판정에 들어섰다. 아내가 다가오며, 오늘 바이츠제커 전 독일 대통령이 노무현 대통령 앞으로 친서를 보내 나의 조속한 석방을 직접 탄원했으며, 가이어 독일 대사도 방청석에 지금 앉아 있다고 전했다.

긴장감이 흐르는 재판정에 김용균 부장판사가 들어와 착석하고는 천천히 판결문을 읽기 시작했다. 원심의 유죄 부분을 파기하고 '징역 3년에 집행유예 5년'을 선고한다는 '주문'이 낭독되자 재판정은 이내 술렁이기 시작했다. 무죄 부분을 먼저 읽기 시작했는데 바로 '정치국 후보 위원'에 대한 부분이었으며, 이어서 통일을 위한 남북해외 학자통일회의와 저술 활동에 대해서도 모두 무죄를 선고했다. 다만 다섯 차례의 방북을 유죄 판결했다. (그러나 이 부분도 내가 독일로 돌아온 지 4년이 지난 2008년 4월 대법원의 판결 취지에 따라, 7월 24일 열린 서울고법의 파기 환송심에서 독일 국적 취득 후의 방북을 무죄로 판결하고 형량도 징역 3년에서 2년 반으로 낮추었다.)

단지 1998년 10월부터 2001년 8월까지 있었던 황장엽과의 민사

소송을 '소송 사기'*로 몰고 간 검찰 측의 주장에는 이들의 체면을 생각해서인지 손을 들어주었지만, 이는 어디까지나 지엽적인 문제였다. 왜냐하면 '정치국 후보 위원'이라는 혐의 자체가 사라졌기 때문이다. 이로써 37년 만의 나의 귀향이 불러온 광기와 야만의 시간은 법적으로는 종지부를 찍었다. 검사들은 황망히 법정을 들락거리면서 어딘가에 전화를 걸었고, 이들과는 대조적으로 변호인들은 기쁨의 눈물을 흘렸다. 이들을 뒤로하고 법정을 나서면서, 37년 만에 고향에 돌아온 이후 나는 처음으로 자유의 공기를 깊게 들이마셨다.

보통은 집행유예가 선고되면 그 자리에서 석방되는데, 외국 국적 소유자는 출입국관리소에서 별도의 수속을 밟아야 하기에 일단 구치소로 돌아왔다. 오후 5시가 넘어서야 모든 수속이 끝나 파란 잉크가 묻은 엄지로 마지막 지장을 찍고 나서 구치소 건물을 빠져 나오니 아내와 김형태·송호창·위대영·슐츠 변호사가 기다리고 있었다. 그리고 구치소 정문 앞에서, 그동안 나의 석방을 위해 수고해 준 많은 분들이 기다리고 있었다. 무엇보다 먼저 센다이와 뉴욕에서 초조하게 재판 결과를 기다리는 두 아들과 전화로 기쁨을 나누었다.

그리고 취재 기자들에게, 구치소에서 언론의 사회적 책임에 대해 가장 절실하게 느꼈으며, "독일에서는 흔히 '썩은 내 나는 신문'이라는 표현을 쓰는데, 지난 9개월 동안 구치소에서 조·중·동을 보며 바로 이들을 가리키는 것이 아닌가 생각했다. 이들이 있는 한 한국 사회는 희망이 없다."고 솔직한 심정을 직설적으로 표현했다. 예상대로

---

* 소송을 제기해 상대방으로부터 금전이나 이권을 갈취하려는 행위를 가리킨다. 내가 황장엽에게 제기했던 1억 원의 손해배상 소송에 대해 검찰이 기소했다.

석방되던 날 서울구치소 앞에서(2004년 7월 21일)

다음 날 '조·중·동'이 내보낸 사설들은 "어떤 증거가 더 필요한가"(『조선일보』), "국민이 혼란스럽다"(『중앙일보』), "자숙과 반성"(『동아일보』)이라는 제목을 달고, 재판부와 나를 싸잡아 비방했다. 판결로 인해 혼란에 빠진 이들은 국민이 아니라 그들이었고, 자숙과 반성을 해야 할 사람은 내가 아니라 그들이었음에도 이를 호도하고 나선 것이다. 그러자 극우 단체들도 덩달아 김용균 판사를 '빨갱이 판사' 운운하며 겁박하기 시작했다. 후에 들으니 나의 발언이 '조·중·동'의 심기를 건드려 다시 문제가 생길까 봐 강금실 법무부 장관이 걱정했다고 한다. 그러나 이날 내가 작심하고 발언하지 않았더라면 나중에 두고두고 후회했을 것이라고 아내는 종종 이야기한다. '정론'이라는 가면을 쓰고 재판이 시작되기도 전에 나를 단죄했던 것이 바로 그들이었다.

우선 구치소 근처에 있는 식당에서 저녁 식사를 하며 서로를 위로하는 기쁜 시간을 가졌다. 거동이 불편함에도 리영희 선생님은 사모님과 함께 자리를 같이했다. 만 9개월 동안 강요된 철저한 금주는 이날로 해제되어 소주 몇 잔을 들이켰다. 다음 날부터, 나의 석방을 위해 노력한 가이어 독일 대사, 이돈명 변호사님, 민주화운동기념사업회의 박형규 목사님, 함세웅 신부님 등을 찾아뵙고 감사 인사를 드렸고, 독일에서 민주화 운동을 함께하다가 귀국했던 여러 동지들을 만나 회포를 풀었으며, 김길순 박사가 잠들어 있는 천안 근교의 묘소도 다녀왔다.

그런데 막상 자유의 몸이 되었으나 밖에서 움직이는 문제가 그렇게 간단치 않았다. 서울구치소가 대한민국에서 가장 안전한 곳이라는 우스갯소리처럼 혹시라도 다니다가 테러를 당하지나 않을까 주한 독일 대사관과 변호사들도 신경을 썼다. 그러던 차에 국정원 측에서 신변 보호를 위한 경호를 제의해 왔으나 김형태 변호사는 경찰의 신변 보호를 택했다. 어차피 국정원이나 경찰이 한통속이고, 신변 보호라는 것이 또 다른 형태의 감시이지만 그래도 경찰 쪽을 택했다. 아내가 머무르던 아파트도 신변 보호에 문제가 있다고 판단해 서울대학교 안의 호암관으로 옮겼다. 경호원 틈에 끼어 서울 시내를 돌아다니는 것도 마음에 걸려, 지하철도 한번 타보고 싶었지만 그만두었다.

## 뜨거운 대지와 검푸른 바다

6월 30일 항소심의 최후진술 말미에 "오랜 외국 생활에 시달리는 제 영혼의 외로움을 멀리서 달래 주었던 제주의 그 검푸른 바다와 광주의 그 뜨거운 대지와의 재회를 간절히 바란다."는 나의 소망처럼, 광주와 제주를 곧 방문하고 싶었으나 출소하는 날부터 하루도 빠짐없이 꽉 찬 일정을 소화하느라 잠시 미룰 수밖에 없었다. 매일 우리의 안위를 걱정하던 큰아들이, 언제까지 한국에 머무를 생각인지를 물으면서 이제 자신도 더는 긴장감을 견디기 어렵다고 하소연했고, 대학 측에서도 특별 강연을 준비하고 있으니 곧 독일로 돌아오기를 바란다는 연락이 왔다. 무슨 일이 있어도 광주와 제주를 방문해야 했으므로 아무리 서둘러도 출국은 8월 5일에야 가능했다. 우리는 아주 가까운 지인과 변호사에게만 우리의 일정을 알렸고 주한 독일 대사관 측과도 상의했다. 대사관 측은 출국 때까지 보안을 철저히 지키기 위해 루프트한자 측과도 곧 연락을 취했다. 8월 2일에는 광주를, 그다음 날은 제주를 방문하고 8월 4일에 서울에 돌아와 그다음 날 루프트한자 편으로 프랑크푸르트를 경유해 베를린으로 돌아가기로 계획을 세웠다.

김포에서 광주까지 날아가면서 생각하니, 광주를 떠난 것이 45년 전이었다. 물론 그때는 국내선 항공편이 없을 때였다. 〈경계도시〉를 만든 홍형숙 감독과 강석필 피디도 동행했다. 37년 만에 귀국하는 모습을 베를린에서부터 담기 시작해 내가 구치소에 있는 기간을 빼놓고 계속 작업을 하는 중이었다. 공항에 도착하니 독일 유학 중에 나와 인연이 닿았던 위상복·김양현·오수성·김성재 교수를 비롯한 낯익은 얼굴들이 나를 기쁘게 맞아 주었다. 우리는 곧 망월동 묘역으로 향했다. 5·18기념재단 이사장을 역임했던 윤영규·강신석 선생과 송기숙 교수의 안내를 받으며 영령들에게 참배하고 묘역을 둘러보았다. 외국 땅에서도 잊지 않았던 윤상원·박관현·김남주·이한열·강경대 열사들의 묘비를 쓰다듬으며 많은 생각을 했다. 이 젊은 영혼들이 살아 생전에 바랐던 민주와 통일이라는 이상이 갈수록 잊히는 현실을 묵과해서는 안 된다고 다짐하면서 "긴 외국 생활에서도 외로운 제 영혼을 달래 주고 용기를 주었던 광주 영령들의 명복을 빕니다."라는 글을 방명록에 남겼다. 이날따라 내리쏟아지는, 장마 끝의 폭염은 내가 법정에서 호소한 '뜨거운 대지'와의 만남을 분명하게 확인해 주는 것 같았다.

내가 만나 뵙기를 원했던 아버지의 친지분들은 거의 타계하고 광주에 당시 생존하셨던 오국주 교수님을, 정석종 전남대 총장이 우리와 함께 점심 식사에 초대했다. 경성제대 출신인 오 교수님의 부친이 독립운동을 했다는 정도가 내가 기억하는 전부였지만 40여 년 전으

위 _ 광주에 있는 국립 5·18민주묘지에 안장된 윤상원 열사의 묘 앞에서(2004년 8월 2일)
아래 _ 전남대학교 용봉문화관에서 열린 환영식(2004년 8월 2일)

ⓒ 연합뉴스

로 되돌아가 옛날이야기를 하며 기억을 되살릴 수 있었다. 정 총장도 대학 조교 시절에 서울에서 물리학회가 열렸을 때 우리 집에도 들렀다는 이야기를 하며, 모처럼 고향에 왔으니 모든 것을 잊고 광주에서 좋은 시간을 보내라며 따뜻한 위로를 했다.

식사를 마치고 호텔로 가는 길에 모교인 서중학교에 들렀다. 기억을 되살려 보려 했지만 시간의 흐름은 오직 교정에 있는 광주학생운동기념탑만을 남겨 두었다. 그때는 그렇게도 커보였는데 이제는 아주 작게만 느껴졌다. 평준화로 서중학교는 이미 없어졌고 교사校舍마저 없어졌다. 다행히, 나를 정중하게 맞아 주었던 제일고등학교 교장이 바로 내 동창 박종주 군의 동생이라고 해서 아주 반가웠다. 그러나 동창도 이미 이 세상 사람은 아니었다. 저녁에 전남대 용봉문화회관에서 나의 방문을 환영하는 조촐한 행사가 열렸다. 멀리 순천과 전주에서 온 분들까지 어림잡아 1백여 명의 환영객이 참석했고, 이분들과 인상 깊은 친교의 시간을 가질 수 있었다. 구치소에서 내가 처음으로 받아 본 편지와 책을 보내 준 시민운동가 박영란 씨도 자리를 함께했고, 검찰 수사로 성사되지 못했지만 2003년 9월 28일의 전남대 강연 때 걸렸던 큰 현수막도 선물로 받았다. 유명한 "아아 광주여, 우리나라의 십자가여"를 쓴 김준태 시인도 이날 참석해, 자신이 쓴 시를 친히 액자에 담아 선물했는데 이 액자는 지금 내 서재에 걸려 있다.

正月丹心

── 宋斗律 교수를 노래함

눈 쌓인 밭에 가서

천지天地를 우러렀더니

삼동三冬 칼끝 입에 문 마늘촉

매운맛 잃지 않으렴인지

눈 속에 더 푸르러라.

광주에서 하룻밤을 자고 이튿날 제주행 비행기에 올랐다. 김양현 교수와 〈경계도시〉 팀도 동행했다. 마파람이 심하게 부는 1965년 봄 육촌인 송두헌 형의 결혼식에 온 가족이 제주도에 다녀온 게 마지막 이었으니, 실로 40년 만의 방문이었다. 초등학교에 다닐 때 여름방학 이 시작되면 곧 할아버지와 함께 목포에서 여객선을 갈아타고 제주 도에 갔었다. 갈 때는 괜찮았는데 올 때는 항상 멀미를 심하게 했던 기억이 난다. 공항에 도착하니 '송두율 교수의 조속한 석방과 귀향을 위한 제주 모임'의 조성윤 교수(제주대학교 사회학과)와 〈제주의소리〉 의 이지훈 선생이 우리를 반갑게 맞았다. 조 교수는 원래 부산 출신이 지만 제주에 정착했다. 내가 구치소에 있을 때 나를 면회하려고 그 먼 길을 달려왔음에도 겨우 창살 너머로 짧은 인사를 나눌 수밖에 없었 지만 어떻든 구면이었다.

제주공항을 빠져 나오니 큰 야자수가 눈에 띄었는데, 이 나무들이 제주에 대한 나의 추억을 오히려 흐트러뜨려 놓았다. 지중해나 북아 프리카 지역에서 흔히 볼 수 있는 야자수가 한국에서는 '이국적'으로 느껴질지 모르지만, 내가 어릴 때는 제주에서 볼 수 없었기 때문이다. 제주가 원산지인 나무나 꽃, 아니면 석류나무나 감나무가 더 어울리지 않을까 하는 생각을 잠시 했다. 내가 독일로 떠난 후, 봄철 신혼여행을 온 사람들이 늘 기념사진을 찍었다는 유채 꽃밭도 당시에는 없었으니 이 모든 것이 덧없이 흘러간 많은 시간을 환기시켜 주었다.

우리는 그 길로 4·3평화공원으로 향했다. 아직 조성하는 중이었지만 참배할 수 있는 건물은 이미 완성되었고 희생자의 많은 위패들이 모셔져 있었다. 그중에서 우리 친척의 위패도 발견할 수 있었다. 내가 직접 체험한 비극은 아니었지만 현기영의 『순이 삼촌』이 세상에 나오기 전에, 이미 이 비극들에 대해 나는 어느 정도 알고 있었다. 보통 사람들은 잘 몰랐던 참상에 대해 어릴 때부터 여러 친척들로부터 곧잘 들었기 때문이다. 이때 싹튼 나의 정치적 상상력은 나중에 커서도 내 정치적 행동에 많은 영향을 끼쳤다. 방명록에 "40년 만에 찾은 고향 땅에서 4·3을 맨 먼저 찾아 삼가 영령들의 명복을 빕니다."라는 글을 남겼다. 아내는 말로만 들었던 제주도라 좀 무리해서라도 많이 보고 싶어 했다. 그래서 우리는 주마간산이었지만 얼마 전에 열었다는 돌문화공원과 성산포 그리고 서귀포에도 다녀왔다. 제주 출신으로 전남대에서 박사 과정에 있는 현혜경 씨가 친절하게 우리를 안내했다.

저녁에는 나의 석방을 위해 많은 애를 썼던 제주 모임이, 육지에서 배를 타고 제주도로 들어올 때 제일 먼저 보인다는 도두동의 한 횟집으로 우리 부부를 초대했다. '제주도 제주시 도두동 1793번지', 내 원적지가 도두동이다. 밤이라 보이는 것은 온통 울긋불긋한 네온사인 뿐인데 거의 대부분 음식점·술집·여관 들이라 식상했다. 언젠가 도

위 _ 아내와 함께 제주 4·3평화공원에서 헌화(2004년 8월 3일)
아래 _ '석방과 귀향을 위한 제주 모임'의 인사들과 함께(제주 도두항, 2004년 8월 3일)

쿄의 작은아버지가 고향에 가보면 실망할지도 모른다고 말한 것이 생각났다. 그럼에도 오랜만에 먹어 보는 자리물회는 내가 고향에 와 있다는 사실을 실감하게 했다. 이 자리에서 강요배 화백은 자신의 그림을 액자에 담아 선사했는데, 무엇을 그린 것 같은지 내게 물었다. 내가 4·3 때 어머니 품에 안겨 동굴 속에 피신한 어린애 같다고 대답하니, 그는 그렇다고 답했다. 이 그림 역시 지금 내 서재에 걸려 있다. 식사 후에 밖에 나와 내가 어릴 때 매일 먹을 감던 올래물이 어디에 있는지 물으니 나를 한 샤워장으로 안내했다.

바닷가에서 솟아오르던 그 큰 물기둥이 지금은 샤워장의 가는 물줄기로 변했고, 바다에서 헤엄치고 나와 몸을 따뜻하게 달구었던 바닷가의 그 큰 검은 바윗돌들은 콘크리트와 아스팔트 속으로 사라졌다. 그렇게 많은 시간이 덧없이 흘러갔다. 정지용의 시에 채동선이 곡을 붙인 〈고향〉을 부르는 소프라노 조수미의 노랫소리가 귓가를 맴돌고 가슴이 갑자기 먹먹해졌다.

고향에 고향에 돌아와도
그리던 고향은 아니러뇨.
산꿩이 알을 품고
뻐꾸기 제철에 울건만,
마음은 제 고향 지니지 않고
머언 항구港口로 떠도는 구름.
오늘도 뫼끝에 홀로 오르니
흰 점꽃이 인정스레 웃고,
어린 시절에 불던 풀피리 소리 아니나고

메마른 입술에 쓰디쓰다.

고향에 고향에 돌아와도

그리던 하늘만이 높푸르구나.


출발하는 날 아침, 호텔에서 복실 누나와 육촌 동생 창헌을 만났
다. 음식물 차입이 금지된 줄 모르고 한라봉 상자를 제주에서부터 들
고 서울구치소에 면회 왔던 복실 누나는 광주사범을 다닐 때 원래 미
인인데다가 공부도 잘해 생도 대대장이었다. 휘각을 불면서 학생들
의 행진 대오를 이끌고 가던 모습이 내 기억에 남아 있었다. 창헌은
개명 전에는 두영이었는데, 어릴 때 착실하고 조용했던 성격이 그대
로 남아 있었다. 우리는 짧은 시간이나마 옛날로 함께 돌아갈 수 있었
다. 김포행 비행기를 타기 전, 우리는 점심 식사를 하러 향토 음식점
'유리네'를 찾았다. 나는 옥토미(옥돔) 미역국을, 내 권고로 아내는 갈
치 호박잎국을 먹었다. 충청도 사람인 아내에게는 그러나 그 국이 좀
생소했던 것 같았다. 식사 후에 계산을 하려니 주인이 고사하며, 그
대신 백지 한 장을 내놓고 몇 자만 써달라고 하면서 기념사진을 찍었
다. 지금도 내 글이 그 식당 벽 어느 구석에 걸려 있어 오가는 손님들
의 이야깃거리가 되고 있는지 모르겠다.

# 제5부
## 성찰의 시간: 다시 베를린으로

"......모든 것이 너에게 잘 돌아간다면
무엇 때문에 세계를
변혁시키려고 하겠는가?
너는 누구냐?
쓰레기 속에 들어가 도살자들을 포옹하라!
그러나 세계를 변화시켜라!
이것은 꼭 필요하다!"
— 베르톨트 브레히트

이제 하룻밤만 자고 나면 사연 많았던 37년 만의 귀향을 뒤로하고 삶의 터전인 독일로 다시 돌아간다. 우리는 지인들에게 출국을 알리면서 작별의 편지를 남겼다.

사랑하고 존경하는 벗들,

저희들은 3주가 10개월로 연장될 수밖에 없었던 서울 체류를 마치고 오늘 독일로 돌아갑니다. 그동안 저희들을 따뜻하게 보살펴 주셨던 많은 분들을 일일이 찾아뵙고 작별 인사를 드려야 하는 것이 도리이지만 저희들의 직장 생활과 건강 문제 때문에 빨리 돌아갈 수밖에 없게 되었습니다.

지난 10개월 동안 저희들을 항상 위로해 주시고 용기를 불어넣어 주신 사랑하는 그리고 존경하는 벗들이 없었더라면 정신적으로는 물론 육체적으로도 저희 자신들을 지탱할 수 없었을 것입니다.

정열적으로 변론을 맡아 주신 변호인단, 대책위를 중심으로 끈질긴 투쟁을 벌였던 여러 인권·사회 단체들, 그리고 한 번도 본 적이 없는 무수한 개별 인사들의 노력이 헛되지 않아 드디어 지난 7월 21일 진실이 밝혀질 수 있었습니다.

이 시대의 정신이라고 할 수 있는 관용과 상생을 바탕으로 한 우리 민족의 화해, 평화 그리고 통일을 실현하는 데 있어서 제 사건은 분명히 역사에 기록될 것이라고 믿습니다. 개인적으로나 가족적으로 잃은 것도 있습니다만 얻은 것도 반드시 있다고 생각합니다. 새로운 출발을 위한 하나의 기회라고 저희는 받아들이고 있습니다.

지난 이틀 동안 광주를 45년 만에, 제주를 40년 만에 찾았습니다. 저희의

위 _ 베를린 테겔 공항에 도착한 우리를 환영하는 동료와 친지 들(2004년 8월 5일)
아래 _ 독일 귀환을 축하하는 일본 언론인 가지무라(2004년 8월 5일)

구두 밑창에 묻혀 온 흙과 모래알의 흔적이 모두 사라지기 전에 여러분을 다시 찾아 우리 모두의 꿈과 희망에 대해 긴 시간을 함께 나누기를 간절히 기원합니다. 독일 말에는 "Einmal ist kein Mal"(한 번으로는 흡족하지 않다)이 있습니다.

두 번째, 세 번째로 계속 이어지는 여러분과의 뜨거운 만남을 기약하며 오늘 여러분의 곁을 떠납니다. 무더위에도 여러분의 가정에 건강과 행운이 늘 함께하기를 빕니다.

다시 만날 때까지 안녕히 계십시오.

2004년 8월 5일
송두율, 정정희

언론은 이날에서야 우리의 출국을 확인하고 보도했다. 보안 유지에 신경을 썼던 독일 대사관 측에서는 그래도 안심이 안 되었는지 영사 한 사람을 공항에 파견해, 탑승할 때까지 우리를 끝까지 돌보았고 비행기 좌석도 일등석으로 바꾸었다. 그러나 열 달 전의 입국 때와 비교하면 너무나 조용한 출국이었다. 환송을 나온 친지 및 후원자 들과 헤어져 출국 수속을 할 때 담당 직원이 언제 다시 올지를 물었다. 우리는 아무런 대답도 할 수 없었다. 입국 때의 악몽이 되살아나 비행기가 활주로를 박차고 공중으로 부상할 때까지도 우리는 긴장을 풀지 못했다. 넓은 일등석 공간에는 우리 부부만 있었다. 우리는 열 달간의 긴장이 한순간에 풀렸는지 식사도 거르고 그저 잠만 잤다. 처음에는 말로만 듣던 일등칸의 서비스를 한번 경험해 보고 싶었으나 밀려오는 잠에 곧 포기하고 말았다. 프랑크푸르트에서 베를린행 비행기로 갈아타고 베를린 테겔Tegel 공항에 도착하니 저녁 9시가 넘었다. 석방 운동을 할 때 사용되었던 피켓을 든 유럽 대책위의 반가운 얼굴들과 직장 동료들이 우리를 반갑게 맞았다. 늦은 시간이었지만 우리는 집 근처에 있는 맥줏집에서 실망과 희망이 교차했던 지난 열 달 동안 쌓인 긴장을 함께 풀었다. 열 달이 길었던지 우리 집마저 내게 아주 낯설게 다가왔다.

## 폭풍 이후

시내에 볼 일이 있어 거리를 걷는데 어떤 독일 할머니가 혹시 송 교수가 아니냐고 물었다. 그렇다고 하니 그 위험천만한 나라에는 다시는 가지 말라고 당부하는 것이 아닌가. 어떻든 독일 언론에서도 내 문제를 자주 다루었기에 관심을 가지고 이를 추적한 사람들도 많았고, 당시에 모아 놓은 자료들을 후에 내게 보내 준 사람들도 있었다. 주위의 독일 친지들은 우선 건강진단도 받고, 정신적 충격도 크니 심리 치료 전문가와 상의하는 것이 어떻겠냐는 권유도 했다. 그러나 긴장이 풀리면 병이 난다는 말이 생각나서 우리는 오히려 적극적으로 활동하기로 하고, 집에 돌아온 지 열흘 만에 미국에 일주일간 다녀오기로 했다. 뉴욕에서 전문의 과정을 시작해 정신없이 바쁜 가운데에서도 우리의 안위 문제로 매일 전전긍긍했던 둘째 린을 만나고, 뉴욕·워싱턴·시카고에서 나의 석방 운동을 벌인 여러 친지들을 만나기 위해 떠난 여행이었다.

하루는 저녁 식사를 위해 린과 함께 맨해튼에 있는 식당 '금강산'

을 찾아가는데 마주 오던 정장 차림의 세 청년이 우리를 알아보고 건강하기를 바란다는 인사를 건넸다. 식당에 들어서니 많은 손님들이 식사를 멈추고 우리를 쳐다보거나 수군거리기도 했다. 미국 땅이지만 한국과 생활권이 밀착된 뉴욕이라 그럴 수도 있겠다는 생각이 들었다. 뉴욕에서 구명 운동을 벌였던 미주 대책위의 문동환 목사님, 지창보 교수님, 이행우 선생님, 이도영 박사, 김수복 선생을 비롯한 여러 분들과도 만나 많은 이야기를 나누었다. 그날 저녁, 지금은 고인이 된 이도영 박사가 내가 구속된 후 손수 만들었던 '송두율 교수 석방 촉구 및 국가보안법 철폐 대책위'라는 문구에서 '촉구'를 '환영'으로 급히 바꾸어 달았다고 했다.

무리한 일정 끝에 피로가 쌓여, 우리는 워싱턴과 시카고 지역의 친지 방문은 다음 해로 미루었다. 지금은 역시 고인이 된 노광욱 박사님 부부가 계시는 워싱턴, 그리고 (구치소에 있을 때 물심양면으로 우리를 지원했던) 고등학교 동문들이 특히 많이 사는 시카고는 2005년 7월에야 방문할 수 있었다. 노 박사님은 직업이 치과 의사였지만 해방 공간에서는 자주적 통일 운동에, 군부독재 시절에는 해외에서 민주화 운동에 큰 족적을 남긴 애국자였다. 윤이상 선생과는 음악 세계에서도 특별한 관계를 맺었는데, 〈고려산천 내 사랑〉이라는 가곡을 짓기도 했다(이분의 처형이 바로 사회학자 이효재 교수님이다). 새로운 인연도 끊이지 않고 생기지만 시간이 흐를수록 과거에 끈끈한 인연을 맺은 분들이 하나둘 세상을 떠난다.

미국에서 돌아오니 건강에 신경을 써야 할 상황이 되었다. 일단 검진을 해보니 우리 내외는 하루가 멀다 하고 병원을 찾게 되었는데, 나는 무엇보다도 천식이 심해져서, 아내는 자가면역질환이 악화되어

# Die Rückkehr zur Normalität

Soziologieprofessor Du-Yul Song lehrt nach Inhaftierung in Südkorea wieder an der Uni

MÜNSTER ▪ „Die Lebens- und Haftbedingungen waren hart. Aber ich habe einen gewissen Beitrag zur Demokratisierung der südkoreanischen Gesellschaft geleistet und auch zur Versöhnung beigetragen."

Eine positive Seite kann Prof. Dr. Du-Yul Song trotz seiner „traumatischen Erfahrungen" während der knapp neun Monate während Inhaftierung in Seoul wenigstens abgewinnen. Der Soziologieprofessor der Universität Münster wird Donnerstag wieder in den Wissenschaftsbetrieb einsteigen. Nach seiner „Zwangspause" wird er den Studierenden die „Soziologie des Raumes" nahe bringen. Inspiriert durch die winzige Gefängniszelle, 24 Stunden täglich mit Neonlicht ausgeleuchtet, und die zahlreichen Verhöre, stets mit gefesselten Händen.

Die Rückkehr zur Normalität sei nicht einfach, gesteht der 60-Jährige, der seit 37 Jahren im Exil lebt und 1993 die deutsche Staatsbürgerschaft erhielt. Eigentlich habe er ein Semester pausieren wollen, aber jetzt möchte er „die schlimmen Dinge" mit seiner Frau und den beiden Söhnen möglichst schnell verarbeiten.

## Zwei Instanzen

Seine Inhaftierung am 22. Oktober letzten Jahres und die Verurteilung zu sieben Jahren Haft am 30. März 2004 wegen Landesverrats sorgte für einen internationalen Aufschrei. Prominente aus Politik und Wissenschaft protestierten offen. Ein Berufungsgericht minderte die Strafe im Juli auf drei Jahre zur Bewährung. Schuldig gesprochen wurde Song noch wegen seiner illegalen Kontakte zu Nordkorea und als angebliches Mitglied des Politbüros in Pjöngjang.

Der letzte Vorwurf ist alt. Anfang der 70-er Jahre hätte Song gar nicht einreisen kön-

Erinnerungen an traumatische Erfahrungen während der Haftmonate in Seoul: Der münstersche Soziologieprofessor Du-Yul Song und seine Ehefrau Chung-Hee Song.
MZ-Foto: Feigner

nen, ohne Mitglied der kommunistischen Partei zu werden, erinnert sich. Und ohne Kontakte mit Nordkoreanern hätte er nicht die Treffen mit hochkarätigen Wissenschaftlern aus beiden Teilen Koreas organisieren können. „Ich leite den Dialog Nord-Süd", sagt Prof. Song selbstbewusst.

## Sicherheitsgesetz

Jetzt hofft er, dass es gar nicht zur Verhandlung in dritter Instanz kommen muss. Denn die gemäßigten Kräfte der URI-Partei von Südkoreas neuem Präsidenten Roh Moo Hyun haben seit der Wahl im April um im Parlament die Mehrheit, wollen das Nationale Sicherheitsgesetz, das noch aus Zeiten bis 1991 während Militärdiktatur

stammt, kippen. Dann wären die letzten Vorwürfe automatisch haltlos.

In diesen politischen Umbruch sei er geraten und wurde instrumentalisiert. Und als „Persona non grata" war der politisch aktive Wissenschaftler den konservativ eingestellten Richtern offenbar ein Dorn im Auge. So erlebte Prof. Song eine „juristische Misshandlung", die ihn an die mittelalterliche Inquisition erinnerte. Dass er Deutscher ist, sei vor Gericht eigentlich gar nicht erwähnt worden, erinnert sich der Wissenschaftler.

Dabei kam sein erster Besuch in Südkorea nach 37 Exil-Jahren durch offizielle Einladung der Stiftung Demokratie in Seoul zu Stande. Ein Philosophen-Kongress und die Ehrendoktorwürde der

Kwang Yu-Universität sollten sich anschließen, die ganze Familie reiste mit. Mit einer Befragung durch Geheimdienstkräfte hatte Song gerechnet. „Hätten wir gewusst, was dann kam, wären wir mit Sicherheit nicht hingereist", macht Ehefrau Chung-Hee Song deutlich.

## Memoiren

Jetzt bereitet Prof. Du-Yul Song seine Memoiren vor. Vielleicht sind sie bei der nächsten Frankfurter Buchmesse ja schon zu lesen. 2005 soll Südkorea dort als Gastland vorgestellt werden. Wenn das Sicherheitsgesetz noch besteht, denkt Song daran, seine bisher 20 erschienenen Bücher auszustellen – allerdings gefesselt in Ketten ...
▪ Michael Neumann

뮌스터 대학 복귀를 보도한 『뮌스터세 자이퉁』(Münstersche Zeitung, 2004/10/27)

고통을 받았다. 한 학기 정도 휴식을 취하라는 의사와 동료들의 권유가 있었지만, 나는 구치소의 경험을 반추하며 '공간의 사회학'에 대한 강의로 겨울 학기를 시작했다. 학기 시작과 더불어 사회학과에서는 일주일 동안을 특별히 '송 주간'Song-Woche으로 정하고, 강연과 기자 회견 등을 통해 나의 귀환을 환영했다. 구치소에서 맞을 줄 알았던 나의 환갑을 자유의 몸으로 맞게 되어, 이를 축하하기 위해 일본에서 준, 미국에서 린이 베를린에 왔으며, 이 기회에 우리 가족은 지중해의 섬나라 몰타Malta에서 함께 일주일을 보냈다. 트로이전쟁에 참여했다가 고향 이타카Ithaca로 돌아가는 길에 온갖 역경을 맞았던 오디세우스Odysseus가 잠시 머물렀다는 전설의 섬에서 머무르는 동안, 외국 땅에서 결코 순탄치만은 않았던 우리 삶을 되돌아보며, 새롭고 힘차게 앞으로의 여정을 시작하자고 약속했다.

정상적인 강단 생활에 복귀하는 것과 더불어, 2005년 1월부터 『서울신문』에 격주로 칼럼을 쓰기로 했다. 사실 2주일에 한 번 일간지에, 그것도 외국에서 정기적으로 기고한다는 것이 무리였지만, 이 역시 잠시 흐트러졌던 삶의 기조를 복원하는 방법이라고 생각해 시작했다. 예상대로 극우 세력들은 칼럼 연재를 중단하라고 끊임없이 요구했지만, 나는 다른 저술 작업에 지장이 있어 그만둘 때까지 2년 동안 칼럼을 연재했다. 2006년 초에는 "'짝퉁 시대'에 생각나는 것들"이라는 칼럼이 성균관대학교 정시 모집 논술 고사의 예문으로 출제되자 극우들은 또 한 번 소란을 피웠다.

우리가 쓰러지기만을 바라는 사람들이 얼마나 많으냐며, 그들에게 보란 듯이 건강해야 한다고 아내는 종종 내게 말한다. 그래서 우리 부부는 2005년 6월부터 매일 새벽 한 시간가량 빠르게 걷기, 조깅,

스트레칭을 섞어 운동을 하고 있다. 비가 오나 눈이 오나 이렇게 하기를 벌써 10년이 넘었다. 새벽에 가끔 만나는 동네 노인은 우리 동네(리히터펠데Lichterfelde)에서 우리 부부가 가장 부지런하다고 치켜세운다.

한국과는 달리 자기 집보다 월세 들어 사는 가구가 독일에는 훨씬 많다. 2013년에 자가 점유율이 독일은 13.8퍼센트인 데 비해 한국은 2010년에 54.2퍼센트에 달했다. 독일에서는 집이 재산 증식의 수단이나 투기의 대상이라기보다는 그냥 삶의 공간이라는 성격이 강해, 집을 마련하기 위해 많은 것들을 포기하며 아등바등 집을 살 필요가 없다. 우리도 결혼 직후부터 계속 월셋집에서 살았다. 지금 사는 집은 무엇보다 아이들의 학교에서 가깝고 비교적 조용한 주택가라서 1988년 여름에 이사 왔다. 1907년 지어진 이 건물은, 화려하고 장식적인 고전적 건축양식이 기능적인 현대적 건축양식으로 넘어가는 20세기 초엽의 '유겐트 양식'Jugendstil을 따르고 있다. 이 5층짜리 건물에는 현재 열 가구가 사는데 원래는 여성 변호사의 소유였다. 이 변호사가 암으로 사망하자, 상속을 받게 된 그녀의 여비서는 변호사의 은행 빚이 너무 많아 아예 상속을 포기했다. 그러자 한 부동산 회사가 이를 인수해서 팔기 시작했다. 오래전부터 살고 있던 우리를 법적으로는 내보낼 수 없으니 담당자가 자주 찾아와 집을 사라고 우리를 성가시게 굴었다. 할 수 없이 우리는 파격적으로 낮은 가격을 제시했는데도 그들은 이 조건을 받아들였다. 나중에 안 사실이지만 회사가 거의 파산 직전이라 당장 현금이 필요했던 것이다. 그래서 아이들을 키우며 많은 추억이 깃든 이 집을 사기로 결정했다.

북에서 받은 공작금으로 호화롭게 사는 것처럼 모함받기도 했으나, 사실 우리는 모아 놓은 돈도 없었고 나이도 많아 은행대부를 이용하기도 어려웠다. 고민 끝에 미국에 사는 고등학교 동창 두 사람에게 도움을 청했다. 한 친구는 서울 공대를 나와 뉴저지에서 교수로 있고, 시카고에 사는 다른 한 친구는 연세대 의대를 나온 의사인데 그의 고향도 제주도였다. 외국 생활에 어렵기는 피차 마찬가지이나 그들은 선뜻 집을 살 때 필요한 기본적인 목돈을 마련해 주었다. 내가 구치소에 있을 때, 뉴저지에 사는 친구는 둘째 린이 미국에서 전문의 과정을 위한 인터뷰 때문에 여러 곳을 다녀야 할 때 만만치 않게 들어가는 경비를 부담해 준 고마운 친구이다. 또한 작고한 프로이덴베르크 교수의 셋째 아들이자 건축가인 크리스토프 프로이덴베르크Christoph Freudenberg가 은행이 요구하는 보증을 서기로 했다. 그러나 프로이덴베르크라는 이름만 듣고서도 은행은 그렇게까지 할 필요 없다고 했다. 하이델베르크 근처 바인하임Weinheim에 본부가 있고, 1849년에 설립되어 현재 독일의 합자회사로는 제일 규모가 큰 글로벌 기업 프로이덴베르크 그룹의 가족이었기 때문이다. 갚아야 할 빚은 적지 않지만 명목상으로는 나이 60세에 제 집을 겨우 마련한 셈이 되었다.

이 건물에는 이래저래 한국과 인연이 닿은 가족들이 산다. 바로 우리 아래층에는 이혼한 고등학교 불어 교사가 산다. 큰아들이 환경공학을 전공했는데, 직장 관계로 대구에서 일하면서 한국 여성을 사귄적이 있다. 1층에는 2009년부터 2012년까지 주한 독일 대사를 역임한 한스-울리히 자이트Hans-Ulrich Seidt 박사 가족이 살고 있다. 이들은 독일 통일로 수도가 이전하면서 서독의 임시 수도였던 본에서 베를린으로 이사를 왔다. 아프가니스탄 대사였던 자이트 씨는 다음 임지를 몇 나라 가운데 택해야 할 때 우리 생각이 나서 한국을 택했다.

프랑크푸르트 국제 도서 전시회에서 발언하는 아내. 왼쪽부터 부흐너 박사(앰네스티 코레아그룹 독일 책임자),
코레아협의회의 최현덕 박사, 사회자 빌렘젠 박사(2005년 10월)

대사로 부임하기 전에 석 달 동안 현지에서 언어와 문화를 익히는 프로그램이 있는데 어디를 가면 좋을지 모르겠다고 해서, 우리는 서울에는 어차피 3년 동안 있게 될 테니 지방에서 보내는 것이 좋겠다고 말했다. 그도 흔쾌히 동의해서 우리는 전남대학교를 추천하고 철학과 위상복·김양현 교수를 통해 대학 당국과 연락을 취했다. 이런 사연을 알 리 없는 한국 외무부 관리들은 왜 서울을 놔두고 시골 도시, 그것도 하필이면 한국 현대사에서 중요한 의미를 갖는 광주를 택했는지 의아하게 생각했다. 그러나 자이트 대사는 광주에서 정말 값진 경험을 했다며 지금도 자주 이야기한다. 전남대는 그가 이임할 때 명예박사 학위도 수여했다.

## 프랑크푸르트 국제 도서 전시회

내가 1심 "최후진술"에서도 언급했듯이, 한국이 '주빈국'으로 선정된 프랑크푸르트 국제 도서 전시회가 2005년 10월 19일부터 23일까지 열렸다. 이 국제적 행사가 개최되기 전에 내가 석방되지 않았다면 어떻게 되었을까. 2004년 3월 31일, 1심에서 7년 징역이 선고되자 일간지 『프랑크푸르터 룬트샤우』는 이날 논평에서 "학문과 양심의 자유가 국가 보안과 법규에 따라 제한될 수 있다는 판결은 소름끼치는 개발독재로부터 자유로운 법치국가적 질서로 나아가는 전환기적 풍경에 있는 한국에 어두운 그림자를 드리웠다. …… 이 판결로 2005년 프랑크푸르트 국제 도서 전시회에서 '주빈국'으로서 현대적 문화 국가의 모습을 선보이려던 한국의 위상은 크게 손상됐다."라고 평가하면서, "그러나 그때까지는 아직 고칠 시간이 남아 있다."고 덧붙였다.

서울과 베를린을 오가며 구명 운동을 벌이던 아내에게 하버마스 교수는 내가 석방되지 못한 상황에서 한국이 주빈국으로 국제 도서 전시회에서 대접받는다면 그것은 (훗날에나 기약해 볼 수 있는) '미래의 음악'Zukunftsmusik일 뿐이라고 말했다. 후에 주빈국 대표로 프랑크푸르트를 방문한 이해찬 국무총리도 이런 당시의 분위기를 현지에서 보고받고 외국에 비친 한국의 정치 현실에 개탄했다는 기사를 읽은 적이 있다. 어쨌든 국제 도서 전시회는 내가 석방되어 독일로 돌아온 뒤 열렸다. 이 기간 중에 한국의 정치 상황과 관련해, "남한 : 변화하는 민주 문화"Südkorea: Demokratische Kultur in Bewegung라는 토론회가 열렸는데, 이 자리에 아내가 토론자로 참석해 자신의 경험을 바탕으로, '민주화'되었다는 한국의 비민주적 현실에 대해 이야기했다. 그런데 이런 행사가 한국의 이미지를 손상시킨다며 불편하게 생각하는 사람들도 있었다. 그중에는 과거에 내가 책을 출간했던 출판사 대표도 있어 우리는 마음이 많이 아팠다.

토론회에서 사회를 본 로거 빌렘젠Roger Willemsen은 저명한 작가·언론인·방송인으로서, 국제사면위원회 홍보 대사로도 활동했다. 그는 큰아들 준과 내 문제로 자주 연락했고 내가 석방되자 축하 편지를 보내왔다. 토론회에서 나를 보자 그는 자신의 작은 기여가 좋은 결과를 낳아 보람을 느낀다며 아주 기뻐했다. 그랬던 그가 근 10년 후인 2016년 2월, 60세의 나이에 암으로 사망했다는 슬픈 소식을 라디오를 통해 들었다. 그를 추모하기 위해 그가 평소 즐겨 듣던 브람스의 피아노협주곡 1번이 라디오에서 흘러나오는 것을 들으며 우리는 고인의 명복을 빌었다.

## 어떤 순애보

프랑크푸르트 국제 도서 전시회에 다녀온 지 얼마 안 된 11월 초, 모르는 여성으로부터 전화가 걸려 왔다. 주저하는 목소리로 이곳은 프랑크푸르트인데 혹시 이재원 선생을 아느냐고 했다. 내가 아는 사람 가운데 '이재원'이라는 이름을 가진 사람은 한 사람뿐이었으므로 평양에 있는 이 선생을 떠올렸다. 그러자 자신은 이 선생의 처제로 언니를 모시고 독일에 관광차 왔는데, 언니가 나를 꼭 만나 보고 싶어 해서 대신 전화를 걸었다는 것이다. 그래서 내가 강의차 뮌스터에 내려갈 때 그곳에서 만나기로 했다. 나의 평양 방문 길을 터주었던 이 선생은 언젠가 지갑에서 빛이 바랜 흑백사진 한 장을 꺼내 보이며 자신의 아내라고 했다.

중앙정보부는 1967년의 동베를린 사건에 이어, 1973년 10월 학생들의 반유신 투쟁을 잠재우기 위해 '유럽 거점 간첩단' 사건을 발표하면서, 총책으로 이재원 선생을 지목하고 그의 인천중학 동기인 서울 법대 최종길 교수를 엮어, 끝내 최 교수를 고문치사하고 자살인 양 발표했다. 공권력이 이 같은 살인을 저지른 것은 유신 체제를 유지하기 위해서였다. 동베를린 사건 당시 북으로 잠시 피신할 수밖에 없었던 이 선생은 원래 1950년대 말 네덜란드에 유학했던 전도유망한 서울 공대 출신의 수재였다. 당시는 부부 동반 유학을 상상할 수 없던 때였으므로 신혼의 단꿈도 접고 단신 유학길을 떠났다. 단지 몇 년을 기약하고 떠났던 남편의 유학길이 결국 영원한 이별로 끝날 수 있겠다는 슬픈 생각이 들어, 나는 그녀를 위로하기 위해 약속 장소에 나갔다.

이 선생의 부인도 여러 갈래 감정이 교차했겠지만, 내 아내에게 서울에서 고생을 많이 했다며 먼저 위로의 말을 꺼냈다. 정치적 풍파 속에서 자신이 한 여성으로 겪었던 역정이 생각나서였을 것이다. 역시 서울 공대를 나온 시동생(이재문)도 남편과 함께 사건에 연루되어 월북했기에, 그녀는 두 아들을 애처롭게 기다리다 타계한 시어머니를 모시고 40여 년을 재혼도 하지 않은 채 남편을 기다렸다. 이윽고 그녀는 조심스럽게 남편의 안부를 물었다. 사실 내가 마지막으로 그를 만난 것은, 정확히 기억할 수는 없으나, 1990년대 중반이었으니 10년 전의 이야기를 들려줄 수밖에 없었다.

10년 전 평양에서 이 선생과 윤노빈 교수를 만났었다. 그는 당시 60대 중반이었으나 건강해 보였다. 우리는 그 사이에 일어난 이야기를 나누었고, 나는 김길순 박사가 사망했다는 슬픈 소식도 전했다. 평양을 방문할 때 가끔 전해 들은 이야기로는, 오랫동안 독신으로 있던 이 선생을 주위에서 설득해 새로운 가정을 꾸렸다고 했다. 그러나 50년 가까이 독신으로 남편을 기다렸던 그녀에게 이 말은 차마 할 수 없었다. 하지만 그녀는 남편이 나이 들어 외지에서 혼자 외롭게 살면 되겠느냐며, 좋은 여성이 그를 돌보아 주었으면 한다고 말했다. 그냥 듣기 좋으라고 하는 말이 아니라 진심에서 우러나는 바람이었으나 그 속에는 얼마나 많은 시간의 기대와 희망, 체념과 절망이 녹아들었겠는가. 내가 아는 한에서, 건강하게 잘 있고 그 사이에 가정도 꾸렸다고 전하니 그녀는 다행이라고 했다. 그러나 마음 한구석에는 왜 허전하고 슬픈 감정이 없었겠는가.

나는 그날따라 학교에서 강의를 해야 했고 저녁에는 강연까지 있어 점심 식사를 함께할 시간밖에 없었다. 헤어지기 섭섭해 하는 그녀를 동생이 재촉하자, 그녀는 손지갑에서 조그만 봉투를 꺼냈다. 봉투 안에는 사진 한 장이 들어 있는데, 여권 신청 때 촬영한 자신의 최근 모습이라며 혹시 평양에 전달해 줄 수 있는지 조심스럽게 물었다. 70 줄을 이미 넘어선 그녀의 사진을 받아 들고, 이 선생이 사진을 보면 얼마나 비통에 잠길까 생각하면서도 그러겠다고 대답했다. 그러고 나서 며칠 후 그녀로부터 전화가 왔다.

그녀는 막상 부탁을 해놓고 보니 자신이 너무 경솔하게 행동한 것 같다며, 아무래도 그 사진을 전달하지 않는 것이 사랑하는 남편을 위한 길이라는 생각이 들어 다시 전화했다는 것이다.

나는 이 전화를 받으면서 언젠가 이 선생이 자신이 좋아하는 시라며 서정주의 "국화 옆에서"를 낭송했던 것을 떠올렸다. "그립고 아쉬움에 가슴 조이던/ 머언 먼 젊음의 뒤안길에서/ 인제는 돌아와 거울 앞에 선/ 내 누님같이 생긴 꽃이여."를 읊으며 이 선생은 오랜 시련에도 불구하고 은은함을 간직했을 그녀를 생각했던 것 같다. 그녀와 헤어진 뒤로 벌써 10년이 넘었다. 그녀의 사진이 들어 있는 조그만 봉투는 아직도 내 책상 서랍 속에 있다. 설사 내가 그를 만난다 해도 이 사진을 전해 줘야 할지? 아직도 나는 마음의 결정을 내리지 못하고 있다. 2004년 여름 서울에서 돌아온 이후 지금까지 평양을 다시 가보지 못했다. 지상에서 다하지 못한 두 사람의 가슴 시린 인연이 저세상에서는 다시 닿기를 조용히 기원한다.

## 『신생철학』

이재원 선생과 함께 만난 윤노빈 교수의 근황에 대해, 나는 그 뒤로 만나 보지 못했으므로 현재로서는 기록할 것이 없다. 그는 시인 김지하의 원주중학교 동창으로 원래 헤겔 철학을 전공했으나 동학사상을 새롭게 조명해 1980년대 초 한국 사회의 사상적 지표를 제시한 『신생철학』을 발표했으며, 1982년 가족과 함께 홀연히 월북을 단행했다. 시인 김지하는 그를 자신의 '사상의 은사'라고 표현한 적이 있다. 학민사가 『신생철학』 증보판을 발간하기 위해 "윤노빈을 생각한다"라는 글을 내게 부탁해, "한울님의 외침"이라는 제목의 글을 보냈다. 2003년 6월 20일에 이 책이 나왔으나 2003년 3월 말에 윤 교수를 마지막으로 만났으니 윤 교수에게 이 책을 전달할 수는 없었다. 주인을 기다리는 이 책은 지금 내 서가에 꽂혀 있는데, 다시 꺼내 읽어 보니 몇 군데만 덧붙이면 윤 교수에 대한 내 생각을 고스란히 드러낸 '비망록'이라 그대로 남기고 싶다. 내가 당시 "한울님의 외침"이라는 글에도 썼지만, 윤 선배는 프랑크푸르트 생활을 마치고 한국으로 돌아갈 때 내게 커피 잔을 주고 갔다. 그 뒤로 내가 몇 십 년 동안 보관했던 이 '투박한 싸구려 커피 잔'은 2006년 여름에 집수리를 할 때 그만 깨지고 말았다. 안타까운 마음에 복구를 해보려 했으나 심하게 파손되어 포기할 수밖에 없었다. 이 글에 나오는 "간이 나빠 귀국했던 K형의 사망"의 K형은 김길순 박사였고, "인천 출신의 수재로서 후에 유럽 유학 중에 역시 월북했던 이"가 바로 앞에서 기록한 순애보의 주인공 이재원 선생이었다.

이제 윤 선배는 75세, 이 선생은 85세이다. 두 사람 모두 민족 분단의 비극을 넘어 아름다운 통일로 달려갔던 그 젊은 날의 긴장했던 나날들을 뒤돌아보며, 지금쯤 재롱부리는 손주들과 함께 대동강변을 산책하고 있을지도 모르겠다. 지금 무슨 생각을 하고 있을까, 언제 다시 만날 수 있을까, 서로 오래 살면 다시 만날 수나 있을까 하는 부질없는 질문들이 계속 꼬리를 물고 떠올라 오늘은 윤 선배에게 띄우는 짧은 편지를 쓰기로 했다.

윤노빈 선배님,

헤아려 보니 장수원에서 선배님을 만난 지 어느덧 20년도 더 지난 것 같습니다. 이재원 선생님도 당시 자리를 같이했지요. 그 후 2003년 3월 평양에서 열린 남북해외학자통일회의를 마치고 윤 선배를 꼭 만나서 그간의 회포도 풀고 싶었으나 여의치 않아 다음 기회로 미루었습니다. 그해 9월 말, 저의 서울 방문이 몰고 온 광풍에 대한 이야기는 소문으로라도 들었으리라 생각합니다. 베를린에 돌아온 이후 적당한 시기에 평양을 방문해 보려 했지만 아직까지 성사되지 못했습니다. 자초지종 이야기는 후에 만날 수 있으면 하기로 하고 오늘은 분단된 조국의 다른 반쪽으로 30여 년 전에 훌쩍 떠난 선배 생각이 나서, 금년으로 독일 땅에서 50년을 맞는 후배가 떠오르는 생각을 여기에 적어 보려 합니다.

편지를 쓰는데 마침 라디오에서 소프라노 제시 노만Jessy Norman이 부르는 리하르트 슈트라우스Richard Strauss의 〈마지막 네 노래〉Vier letzte Lieder 중의 마지막 곡 〈서녘노을〉Im Abendrot이 흘러나오는군요. "우리는 어려움도 기쁨도/ 손을 맞잡고 견디어 왔네/ 이제 가는 길 멈추고/ 저 높고 고요한 곳에서 안식을 누리리."로 시작하는, 독일 낭만주의 시인 요제프 폰 아이헨도르프Joseph Freiherr von Eichendorff의 시에 곡을 붙인 이

윤노빈 교수(왼쪽), 이재원 선생(오른쪽)과 함께(평양, 1992년 9월)

노래를 들으면서 문득 우리가 평양과 베를린에서 저녁노을을 보며 느끼는 감회는 여느 사람들의 그것과는 다르지 않을까 하는 생각이 들었습니다. 아마도 젊은 날에 우리가 슬퍼할 수 있고, 분노할 수 있고 또 열광할 수 있었던 정열을 지녔기에 남다르다고 할 수 있는 길을 걷지 않았나 하는 생각도 듭니다. "저녁노을"을 노래한 아이헨도르프는 또 "강렬한 아침/ 멀리, 한없이 너는 대지를 삼키는구나/ 그래서 침묵 속에 오로지 영혼의 비상만이"로 시작하는 "아침노을"Morgenrot이라는 시도 남겼지요. 재미있는 것은 이 시 구절을 독일 사람들은 사랑하는 사람과 영원히 이별하는 무덤 앞에서도 애송하더군요. 강렬한 아침노을이 끝내 정적 속으로 사라지는 저녁노을을, 이 저녁노을이 그러나 다시 아침노을을 불러오는 자연의 섭리를 생각하면 당연하다는 생각이 듭니다.

1967년 제가 서독으로 유학을 떠나던 해, 시인 신동엽이 "껍데기는 가라/ 한라에서 백두까지/ 향그러운 흙 가슴만 남고/ 그, 모오든 쇠붙이는 가라."고 외친 것처럼 우리 젊은 날은 해방을 위한 꿈과 저항을 떠나서 생각할 수 없었습니다. 전 세계에서 고조된 민족 해방 투쟁의 열기 속에서 우리의 분단과 극복을 고민하지 않았다면 우리에게 젊은 날은 무의미한 시간에 지나지 않았나 하고 생각합니다. 이런 의미에서 우리는 어두운 예속과 굴종을 거부한 '아침노을'의 강렬함을 느낀 행운아였다는 생각이 듭니다. 니체Friedrich Wilhelm Nietzsche가 말년에 위선적인 기존의 도덕을 신랄하게 고발한 『이 사람을 보라』Ecce homo 속에 실린 "아침노을들"Morgenröte의 마지막 구절을 통해 "'아침노을'과 함께 나는 반자주적 도덕die EntselbstungMoral에 투쟁을 선언했노라."고 외쳤지요. 한 번 나타나는 아침노을이 아니라 계속해서 아침노을은 있기에 그는 '아침노을들'이라는 복수형을 고집했지요. 동학 속의 '한울님'의 소리도 바로 이런 '아침노을들'이 아닐까 생각해 봅니다.

아침노을의 강렬함이 있었기에 저녁노을도 슬픈 종말이 아니라 또 다른 아침노을을 약속할 여유를 지녔다고 느낍니다. 내가 살고 있는 집 근처의 공원에는 서쪽 하늘을 바라보며 양쪽 날개를 활짝 펼치고 이카루스Ikarus처럼 창공으로 비상하려는 인간을 형상화한 동상이 서있습니다. 1894년 무동력 비행기(글라이더)를 발명해 이곳에서 실험했던 이른바 '인류 최초 비행사' 오토 릴리엔탈Otto Lilienthal을 기리는 동상입니다. 그는 2년 후 시험비행 중 추락해 사망했습니다. 이 동상을 1914년에 제작한 페터 브로이어Peter Breuer가 왜 이 동상을 해 뜨는 동쪽이 아니라 해 지는 서쪽을 바라보게 세웠는지 그 앞을 지날 때마다 의문이 생겼습니다. 그래서 나름대로 해석한 것이 바로 앞에서 말한 저녁노을에 대한 내 나름대로의 해석입니다. 1894년에 하늘을 날았던 릴리엔탈의 무동력 비행기는 서쪽으로 날아가 대서양을 넘어 1903년에는 미국 라이트형제의 동력 비행기로 발전했지요. '저녁노을'이 이렇게 '아침노을'을 불러온 셈입니다.

베를린의 릴리엔탈 공원 위로 석양에 비낀 저녁노을을 보며 손자 유기를 데리고 산책하면서 이제 '독일 송씨'도 생겼구나 하는 생각을 하게 됩니다. 우리가 마지막으로 만난 자리에서 이제 자신은 평양에 깊이 뿌리를 내렸다는 선배님의 말을 떠올리며, 대동강변의 주체탑 위로 비낀 아름다운 저녁노을에 윤 선배도 손자 손녀와 함께 산책을 나와 그 젊은 날들을 떠올리며 내일의 아름답고 강렬한 아침노을을 기다릴 것으로 생각합니다.

평양에서 '단고기'에 소주를 마시며 우리의 사연 많은 아침노을과 저녁노을 이야기를 나눌 기회가 있기를 간절히 바라며 그때까지 부디 건강하시기 바랍니다.

베를린에서, 송두율 드림

# 아물지 않은 상처

독일로 돌아온 후 동료들은 일종의 자가 심리 치료 차원에서 서울에서 겪은 경험을 글로 정리해, 내가 1980년대 초에 몇 명의 동료와 함께 창간한 잡지 『주변부 : 제3세계의 정치와 경제』에 발표하자고 제의했다. 이 잡지에는 이미 2004년 3월 9일에 있었던 나의 1심 "최후진술" 전문도 독일어로 번역 게재한 적이 있다. 2005년 말, 나는 당시의 경험을 철학적으로 서술한 "시간과 공간, 의식 속에서 체험하다" Zeit und Raum, einmal bewusst erlebt를 발표했다. 앞에서도 말했듯이, 나는 2005년 초부터 이미 『서울신문』에 정기적으로 기고를 하고 있었고, 대학 강의와 더불어 생각보다 빨리 일상으로 돌아왔다고 종종 스스로를 위로했다. 아내도 베를린 예술대학에서 정상적으로 근무했으며, 큰아들 준은 2006년 초여름에 일본 센다이에서 다시 독일로 돌아와 바스프의 연구실에서 근무를 시작했다.

얼마 뒤, 오랜 동료인 하이델베르크 대학 일본학과의 볼프강 자이퍼트Wolfgang Seifert 교수가 베를린에서 2006년 9월 말에 동아시아의 근대 정치에 대한 심포지엄을 여는데 한국에서 이 방면의 권위자를 소개해 달라기에 나는 최장집 교수를 추천했다. 최 교수는 이때 제자 중의 한 사람인 박상훈 박사를 대동했다. 심포지엄이 끝난 후 우리는 자리를 함께했는데 이 자리에서 나는 내 사건의 중요한 기록과 미발표 강연 원고, 그리고 그동안 발표된 칼럼을 모아 새 책을 발간하려는 계획을 이야기했다. 그 자리에서 최 교수는 함께 온 박 박사가 '후마니타스'라는 출판사를 시작했는데 자신의 책 『민주화 이후의 민주주의』도 이곳에서 출간했다며 이 출판사를 내게 강력히 추천했다.

이것이 계기가 되어 나는 본격적으로 출판을 준비했다. 얼마 지나지 않아 후마니타스로부터 연락이 왔다. 이미 준비된 원고의 분량이 책 출간에는 조금 부족할 뿐만 아니라 독자들이 가장 관심 있게 읽게 될 2003년 9월 귀국 전후의 자세한 이야기가 빠졌다는 것이다. 이 부분을 '대담' 형식을 빌려 보완하기 위해 2007년 1월 말에 베를린에 다시 오겠다고 했다. 박상훈 박사와 후마니타스 기획위원인 김용운 씨는 도착하는 날로 작업을 시작해, 한나절 포츠담 관광을 빼고 일주일가량 강행군을 했다. 덕택에 머지않아 출간될 책의 윤곽이 드러났다. 한번은 타자된 원고를 읽던 아내가 격하게 흐느꼈다. 당시의 고통과 분노가 일시에 폭발해, 평소에 자제력 강한 아내도 자신의 감정을 추스를 수 없었던 것 같다.

그런데 책 출간 예정일인 3월 1일이 지나도 서울로부터 아무런 소식이 없었다. 처음에는 기술적인 문제가 있나 보다 생각했지만 점차 다른 문제가 있음을 감지할 수 있었다. 예정보다 근 한 달이 넘어 출간된 책에서 출판사는 그 이유를 밝혔다. "이 책이 나오기까지 우여곡절이 많았다. 무엇보다도 이 책에 실린 송 교수와의 대담이 문제가 되었다. 대선을 앞둔 시점에서 굳이 아픈 과거를 문제 삼아 보수파를 이롭게 해야겠느냐……, 송 교수가 미리 사실을 밝히지 않아 생긴 일이었는데……, 출판사의 상업주의 아니냐……."라는 등 책 출판을 만류하거나 비판하는 의견과, 반대로 책 출판을 "'운동권의 신성화'가 낳은 문제를 비판적으로 되돌아볼 수 있는 성찰의 계기"가 되어야 한다며 적극적으로 지지하는 의견 사이에서 후마니타스가 고민하다 보니 예정된 출판 기일을 지키지 못했고 4월 10일에야 출간되었다. 이렇게 힘들게 세상에 나왔지만 기대만큼 많은 독자를 만나지는 못했다.

이 책은 우리의 아물지 않은 아픈 상처를 건드렸지만, 우리에게 소중한 기록이다. 당시 내 사건을 처음부터 끝까지 맡아 보았던 김형태 변호사는 2013년 5월에 출간한 책, 『지상에서 가장 짧은 영원한 만남』(한겨레출판) 속에 "영원한 이방인"이라는 제목으로 내 사건에 대한 또 하나의 기록을 남겼다. 세간의 이목이 집중된 당시의 엄혹한 상황 속에서 당사자가 아니면서도 당사자를 변호해야 하는 긴장감이 드러난 기록이라 나의 '대담'을 보완하고 있다.

2007년 9월 중순에는 베를린에서 민주화운동기념사업회와 코레아협의회의 공동 주최로 '한국 민주화 20년, 한국과 독일의 대화'라는 행사가 예정되어 있었다. 이 행사에 대해 오래전부터 들었던 나는 코레아협의회 사무국장이었던 최현덕 박사를 만나면 원만하게 준비되고 있는지를 묻기도 했다. 민주화운동기념사업회 이사장인 함세웅 신부님이 베를린에 오면 우리가 서울에서 진 빚을 조금이라도 갚을 수 있으리라 기대하며 행사를 기다렸다. 그런데 행사가 코앞에 다가왔는데 최 박사로부터 아무런 연락이 없었다. 물론 내가 행사에 꼭 참석해야 할 권리나 의무도 없었지만 적어도 어떤 연락은 있으리라 기대했는데 그렇지 않았다. 그렇다고 내가 행사장에 얼굴을 내밀 수도 없는 노릇이었다. 다행인지 불행인지 함 신부님은 어머니가 별세한 관계로 베를린에 올 수 없었다.

그런데 이 회의에 참석한 (독일에서 공부했던) 이종오 교수가 회의장에 우리 얼굴이 보이지 않자 무슨 일이 있는지 전화를 걸어왔다. 아내가 전화로 간단히 내력을 설명하자 첫날 행사가 끝나고 우리를 방문하겠다고 했다. 저녁에 뒤풀이가 있었는데 그 시간에 민주화운동기념사업회 문국주 상임이사, 연구실장인 정석구 교수, 그리고 이 행사에 참석하러 온 임수경 씨가 이종오 교수와 함께 집으로 찾아왔다. 상임이사는 일처리가 잘못된 것에 사죄했지만 일을 그렇게 꼬이게 만든 장본인이 누군지는 끝내 밝히지 않았다. 2003년 가을, 나의 귀국 문제로 초청 기관이었던 민주화운동기념사업회의 예산이 반감되었다는 불평의 소리를 들었던 나로서는 내가 만약 베를린 행사에 참여할 경우 논란이 재발할 것을 고려해 민주화운동기념사업회 실무진이 그렇게 처리했을 수도 있겠다고 짐작할 뿐이었다. 하지만 그런 조처 자체를 이해할 수 없어서가 아니라 비밀리에, 그것도 어찌 되었든 오랫동안 독일에서 진행된 민주화 운동의 증인 가운데 한 사람을 그렇게 대했다는 점에 대해서는 불쾌할 수밖에 없었다.

더구나 이해할 수 없었던 것은 공동 주최자인 코레아협의회의 담당자가 행사 이전이나 이후에도 사정을 설명해 주지 않았다는 점이다. 내가 서울에서 곤욕을 치를 때 어려움을 무릅쓰고 구명 운동에 앞장섰던 그가 왜 그랬는지는 지금도 의문이다. 이 사건을 계기로 나는 코레아협의회를 탈퇴했고, 이 단체에 관여하고 있던 독일인 친구들에게도 결과적으로 충격을 주게 되었다.

이렇게 2007년 봄 서울에서 출간된 『미완의 귀향과 그 이후』, 그리고 그해 가을 베를린에서 "한국 민주화 20년"을 기념해 개최된 행사는 이래저래 우리의 아픈 상처를 건드렸다. 그러고 나서 2년 후에는 다큐멘터리 영화 〈경계도시 2〉가 이 상처를 다시 스쳤다. 2003년 9월 22일 베를린을 출발할 때부터 2004년 8월 5일 인천공항을 떠날 때까지 홍형숙 감독과 강석필 피디는, 촬영이 불가능한 국정원과 검찰청에서의 심문 과정, 그리고 구치소에서 보낸 9개월 동안의 생활을 빼놓고는 중요한 순간들을 거의 빠짐없이 카메라로 담았다. 자료상으로만 보아도 엄청난 양의 기록물이었다. 이 자료들을 하나의 예술 작품으로 승화시키는 문제는 물론이거니와, 이명박 정부가 들어선 뒤의 정치적 상황 때문에 작업이 쉽지 않을 것으로 생각되었다.

2004년 8월 서울을 떠난 뒤 상당 기간이 지난 2009년 초에 영화 제작에 따른 고충과 함께 가을에는 작품을 완성시키겠다는 내용의 편지를 인편을 통해 전달받았다. 그리고 얼마 지나 가편집된 〈경계도 시 2〉도 받았다. 영화는 나를 둘러싼 당시 한국 사회의 분위기, 그리 고 그 안에서 드러난 여러 가지 대응 모습을 비판적으로 잘 보여 주었 다. 그러나 우리 부부는, 이런 비정상적이고 때로는 광적이기도 했던 분위기에 저항하는 내 목소리가 전달되지 않았다는 인상을 받았다. 홍 감독은 2002년의 〈경계도시〉는 귀향이 좌절된 내게 초점을 맞추 었던 데 반해, 〈경계도시 2〉는 나의 귀향을 둘러싼 한국 사회의 반응 을 보여 주는 데 초점을 맞추었다고 설명했다. 그러나 우리는 이런 설 명에 동의할 수 없었고, 또 너무 잔인해서 영화를 끝까지 보는 데 정 말 상당한 인내가 필요했다.

이런 상황에 9월 초 〈경계도시 2〉가 10월 중순 부산국제영화제의 경쟁 부문에 올랐다는 연락을 받았다. 우리는 예술의 자율성을 무시 하거나, 완전히 모두 동의할 수 있는 작품이 아니라는 이유로 이의를 제기하는 것이 아니라 일부 수정이나 보완을 요구한다는 뜻을 전했 다. 9월 21일 급하게 서울에서 날아온 강 피디에게 우리의 입장을 다 시 설명하고 대안을 제시했다. 가령 나의 1심 최후진술이 녹음된 육 성이나 내 사건을 바라보는 외국의 소리도 분명하게 전달함으로써, 이 다큐멘터리 영화가 단지 나를 둘러싼 당시 한국 사회를 고발하고 자성의 계기로만 삼을 것이 아니라, 당사자의 목소리와 함께 밖의 세계가 어떻게 대응했는지 또한 기록했으면 했다. 철학과 사회학에서도 '주체'Subjekt가 먼저냐, 아니면 '체제'System가 먼저냐 하는 논쟁이 있다. 전자는 자유로운 인간 정신이 사회의 변화와 발전을 추동하는 원동력이라고 보는 데 반해, 후자는 사회체제는 '이미 주어진 것'이라는 전제를 깔고 있다. 간단히 말해 전자는 저항적이고 능동적인 서술이나, 후자는 순응적이고 피동적인 관찰이다.

우리 가족은 10월 중순에 린이 있는 보스턴에서 만날 계획이 있었으므로 최종본 〈경계도시 2〉를 그쪽에서 받아 보았다. 영화는 나중에 부산국제영화제, 서울독립영화제, DMZ다큐멘터리영화제 등에서 수상했고 사회적으로도 큰 반향을 일으켰지만, 정작 준과 린은 당시의 쓰라린 체험 때문에 영화를 끝까지 보지 못했다. 나나 우리 가족처럼 한국의 정치 현실을 직접 체험할 수 없었던 제3자들이 이 영화를 보고 난 느낌을, 같은 건물에 사는 전 주한 독일 대사 자이트 박사가 내게 이야기한 적이 있다. 우리가 서울을 떠나고 나서 주한 독일 대사로 부임한 그는 독일 대사관 직원들, 그리고 평소에 가까이 지내는 노르웨이 대사와 함께 홍대 앞 상상마당에서 〈경계도시 2〉를 보았다. 영화가 끝나고 나서 그는 제작자에게 내가 37년 만에 고향 땅을 밟은 것이 한국 사회에 왜 그렇게 큰 충격이었는지, 그리고 왜 한국 사회가 이성을 잃고 그렇게 잔인하게 대응했는지를 물었으나 속 시원한 설명을 들을 수 없었다고 말했다. 송 교수가 다시 귀국하면 당시처럼 또 소란이 벌어질 것 같다는 어떤 영화 관계자의 대답에, 그 이유를 도저히 이해할 수 없었던 대사관 직원 한 사람이 큰 소리로 왜냐고 거듭 물었을 만큼 한국 정치의 현주소를 이해하기 힘들었다고 그는 말했다. 이 말을 들으면서 나는 하버마스 교수가 지적한 대로 당시 '놀이공'이 된 자신을 돌아보며, 내가 당한 수모와 고통이 정말 '헛수고'일 따름이었나 싶어 다시 분노하게 되었다. 이 영화는, 야만적인 〈국가보안법〉에 갇힌 한국 사회를 고발함으로써 사람들에게 성숙한 민주사회를 위한 자기 성찰을 호소하려 했지만, 그 후에 보여 준 한국 사회의 모습은 사실 오랫동안 내 희망을 옥죄었다. 그러나 절망 속에서도 희망은 살아남듯이 2016년 말에 연인원 1천만 명이 지핀 '촛불 혁명'의 빛은 멀리 떨어져 있는 내게까지 와닿았다. 이번에 맞은 천재일우의 기회가 좋은 결과로 이어져 다시는 그 같은 야만과 광기, 그리고 부끄러움의 역사를 반복하지 않기를 바란다.

## 독일 며느리

뉴욕 대학에서 소아과 전문의 과정을 마친 린은 2007년 여름부터 2년간 애틀랜타에 본부를 둔 미국 질병통제예방본부CDC에서 제3세계의 결핵·에이즈 퇴치 분야에서 연구를 했다. 2009년 여름부터는 하버드 대학이 자랑하는 보스턴 소아종합병원Boston Children's Hospital으로 자리를 옮겼다. 그래서 우리 가족은 2009년 10월 중순 보스턴에서 만났다. 큰아들 준이 직장인 바스프에서 사귀게 된 여자 친구 안야Anja도 자리를 같이했다. 그전에도 준과 함께 몇 번 베를린으로 우리를 방문했던 안야는 준보다 다섯 살 아래로, 뉘른베르크 근처에서 은행원의 외동딸로 자랐고 화학 박사 학위를 마쳤다. 준은 직원 수가 10만 명이 넘는 바스프의 웹사이트에 소개되는 '간판스타'라 많은 여성들이 그에게 관심을 가졌고, 따라서 둘의 결합은 직장에서도 화제

프랑스 남부 프로방스 여행 중에 준, 안야, 아내, 린(2012년 5월)

가 되었다.

우리 가족은 번잡하고 소란스러운 연말이 되면 대개 조용한 시골 농가나, 아예 베를린을 떠나 따뜻한 곳을 찾곤 했는데, 그해 연말에는 포르투갈의 수도 리스본에서 함께 지내기로 했다. 먼저 리스본에 도착한 준과 안야는 우리가 도착하자마자 결혼 계획을 전격적으로 통보했다. 사귄 지 1년 정도밖에 되지 않았으므로 설사 결혼을 하더라도 나중 일이 될 것으로 우리는 생각했었다. 이미 날짜와 장소, 그 밖의 일정도 잡아 놓았다고 했다. 날짜는 12월 30일, 장소는 우리가 사는 베를린 시의 구청 호적과이며 신랑 측 증인은 동생 린, 신부 측 증인은 안야의 친구 클라우디아라는 것이다. 그때야 린은 '아차' 했다. 앞서 준이 보스턴에 있던 린에게 연락해 연말에 베를린 필하모니의 송년 연주회에 우리 가족 모두를 초대하니 양복을 준비하라고 했었다. 그러나 린은 연주회에 가는데 새삼스럽게 무슨 양복이 필요하겠는가 생각해서 아예 가지고 오지 않았기 때문이다. 우리는 그날 저녁 유서 깊은 레스토랑 '마르티노 다 아르카다'Martinho da Arcada에서 우선 축배를 들었다. 이곳은 "심장이 만약 생각을 한다면 그 심장은 이미 멎은 것이나 마찬가지다."라고 말했던 포르투갈의 국민 시인 페르난도 페소아Fernando Pessoa가 자주 들러 작품을 구상했던 곳으로, 지금도 그가 앉았던 자리에 매일 주인이 커피를 갖다 놓는다.

결혼식을 간단히 치르기 위해 일주일 전에야 기습적으로 통보를 해, 린의 양복을 급하게 리스본에서 사야 했다. 베를린으로 돌아온 우리는 결혼식 전날 저녁에 신부 측 부모와 우리 집에서 상견례를 나누었다. 이날 낮부터 내린 함박눈이 베를린을 하얗게 덮어 준과 안야의 새 출발을 축복했다. 결혼식장에서 주례를 보는 담당 관리가 안야에게 결혼 후 어떤 성을 택하겠느냐고 묻자 지체 없이 "송."이라고 대답했다. 외동딸이 남편의 성을 따른다는 대답에 실망한 그녀의 부모에게 아내는 "이제부터 아들 없는 집에 아들이 생겼다고 생각하고, 딸 없는 집에 딸이 하나 생겼다고 생각"하자며 위로했다. 간략하게 치른 결혼이었지만 건실한 삶을 꾸리려는 그들의 뜻을 우리는 기쁜 마음으로 따랐다.

두 아들이 자라서 결혼을 하게 되면 상대는 한국 며느리이기를 마음속으로 바랐다. 그러나 여러 조건이 그렇게 되지만은 않았다. 특히 미국과 달리 독일의 한인 사회는 역사도 짧고 그 구성원도 적어 교제할 수 있는 기회가 상대적으로 제한되어 있다. 그리고 미국처럼 '이민국가'도 아닌 독일 사회조차 이제는 네 명 중 하나가 이민 배경을 지니고 있을 정도로 문화나 종교적 배경이 다른 사람들이 모여 하나의 생활 세계를 구성하고 있다. 어떤 의미에서 '순종'은 사라지고 여러 '잡종'hybriden이 어울려 사는 지구촌에서 '동종 교배'만을 고집하다가는 결혼마저 쉽지 않을 것 같다.


## | 질병과 싸우는 전선

린은 미혼이다. 우선 마음에 꼭 드는 배필을 만나지 못했기 때문이기도 하지만, 사실 많은 시간을 미주와 유럽은 물론, 제3세계 여러 나라에서 연구를 위한 출장과 학회 참석으로 보내야 한다. 그가 2007년 여름부터 근무하기 시작한 미국 질병통제예방본부는 세계보건기구WHO보다 예산 규모가 훨씬 큰 기구로, 전 세계 50여 개국의 여러 지역에 센터를 운영하고 있으며, 미국과 세계 보건 행정 기구의 엘리트 인맥 형성의 중심이라는 말이 있을 정도로 큰 조직이다. 한국에서 한때 메르스MERS가 유행할 때 이른바 '세계 질병의 경찰'로 알려진 이 기구의 전문가들이 서울을 찾은 적이 있었다. 린은 2년 동안 이 기구에서 일했는데 한번은 상사가 서울에도 사무실을 낼 계획이 있는데 책임자로 갈 생각이 있는지 의사를 타진했다. 한국의 파트너는 차관 보급의 보건부 관리였다. 그러나 린은 뜸 들이지 않고 거부 의사를 밝혔다. 그만큼 내 문제 탓에 서울에서 받은 마음의 상처가 깊었다. 부모로서 우리도 가슴이 아팠다.

이 기구에서 근무하는 동안 린은 캄보디아·페루·모잠비크·르완다·미크로네시아 등지의 소아 결핵과 에이즈 치료를 전문적으로 연구했다. 특히 르완다에서 진행한 연구 논문은 세계보건기구의 가이드라인을 바꿀 만큼 획기적인 것으로 평가받았다. 많은 생명을 구할 수 있을 뿐만 아니라 재정도 크게 절감할 방안이 담긴 연구였기에 본인도 자랑스럽게 여긴다. 그가 애틀랜타를 떠나 보스턴으로 갈 때 미국 질병통제예방본부는 국제 보건에 그가 기여한 특별한 공로를 인정해, '폴 슈니트커 상'Paul Schnitker Award을 수여했다.

2009년 여름 하버드 의대로 옮기고 나서 처음에는 주로 캄보디아, 후에는 케냐에 현지 연구 프로젝트를 수행하러 자주 출장을 가게 되었다. 케냐의 경우, 수도 나이로비에서 빅토리아 호수 방향으로 한 시간가량 비행기를 타야 하는 키수무Kisumu라는 도시에 현지 연구 센터가 있다. 32만 명 정도의 인구 가운데 34퍼센트가 에이즈 환자이고, 어린아이들 가운데 3분의 1은 이미 에이즈로 부모를 잃은 고아들이다. 보스턴에서 그곳까지 날아가려면 암스테르담에서 비행기를 바꿔 타야 하기 때문에 오가는 길에 베를린에 들를 수 있어 우리는 그전보다 서로 자주 보게 되었다. 그러나 범죄나 테러가 걱정되어 린이 그곳에 머무르고 있는 동안 우리는 항상 조마조마하다.

하루는 키수무에 있는 린으로부터 사진 한 장이 첨부된 메일이 왔다. 두세 살쯤 되어 보이는 어린애를 어떤 여인이 안고 있는 사진이었다. 아이는 얼마나 울었는지 눈물 자국이 아직도 남아 있는 휑한 눈인데도 입가에는 미소를 띠고 있었다. 에이즈로 부모를 잃은 이 사내애를 검진해야 하는데 너무 보채서 린이 비눗방울을 불어 날려 보내자 이것을 보고 웃는 모습이라고 했다. 이 불쌍한 어린이도 에이즈와 결핵을 동시에 앓고 있는데 새 연구 프로젝트를 위해 처음으로 등록된 환자라는 것이다. 이 어린애가 아직 살아는 있는지…….

사정이 이런데도 외국에서 지원한 많은 돈이 하루아침에 사라져 그곳에서 일하는 현지인들의 봉급도 주지 못하는 사고가 발생했다고 했다. 케냐 중앙 부처의 일부 고급 관리들이 돈을 횡령한 것이다. 케냐 신문에도 크게 보도되었지만 항상 그렇듯이 속수무책이다. 이 사회에는 지배 엘리트들의 비리·횡령·부정·부패가 일상화되었기 때문이다. 이런 상황은 분명히 개인적인 희생을 무릅쓰고 가난과 질병을 퇴치하기 위해 최전선에서 분투하는 수많은 사람들을 실망시키고 나아가 분노하게 만든다. 일찍이 프란츠 파농Frantz Fanon은 물론, 케냐 출신의 작가 응구기 와 티옹오Ngugi wa Thiong'o는 제3세계에서 탈식민주의가 실패한 원인을, 이 사회의 엘리트들이 자신의 이익을 국가나 사회 전체의 이익인 것처럼 호도한 모순에서 찾았다. 지금도 문제의 본질은 그대로이다. 이들은 이제 신자유주의의 머슴이자 '매판 부르주아지'Kompradoren-Bourgeoisie에 지나지 않는다고, 스위스의 사회학자 장 지글러Jean Zeagler는 니코스 풀란차스Nicos Poulantzas를 원용해 규정한 바 있다.

이들과의 싸움은 지난할 뿐만 아니라 린과 같은 외부 사람이 할 수 있는 싸움도 아니다. 그가 의사로서, 또 연구자로서 할 수 있는 일은 병고와 가난에 시달리는 사람들이 인간적인 사회를 향한 희망을 키우고 이를 위해 저항할 수 있는 스스로의 진정한 힘을 키우는 일을 돕는 것이다. 상상할 수 없는 가난 및 질병과의 싸움의 최전선에서 분투하는 린을 생각하며 베르톨트 브레히트Bertolt Brecht의 "세계를 변혁시켜라!"Ändere die Welt!라는 시 구절을 나는 가끔 떠올린다.

죽음을 앞둔 자가 도대체 약의 쓴맛 단맛을 가리겠는가?

천박함을 없애기 위해서는 도대체 어떤 천박함을 피해야만 하겠는가?

모든 것이 너에게 잘 돌아간다면 무엇 때문에 세계를 변혁시키려고 하겠는가?

너는 누구냐?

쓰레기 속에 들어가 도살자들을 포옹하라!

그러나 세계를 변화시켜라!

이것은 꼭 필요하다!


## 애틀랜타의 기억

린이 아직 미국 질병통제예방본부에서 근무할 때 우리 내외는 2009년 1월에 애틀랜타를 방문했다. 오바마의 대통령 취임식을 얼마 남겨 놓지 않은 시점이었다. 추웠지만 화창한 날, 우리는 마틴 루터 킹 Martin Luther King 목사의 생가를 먼저 찾았다. 우리는 어떤 흑인 부부와 함께 한 조가 되어, 자원봉사 하는 한 백인 노인의 설명을 들으며 생가를 둘러보았다. 킹 목사는 이웃 흑인들보다는 그래도 부유한 가정에서 자랐다는 인상을 받았다. 백인 안내인이 당시 인종차별에 대해 설명해 주었는데, 이야기를 듣는 흑인 부부의 얼굴 표정이 그렇게 심각해 보이지는 않았지만, 과연 속으로 무슨 생각을 했을지 헤아릴 수는 없었다. 추운 날씨에도 불구하고 시청 앞이나 교회 건물 밖에 줄을 서서 무엇인가를 얻으려는 사람은 하나같이 흑인들이었다. 이런 상황에서 오바마가 대통령에 당선되었으니 미국 사회에 변화의 바람이 불 것으로 나는 기대했다. 그러나 오바마가 백악관의 주인이 되고 나서도 백인 경찰이 '정당방위'라는 명목으로 사살한 흑인의 숫자는 여전히 줄지 않았는데, 2014년 8월 퍼거슨이나 2015년 5월 볼티모어에서 발생한 '인종 폭동'에 이어, 2016년 7월 이틀 사이에 흑인 두 사람이 백인 경찰에 의해 사살되자 댈러스에서 백인 경찰 다섯 명이 조준 사살되는 피의 악순환이 계속되고 있다.

이때, 은퇴 후 버펄로에서 플로리다의 올란도로 이주한 이중오 교수 부부가 일부러 애틀랜타까지 찾아와 우리는 반가운 재회의 시간을 가졌다. 헤어질 때 이 교수가 우리에게 오바마의 자서전『내 아버지로부터의 꿈』*Dreams from My Father*을 선사했다. 베를린으로 돌아오는 비행기 안에서 책을 읽기 시작했다. 짜임새나 문체가 나무랄 데 없어 끝까지 다 읽었다. 취임식에 이어, 관타나모 수용소에 불법적으로 납치 감금된 9·11 테러 용의자들에 대한 재판을 중단시킨 행정 명령에 서명한 것은 그가 대통령으로서 제일 처음 수행한 업무였기에 나는 그에게 많은 기대를 걸었다. 그러나 그의 노력에도 불구하고 이 문제는 아직 완전히 해결되지 않고 있다. 물론 공화당이 제동을 건다고 하지만, 결국 오바마가 그의 다른 책 『담대한 희망』*The Audacity of Hope*에서 말한 내용도 색이 바랜 셈이 되었다.

2009년 가을, 노르웨이 노벨 평화상 위원회가 오바마에게 노벨 평화상을 시상하기로 결정했다. 그 이유로 세계 평화를 위한 국제 관계 개선 노력을 들었지만, 이미 그가 아프가니스탄에 1만5천여 명의 미군을 증파했다는 점에서 '잘못된 시각에 준 잘못된 상'이라는 비판이 일었다. 이에 대해 '앞으로 잘해 보라는 격려'로 주는 상이라는 변호도 있었지만, 많은 사람들이 쉽게 이해할 수 없는 해명이었다. 오바마의 노벨 평화상 수상을 변호했던 사람들은, (겨우 시작에 불과하지만) 그가 임기 말에 37년간 미국과 오랜 악연을 이어 왔던 이란, 그리고 57년간 미국이 봉쇄했던 쿠바와의 관계 개선을 새로운 증거로 제시할 수도 있다. 그러나 오바마는 미국 역대 대통령 가운데 재임 기간에 가장 오랫동안 전쟁을 수행한 대통령으로 남게 되었다.

그러면 한반도의 평화를 위해 그는 어떤 노력을 했는가? 오바마는 시종일관 아시아-태평양 지역이 21세기의 중심이라고 확신해 '아시아로의 회귀'Pivot to Asia를 자신의 대외 정책의 기본으로 삼아 왔다. 이런 아시아 중시 정책을 가로막는 최대 걸림돌은 말할 것도 없이 중국의 부상이다. 미국은 지난 40년간 급속한 경제성장과 군사력을 바탕으로 중국이 아시아 지역에서 영향력을 확대하는 것을 견제하기 위해 '전쟁을 할 수 있는' 일본, 그리고 남한을 연결하는 '삼각동맹'을 강화하고 있다.

이를 정당화하는 첫 번째 논거는 핵을 가진 북한의 위협이다. 북의 위협에 대처하기 위해 '사드'THAAD를 남한 내에 배치하겠다는 미국의 의도를, 중국은 미국이 대중국 전략의 본질을 드러낸 것으로 판단하고 있다. 최근 중국이 북의 '비핵화'와, 주한 미군의 존재 근거를 어렵게 만드는 '북미 평화협정'의 체결 문제(정전 체제를 평화 체제로 전환한다는 의미에서 '정화기제'停和機制)를 연계해서 제기하는 것도 결국은 미국의 대중 전략을 의식해 내놓는 카드라 할 수 있다. 아시아-태평양이라는 장기판에서 북한을 단지 중국의 '졸'卒로 보고, 북한에 대한 중국의 영향력 행사만을 주문한 채, 북한이 미국에 바라는 요구에 대해서는 철저히 무시하고 무대응strategic pertinence으로 일관하는 것이 최상의 전략이라고 오바마는 믿고 있다.

모든 국제간 분쟁, 모든 사회적 갈등의 핵심에는 상대방의 진정한 동기를 서로가 모르기에 생기는 '이중적 우연성'double contingency이 놓여 있다. 그러므로 이런 불안정하고 때로는 위험하기 짝이 없는 상황을 돌파하려면 대화와 협상이 필요하다. "내가 원하는 것을 네가 먼저 해주면, 네가 원하는 것을 들어주겠다."라는 '너 먼저'의 순환 논리를 깨고, 각자가 들어앉아 있는 '블랙박스'에서 쌍방이 동시에 걸어 나와, 협상 테이블에 마주 앉아 모든 현안 문제를 올려놓고 합리적인 해결책을 찾는 것 외에 별다른 방법이 없다.

"나에게는 꿈이 있다"I Have a Dream라고 외친 킹 목사는 자유와 평등을 기반으로 성숙한 미국 사회를 건설하고, 나아가 베트남전쟁을 반대하며 평화로운 세계를 건설하자고 호소했다. 그의 정신을 이어받아 '미국의 꿈'을 실현하고 세계 평화를 위해 매진하라는 격려의 뜻으로 오바마에게도 노벨 평화상이 수여되었다. "우리는 할 수 있다"Yes, we can는 슬로건 밑에 국내외 정책의 새로운 바람을 일으킨 오바마가 2009년에 '핵무기 없는 세계'를 주장했지만, 미 정부는 기존 핵무기의 현대화를 위해 향후 10년 동안 무려 3천5백억 달러를 투자할 것이라고 내다보고 있다(『원자과학자회보』*Bulletin of Atomic Scientists* 2015년 3월호). 그래서 '핵무기 없는 세계'라는 목표에서 더 멀어진 책임이 바로 오바마에게 있다는 비판이 설득력을 얻고 있다. '핵무기 없는 한반도'와 '평화 체제로의 전환'은 선후의 문제가 아니라 동전의 양면과도 같은 관계다. 그러므로 이 두 목표를 연계시켜 해결한다는 원칙 위에서, 이를 위한 협상 과정과 성과를 국제적 틀 안에서 보장하는 방법 이외에 다른 합리적인 해결책은 없다.

## 후쿠시마 단상

2011년 초 일본에서 메일 한 통이 날아왔다. 일본의 칸트연구회에서 간사를 맡고 있고 도쿄 수도首都 대학에서 철학을 가르치는 이시카와 모토무石川求 교수는 메일에서 '세계시민의 철학'을 주제로 하는 학회에서 내게 주제 발표를 부탁했다. 독일 근대 철학을 전공하는 그는 베를린에서 수학한 적도 있다고 자신을 소개했다. '세계시민'Weltbürger이라 하면 당연히 칸트를 떠올리게 마련이고 이에 대한 책자나 논문의 수는 셀 수 없을 정도로 많다. 일본의 월간지 『세카이』 2004년 11월호에 실린 일본 언론인 가지무라의 글 "송두율 교수 사건"에 등장한 '경계인'의 개념에 주목한 이시카와 교수는 "경계인이 보는 칸트의 세계시민"을 강연 주제로 했으면 좋겠다고 해, 나도 동의했다. 후에 이 독일어로 된 강연 원고는 일본어로 깔끔하게 번역되어 『세계시민의 철학』이라는 책에 실렸는데, 이는 다른 젊은 칸트 연구자와 함께 편집한 "현대 칸트철학 연구"의 12권째 책이었다. 이시카와 교수는 "코스모폴리탄을 일종의 유행이나 기분으로 이해하는 사람이 적지 않은 '섬나라' 일본에서는 보기 드문" 현대 세계사의 한 증인으로서, '경계인'으로서, 한 '세계시민'으로서 일본 지성계에 호소한다는 취지를 밝히며 나와 논문을 소개했다.

4월 15일로 예정된 발표와는 별도로 윤건차·서경식 교수 등 재일 지식인들이 특별히 마련한 토론회에 참석하고, 친척과 친지들을 만나기 위해 2주 동안의 방일 일정을 세웠다. 이 여행에는 아내도 동행하기로 했다. 준과 안야, 그리고 보스턴에 있는 린도 일본에서 합류하는 여행 계획도 세웠다. 모스크바를 경유하는 항공권도 예약했는데, 3월 11일 예기치 못한 사건이 발생했다. 후쿠시마 원전 사고였다.

오래전 1986년 4월 26일 체르노빌 원전 사고를 전하는 긴급 뉴스를 리영희 교수, 박재일 한살림 대표 그리고 친지 몇 명과 함께 암스테르담 여행 중에 들었던 적이 있다. 인류에게 던지는 엄청난 경고라고 당시 평했던 리 선생님의 말이 기억났다. 사고가 발생한 체르노빌은 베를린에서 1,150킬로미터 떨어져 있었지만 바람의 방향에 따라 오염된 낙진이 떨어질 위험이 있기 때문에 수시로 경고 방송이 있었다. 밖에서 자란 채소나 과일은 먹을 수 없었으므로 통조림이나 사고 발생 전에 가공된 식품이 동이 났다. 위험 때문에 자연식품이 가공식품에 자리를 내준 격이 되었고, 자연과 인공의 가치가 완전히 전도되었다.

어쨌든 후쿠시마 원전 사고로 나는 강연을 포함한 일본 방문 일정을 모두 취소해야 했다. 큰아들 준은 후쿠시마에서 그리 멀리 떨어져 있지 않은 센다이에 2년간 체류한 탓에 친지들이 안위를 걱정했으나 다행히 피해는 없었다고 해 안심할 수 있었다.

현재 프랑스와 한국에 이어 세계에서 세 번째로 핵에너지 의존 비율이 높은 일본은 메이지유신 이후 '기술 입국'이라는 구호 아래 비서구 사회에서는 처음으로 산업화의 길에 들어섰다. 제2차 세계대전에서는 패했지만, 일본은 냉전 체제 안에서 미국의 적극적인 후견에 힘입어 중화학공업을 근간으로 1950년대 중반부터 기록적인 고도성장을 기록해 미국에 이은 제2의 경제 대국으로 부상했다. 물론 한국전쟁과 베트남 확전으로 인한 특수 경기에 힘입은 것은 말할 나위가 없다. 1973년과 1979년 두 번에 걸친 유류파동으로 위기에 처한 영미와 서유럽 자본주의에 대한 하나의 대안으로, 미국과 서유럽의 사회과학자나 정치인 들은 이른바 '일본 모델'을 크게 부각시켰다.

이들이 주장하는 일본 모델은 간단히 말해 수출산업이 주도하는 고도성장을 뒷받침하기 위해 국가가 사회적 안정과 통합(특히 노동시장)을 적극적으로 유도하는 모델이다. 그렇다면 시장 자유주의에 기반을 둔 영미식 자본주의나, 복지사회 혹은 사회적 시장경제를 지향하는 북유럽이나 독일을 포함한 서유럽식 자본주의에 대해 일본 모델이 정말 대안이 될 수 있는가? 이 질문과 관련해서 나는 1982년 1월, 뮌스터 대학의 교수 자격 취득 심사의 한 과정인 '연습 강독' Probevorlesung의 주제로 "일본은 독일에 있어 하나의 모델인가?"Ist Japan ein Modell für Deutschland?를 택했다. 이 강연은 후에 미국에서 발행되는 진보적 잡지『텔로스』Telos에도 소개되었다.

이 강연은, (대기업/하청기업, 정규직/비정규직, 남성 노동자/여성 노동자 등과 같은) '이중구조'dual structure 속에서 전자와 후자를 철저하게 '분리'하고, 동시에 이로 인한 갈등을 전통적인 국가주의나 기업 가족주의로 '통합'시키는 일본 모델을, 영미나 서유럽 산업사회에 도입할 가능성 및 한계를 모색하기 위해 일본 모델을 논의하는 것이 아니라, 경제 위기에도 아랑곳없이 파업을 일삼는 막강한 노동조합이나 '이기적인' 노동자를 비난하기 위해 일종의 반면교사로 일본 모델을 이용하려는 미국과 유럽 보수주의자들의 숨은 의도를 비판하기 위한 강연이었다. 일본 모델에 대한 논의에 이어 1980년대 중반부터는 이른바 '신흥공업국'NICs인 '네 마리의 용'(한국·타이완·홍콩·싱가포르)에 대한 논의도 활발했는데, 이 역시 일본 모델 논의와 같은 맥락이었다.

그러나 일본은 엔고円高로 인해 수출산업이 타격을 입고 부동산 중심의 거품도 걷히면서 1990년대 초부터는 이른바 '잃어버린 10년'을 보냈다. 이후로도 '잃어버린 20년'이라는 말이 등장할 정도로 장기 침체의 늪에서 빠져나오지 못한 상황에서 후쿠시마 원전 사고를 당해 일본 모델에 대한 긍정적인 평가와 논의는 거의 사라졌다.

일반적으로 기술의 미래에 대한 기대나 평가에 있어 서유럽보다 미국과 일본은 낙관적이다. 이런 맥락에서 이미 1960년대 초에 프랑스 헤겔 철학의 유수한 해석자 코제브Alexandre Kojève는 모든 정치사상적 이데올로기가 사라지고 오직 기술 발전에 의존하는 삶의 쾌적함이라는 이데올로기만 남아 있는 '탈역사'post-histoire의 시대에 미국과 일본이 가장 먼저 진입했다고 주장한 적이 있다. 일본이 후쿠시마 이후에도 원전 의존적인 에너지 정책을 포기하지 않는 데 반해, 독일은 이를 계기로 기존 핵에너지 의존 정책에서 과감하게 탈피하기로 결정했는데, 눈여겨볼 만한 대목이다. 얼마 전에는 경주에도 예상치 못한 강진이 발생했다. 특히 원전이 집중적으로 건설된 이 지역에 후쿠시마와 같은 비극이 발생하지 않으리라고 누가 보장할 수 있겠는가?

일찍이 '기술 입국'으로 시작해 '기술 대국'의 길로 줄곧 달려온 일본이 만난 후쿠시마 사태는 기술에 대한 맹신의 결과를 상징적으로 보여 준다.

원래 건축가였던 막스 프리슈는 자전적 소설 『기계적 인간』*Homo Faber*에서 기술자 발터 파버Walter Faber를 주인공으로 내세워 인간세계에 내재하는, 피할 수 없는 우연이 만들어 내는 비극적 숙명을 그려 기술 만능주의적 사고를 비판했다. 이런 맥락에서 보면 후쿠시마는 기술 만능주의에 대한 새로운 차원의 분명한 경고였다. 일본이 지진으로부터 시작된 불행한 '우연'의 고리였던 후쿠시마를 자기반성의 계기로 삼지 않고 앞으로도 기술 대국이라는 자만과 결합된 '전쟁을 할 수 있는 나라'로서 군사 대국으로 눈을 돌리는 한, 동아시아에서 평화 체제를 건설하기란 불가능할 것이다.


## | 우정에 대하여

10년간 김대중·노무현 정부하에서 지속된 남북 간의 화해 분위기는 2008년에 이명박 정부가 등장하면서 긴장과 대결 국면으로 급격히 바뀌었다. 노무현 대통령의 비극적 운명과 김대중 대통령의 사망에 이어 천안함 침몰과 연평도 포격 사건 등 한반도에서 들려오는 소식은 하나같이 슬프거나 답답한 것뿐이었다. 이런 상황에서 빈에 있는 출판사 프로메디아Promedia로부터 연락이 왔다. 규모가 크지는 않지만 문제성 있는 책을 꾸준히 발간해 온 출판사였는데, 한국에 관한 책을 2012년 3월 중순 라이프치히에서 열리는 국제 도서 전시회에 맞추어 출간하고 싶다는 것이었다.

37년 만의 '미완의 귀향'으로 얻은 마음의 상처 때문에 한국 문제를 의식적으로 피한 채 몇 년을 지냈던 터라 처음에는 내키지 않았다. 그러나 독일어권의 한국 관련 뉴스가 보도의 양이나 분석의 질에서 너무나 한심한 수준이었으므로, 방관만 하기에는 마음이 편치 못했다. 저술 계획에 있어 건강 문제로 조금 지연되고 있는 『현대성의 구성』Zur Konstitution der Moderne이 최우선이었지만, 북한의 핵실험과 남북 간의 군사적 충돌, 김정일 국방위원장의 사망, 그리고 2012년 12월에 남한에서 치러질 대선의 향방을 둘러싸고 논의가 이루어지기 시작한 시점에서 나도 발언해야 한다는 생각은 늘 하고 있었다.

박정희의 죽음과 광주 항쟁(1980년), 서울 올림픽(1988년), 해방 50주년(1995년), 그리고 핵 문제를 둘러싼 북한의 미래(2004년) 등 세계의 시선이 집중된 중요한 시기마다 나는 일련의 저작을 통해 독일어권의 독자들과 항상 만나 왔다. 나는 진행 중이던 다른 저술 작업에 대한 부담을 덜기 위해, 1988년 서울 올림픽경기를 계기로 그동안 한국 문제에 관한 책 몇 권을 함께 냈던 라이너 베르닝과 공동 저자로 작업을 시작했다. 이 책에서는 해방, 민주화와 통일을 향한 험난한 과정에서 등장했던 민중의 기록들을 저자들이, 단순히 '관찰하는 정신'beobachtender Geist이 아니라 '고통에 동참하는 정신'leidender Geist으로 다시 밝히며, 남 따로 북 따로 서술하는 것이 아니라, 남북이 서로 영향을 주고받으며 함께 전개해 온 현대사를 '공시적'共時的으로 기술하기로 했다. 또한 베르닝은 주로 역사 부분을, 나는 주로 남북 관계의 발전과 전망, 그리고 국제 관계를 다루기로 했다. 그리고 이 책을 윤이상 선생과, 그의 오랜 동료로서 한국의 민주화와 통일 운동을 지원했던 프로이덴베르크 교수 두 사람에게 증정하기로 했다.

모든 작업은 순조롭게 진행되었다. 그런데 출판사와 계약을 체결할 때 한 사람이 대표로 계약하는 것이 번거로움을 덜 수 있다기에 나는 베르닝에게 모든 것을 위임했다. 형식을 싫어하는 내가 동료를 믿고 간단하게 일을 처리한 것이 나중에 보니 실수였다. 출판 과정에서 출판사는 베르닝이 계약 당사자라는 이유로 나와 연락을 취하지 않았다. 이것이 발단이 되어, 공동 계약으로 재계약을 하는 과정에서 베르닝과의 인간관계도 적지 않은 손상을 입었다. 다섯 살 아래인 그는 나를 '큰 형'älterer Bruder이라고 부를 만큼 오랜 친구였다. 또한 2003~04년 기간에 내가 고생할 때 두 번이나 서울을 찾아 상황을 파악하고 법정에 증인으로 서기도 했으며, 독일에 돌아가서는 여러 매체에 내 문제에 관한 기사와 논평을 기고했던 그였기에 나도 마음의 상처를 입을 수밖에 없었다.

독일에서 오랫동안 생활했음에도 인간 생활에서 법이 요구하는 형식을 중시하느냐, 아니면 실제 마음가짐을 본질적인 문제로 보느냐 하는, 동서 문화의 차이를 또 한 번 피부로 느낄 수 있었다. 문제는 있었지만 우리는 예정대로 탈고를 마쳤고, '라이프치히 국제 도서전'에 맞추어 책이 출간되었다. 우리는 도서전에서 독자와 만남의 시간도 가졌고, 내가 서울을 방문했을 때 있었던 일과 관련해 베를린의 일간지 『노이에스 도이칠란트』Neues Deutschland와 긴 인터뷰도 했다. 출판사가 빈에 있는 관계로 5월에는 독자들과의 만남이 그곳에서도 있었다. 이어서 (1703년에 창간되어 현존하는 일간지 가운데 세계에서 가장 역사가 오래된) 『비너 차이퉁』*Wiener Zeitung*과의 인터뷰가 있었는데, "모든 악의 뿌리는 분단에 있다"*Koreas Teilung ist der Grund allen Übels*라 는 제하의 긴 인터뷰는 7월 8일자 신문 한 면을 채웠다. 이 책은 내가 독일어로 쓰는, 한국 관련 마지막 책일 것 같아 나로 하여금 많은 것 들을 생각하게 만들었다.

프로이덴베르크 교수의 아들 크리스토프는 우리 사이를 중재하려 고 많은 애를 썼다. 그러나 한번 마음에 상처를 입으면 가볍게 넘기지 못하는 성격이라 쉽지 않았다. 동서양을 막론하고 진정한 친구가 누 구인지, 그리고 그 중요성에 대한 격언이나 가르침도 많다. 친구를 뜻 하는 '우'友는 원래 왼손과 오른손이 서로 마주 잡는 모습을 형상화했 고, 공자는 『논어』論語에서 "이로운 벗이 셋이고 해로운 벗이 셋이다. 정직한 사람을 벗 삼고, 성실한 사람을 벗 삼고, 교양 있는 사람과 벗 삼으면 유익하다. 남의 비위를 잘 맞추고 아첨하는 사람과 벗하거나, 굽실거리는 사람과 벗하거나, 빈말을 잘하는 사람과 벗하면 해롭다" 益者三友 損者三友 友直 友諒 友多聞 益矣 友便辟 友善柔 友便佞 損矣라고 했 다.

벗에 대한 철학적 사고를 깊이 했던 로마의 키케로Cicero도 『라엘 리우스』*Laelius de amicitia*에서 '친구의 유용성'*utilitates amicitiae*을 이야 기하면서도 친구로 인한 즐거움에만 머무르지 않고 덕virtus을 함께 지향하는 인간관계의 정립을 친구의 최고 가치로 생각했다. "사람을 사귄 지 오래되어도 공경으로 대하라"久而敬之는 공자의 가르침과, "공 경함 없이는 친구의 가장 아름다운 장식물을 잃게 된다"sine amicitia perdiderit reverentiam ornamentum monilium suorum라는 키케로의 경구도 친구 간의 우정을 쌓는 데 없어서는 안 되는 덕목으로서 상호 존중을 지적한 것이다. 공자나 키케로가 살았을 당시의 친구 개념은, 지구의 반대편 세계에 사는 사람들과도 몇 번의 '클릭'만으로 순식간에 '페친'을 맺을 수 있는 오늘날의 그것과는 사실 많이 다르다. 그럼에도 불구하고 서로에게 기쁨을 더하게 하고 고통을 덜게 하며, 서로 공경하는 인간관계의 수립이 '친구'의 본질이라는 것은 예나 지금이나, 동서양을 막론하고 변치 않았다고 나는 생각한다.

## 마이센의 장식 접시

한국과 관련해 독일어로 쓰는 나의 마지막 저서가 될 『코레아』 *Korea*를 탈고하고, 우리 내외는 번잡한 성탄절을 피해 (1980년대 초반에 잠깐 들렀던) 마드리드에서 일주일을 보낼 생각으로 집을 떠났다. 그런데 2011년 12월 17일, 북한의 지도자 김정일 국방위원장의 서거를 알리는 긴급 뉴스가 전해졌다. 마드리드에서 돌아와 베를린 주재 조선 대사관을 들러 조의를 표하고, 인쇄 일정을 중단시킨 후, 남쪽의 대선 결과도 고려하고 김정일 위원장의 서거 이후 남북 간의 정세 변화를 분석하는 부분을 책에 추가하기로 했다.

내가 처음이자 마지막으로 김정일 위원장을 만났던 것은 1994년 7월 19일 김 주석 영결식에 참석하기 위해 평양을 방문했을 때이다. 1994년 7월 14일 호상護喪을 맡은 김 위원장에게 조의를 표하자 김 위원장은 내게 먼 길을 와 주어 감사하다는 말을 건넸다. 그로부터 17년 후 김 위원장도 세상을 떠났다. 김 주석 서거 때와는 달리 평양으로부터 공식적인 초청은 오지 않았다. 그 사이 남쪽을 방문한 나를 괘씸하게 생각한다는 어떤 북쪽 간부의 이야기가 내 귀에까지 들린 적이 있었으므로, 나도 장례식에 초청받지 않았다고 섭섭하게 생각하지 않았다. 남북으로 갈라진 답답한 현실에서, 지금까지도 그랬지만 내가 품고 있는 희망과 고민이 이해될 날이 그렇게 빨리 올 것으로 생각하지 않았기 때문이다. 2009년 가을에는 남북·해외 학자들이 참여하는 국제 학술회의를 베를린에서 새롭게 개최할 기획으로 평양을 방문하려 했으나, 앞서 있었던 북의 제2차 핵실험으로 정치적 상황이 좋지 않으니 연기했으면 좋겠다는 연락을 받은 적이 있다.

사실 나는 1990년대부터 방북하게 되면 기회가 있을 때마다 김 위원장을 직접 만나고 싶다는 희망 사항을 요로에 전했고, 특히 김 주석을 접견했을 때도 이런 나의 희망을 직접 개진한 적이 있었다. 그때마다 "김 주석님이 친히 만나 주시는데 김 위원장님을 구태여 만날 필요가 있느냐."라는 대답이 돌아왔다. 김 위원장을 직접 만나려고 한데는, 1986년 3월 오스트리아 빈에서 신상옥·최은희 부부가 미국 대사관으로 망명한 사건도 관련이 있다(이들은 미국으로 사라졌다가 2000년에 서울에 나타났다).

전두환 정권은 1980년대 중반부터 김 위원장에 대한 부정적인 이미지를 국내외에 적극적으로 선전했는데, 신상옥과 최은희는 김 위원장을 가장 가까이에서 만나 본 외부 인사였으므로 그들의 정보는 대단한 것으로 여겨졌고, 그들을 데려간 미국은 남한 정부보다 먼저 여러 정보를 챙겼다. 영국의 저널리스트 폴 피셔Paul Fischer는 최은희를 인터뷰해서 2015년 봄 『김정일 프로덕션』A Kim Jong-Il Production이라는 책을 냈는데, 같은 해 가을에 독일어판이 나올 정도로 서방 사회에서 김

위원장에 대한 이야기는 여전히 흥밋거리로 남아 있다. 어쨌든 이 사건이 발생한 뒤, 가까운 독일 언론인 한 사람이 김정일 위원장과 인터뷰를 하려는데 도움을 줄 수 있는지 내게 물었다. 한 사람을 평가한다는 것이 한두 번 만난다고 될 일은 아니지만, 남쪽과 서방 언론에서 '기쁨조'를 곁들인 수준의 평가가 지배적이었으므로 추진해 볼 가치가 있다고 나도 생각했다. (이미 30대 초반부터 북한 사회를 실질적으로 통치해 왔던 김정일 위원장에 대한, 김대중 대통령과 노무현 대통령의 평가는 그래도 공정했다고 나는 판단한다.) 그러나 나도 만날 수 없는데 이를 추진하고 성사시킬 전망이 서지 않았다.

어쨌든 다시 대면할 기회가 영원히 사라졌기에, 사망한 김정일 위원장의 70세 생일을 맞아 나는 1920년대에 독일 마이센Meissen에서 제작된, 용 두 마리와 불사조 두 마리가 그려진 도자기 장식용 접시를 선물로 보냈다. 선대가 남긴 통일의 꿈을 후대들도 잊지 말고 정진하라는 뜻이었다. 이후 김정은 후계 체제가 들어선지 이미 4년을 넘긴 시점인 2015년 10월 10일 조선로동당 창건 70주년에 맞추어 나는 아내와 함께 방북하겠다는 의사를 밝혔다. 그 사이 많은 격동을 겪은 북의 모습을 내 눈으로 직접 확인하고 싶었다. 그러나 응답이 없었다. 세대교체가 급속히 이루어지고 있는 북에서 나 같은 사람에게 더 이상 무엇을 기대하겠는가라고 자문하면서 나는 앞으로 방북을 추진하지 않기로 했다. 수십 년간의 사연과 이에 얽힌 수많은 감회를 뒤로하고 내린 어려운 결단이었지만, 동시에 무거운 짐을 내려놓은 것 같았다.

북이 네 번째 핵실험을 강행하고 인공위성 광명성 4호를 발사하자 2016년 3월 2일 유엔 안전보장이사회는 북이 전 세계를 상대로 도발하고 있다며 유엔 역사상 비군사적 제재로서는 가장 강력하다는 '2270 결의'를 통과시켰다. 그러나 북은 그런 제재에도 아랑곳없이, 36년 만에 열린 조선노동당 제7차 대회(2016년 5월 6~9일)에서 핵 무력 건설과 함께 경제 건설을 거듭 확인했다. 문제의 핵심은 분명하다. 핵 무력과 경제 건설을 병진하겠다는 북의 입장과, 핵을 포기하지 않으면 북의 체제 붕괴까지 염두에 둔 제재를 한층 강화하겠다는 미국의 입장이 계속 평행선을 달리고 있는 것이다.

그러면 미국을 중심으로 한 서방측의 제재와 봉쇄를 견디지 못한 북이 결국 기존의 핵 무장력을 해체하고 협상에 응하리라는 전제는 과연 타당한가. 베를린장벽이 무너진 이래 이른바 '북한 전문가'나, 워싱턴과 서울을 포함한 서방측의 '싱크 탱크'가 주장한 '북한 붕괴론'이 '희망 사항'을 '객관적인 사실'로 만들고 싶어 하는 것까지는 나도 충분히 이해할 수 있다. 그러나 문제는 예측이나 분석이 사후에 거듭 오류로 밝혀졌음에도 이 같은 일이 여전히 시도 때도 없이 반복된다는 데 있다. 여기서 나는 북한보다 '북한 붕괴론'이 먼저 무너질 것이라고 이야기한 갈퉁 교수의 지적을 다시 강조하고 싶다.

물론 중국과 러시아가 유엔 안보이사회의 제재 결의에 찬성했으므로 성공할 가능성이 과거보다 높다고 하지만, 앞으로 점증될 중국과 미국, 러시아와 미국 간의 갈등과 분쟁은 그런 희망 사항이 현실화되기 어렵다는 사실을 보여 주리라고 나는 생각한다. 다른 한편, 많은 사람들이 말했듯이, 북한 사회의 여러 내적인 요소들이 체제 붕괴를 촉진하는 특별한 조짐이 있는가? 1997년 2월 황장엽이 망명한 직후부터 곧 북이 붕괴할 것처럼 한동안 국내외 언론에 대서특필된 지 벌써 20년이 되지만 이 역시 희망 사항이었다. 실사구시, 즉 사실에 기초한 탐구가 한반도의 평화와 통일을 위한 원칙이 되어야 한다. 자신의 이익을 관철하려는 주변 강대국들의 견강부회나 아전인수식 논리에 덩달아 춤을 추지 말았으면 한다. 그래서 북을 '내재적-비판적'으로 이해하는 것이 앞으로도 타당하다는 점을 나는 거듭 강조하게 된다.

## 제6부

# 미래를 그리며··
# 다른 아시아와의 만남

"어느 장소에서도 고향처럼 집착해서는 안 된다.
세계정신은 우리를 붙잡아 두거나 구속하지 않고
우리를 한 계단 한 계단 높이며 더 넓히려 한다.
삶의 한 계단에 머물러 슬퍼하자마자
우리는 곧 무기력에 빠진다.
자리를 박차고 떠날 각오가 되어 있는 자만이
자신을 묶고 있는 속박에서 벗어나리라.
임종의 순간에도 아마도
새로운 장소는 나타날 것이다.
우리를 부르는 생의 외침이 끝나는 일은
결코 없으리라."
― 헤르만 헤세

아내가 2012년 10월 20일에 희년을 맞았다. 내 생일은 아내보다 8일 빨라 대개는 두 사람의 생일 가운데 온 가족이 함께하기 좋은 날에 생일을 축하하는데, 그해는 아내의 생일이 마침 토요일이었다. 그런데 전혀 예기치 못한 일이 생겼다. 아내가 생일을 며칠 앞두고 고열과 기침이 심해졌는데, 심한 감기 정도로 생각한 주치의는 간단한 처방만 했다. 그러나 주말을 넘기고 나니 증세가 더 악화되었다. 연구 출장차 케냐에 가던 린이 어머니의 칠순 생일에 맞추어 마침 베를린에 왔는데, 저녁에 집에 도착하자마자 어머니의 상태가 아주 위독하다며 곧 구급차를 불러 대학 병원으로 향했다. 이미 혼수상태에 빠지기 시작한 아내의 엑스레이 촬영 결과는 급성폐렴이었다. 빨리 손쓴 덕에 다행히 열흘 만에 퇴원할 수 있었다. 의사 아들을 둔 것도 행운이었지만, 위급한 순간에 마침 옆에 있었기에 어머니의 생명을 구할 수 있었다.

두 아들은 어머니의 70세 생일 선물로 동남아 여행을 준비했다. 베를린의 춥고 어두운 겨울을 피하고, 동남아가 기후도 따뜻하고 문화적·종교적 전통이 한국과는 조금 다른 아시아라는 것을 염두에 둔 선물이었다. 특히 둘째 린은 캄보디아의 어린이 결핵 퇴치를 위한 연구 때문에 프놈펜에 자주 체류했는데, 시간을 내어 이웃 나라인 미얀마·라오스·타이·베트남·말레이시아를 여행한 경험이 있어 우리에게도 적극적으로 추천했다. 그래서 아내가 입원하기 전에 이미 12월 중순부터 약 한 달간의 동남아 여행 일정도 대충 잡아 보았다. 우리는 여행사에서 미리 짠 일정에 따라 여행하지 않는다. 시간은 걸리지만 우리 스스로 정보를 찾아보고 일정을 짜고, 이동 수단과 숙소를 예약하는 것이 습관이 되었다. 거의 매일 이동해야 하는 패키지여행보다는 경비가 좀 더 들겠지만, 대개 며칠 머물 수 있는 거점을 먼저 정하고, 이를 중심으로 그 주위에 있는 명소들을 둘러보는 것이 우리의 여행 방식이다.

건강 상태가 호전된 아내는 동남아 여행 계획에 대해 주치의와 상의를 했다. 주치의는 연말에 여행을 떠나는 데 별 이의가 없다는 의견을 냈고, 린도 여행 중간에 며칠간 우리와 합류할 수 있다고 해서 본격적으로 떠날 차비를 했다. 미얀마는 사증을 받는 데만 한 달이 걸리고, 동남아 여행은 특히 방역에 만전을 기해야 했으므로 예방접종을 받는 데도 시간이 꽤 걸렸다. 우리는 '방콕 → 치앙마이 → 루앙프라방 → 시엠 립 → 양곤 → 바간 → 방콕'에 이르는 코스를 따라, 2012년 12월 10일에 집을 떠나 다음 해 1월 14일에 돌아오는 일정을 잡았다.

이 나라들은 모두 불교가 생활화된 곳이다. 어디를 가든 절이 있고 항상 신도들을 볼 수 있었다. 기독교 문화권에서 반세기 가깝게 살아온 우리에게는 새로운 체험이었다. 오랜 기독교 전통에도 불구하고 어디를 가든 교회는 대부분 텅 비어 있는 서유럽과도 비교되었다. 가장 인상 깊었던 사원은 역시 미얀마의 수도 양곤에 있는 쉐다곤 Swedagon이었다. 금박과 보석으로 치장된 화려하고 웅장한 절이라 그 자체로도 인상적이었지만, 절 자체가 살아 있는 공간이었다. 혼자 독경하며 기도하는 사람도 있었고, 소풍 나온 것처럼 가족과 친지들이 군데군데 모여 앉아 다과를 나누어 먹기도 하고, 연인들은 구석에서 밀어를 나누고, 어린애들은 즐거운 듯 이곳저곳을 돌아다니며 기웃

거렸다. 강요된 경건과 엄숙이 무겁게 드리운 장소가 아니라 삶의 활기를 함께 느낄 수 있는 성스러운 공간이었다. 이곳에서 우리도 다른 사람들처럼 기도하고 묵상했다.

라오스의 루앙프라방 메콩 강변에 있는 절 '왓 시엥 통'Wat Xieng Thong도 인상 깊었다. 5백 년이 넘을 만큼 유서 깊고 세계적으로도 많이 알려진 절이라 관광객이 적지 않았지만 분위기가 고즈넉해서 마음에 들었다. 여행 동안 우리는 크고 작은 수십 개의 절을 찾았기 때문에 그 이름은 대부분 기억할 수 없지만, 그때마다 성북동에 있는 길상사를 떠올렸다. 국정원에서 매일 시달리던 어느 날 오후에 이삼열 선배와 함께 잠깐 찾았던 곳이다. 교회의 성가대를 연상시키는 복장과, 흡사 찬송가처럼 들리는 찬불가의 곡조에 나는 놀랐다. 불교의 대중화가 꼭 그런 형식을 띠어야만 할까 의문이 들었는데, 동남아 여행 중에 그때 기억이 다시 떠올랐다.

양곤에서 비행기 편으로 북부 미얀마에 있는 거대한 유적지 바간으로 이동해 그곳에서 며칠을 묵었다. 이미 8세기에 벽돌로 지어진 크고 작은 2천여 개의 사원들이 넓은 평원에 깔려 있어 해가 뜰 때나 질 때 나타나는 희미한 실루엣이 신비스러운 동시에 서글픈 감정을 자아냈다. 중세 때는 당시 런던보다 15배나 컸던 이 왕국의 수도가 1287년에 원나라의 군대에 의해 함락되어 점차 폐허로 변하고 말았다. 물론 외부의 침공이 몰락의 주된 원인이었시만 '하늘과 땅을 연결하는 제국'은 내적으로 이미 몰락의 길을 걸었다. 당시 사원을 지으면 세금이 면제되었는데, 이를 핑계 삼아 제후들은 너나 할 것 없이 자신들을 위한 '천년왕국', 사원을 세웠다. 이로 인해 중앙정부의 재정은 고갈될 수밖에 없었다.

위 _ 미얀마 바간에서(2012년 12월)
아래 _ 미얀마 양곤 쉐다곤 사원에서(2012년 12월)

바간 왕국이 2천여 개의 사원을 남기고 사라진 것처럼 캄보디아의 앙코르 와트Angkor Wat도 무수한 사원들을 남기고 사라졌다. 크메르 제국의, 상상을 넘어서는 엄청난 규모의 도읍지를 둘러보는데, 이곳을 몇 년 전에 들렀던 린의 안내가 큰 도움이 되었다. 앞서도 말했듯이, 린은 우리가 캄보디아에 체류하고 있을 때 보스턴에서 날아왔다.

역사에 나타났다가 사라진 수많은 제국의 운명은 기본적으로 제국이 안고 있는 사회경제적 모순에 달려 있다. 이는 대체로 제국의 말기에 지배계급의 사치와 방탕 그리고 불화에서 헤어나지 못하다가 망했다는, '최후의 심판' 식으로 설명되는데, 로마제국의 멸망을 바라보는 기독교적 사관이 아마도 대표적인 사례일 것이다. 이를 니체는 '로마에 대한 기독교적 복수'라고 표현하기도 했다. 기독교에는 로마야말로 세속적인 의미의 '세계'Welt이자 동시에 '죄악'Sünde의 동의어였기 때문이다.

우리가 만리장성이나 피라미드와 같은 세계 문화 유적을 찾을 때 얻는 감정은 기본적으로 복합적이다. 거대한 건축물을 남길 수 있었던 지배자의 능력에 경탄하는 한편, '이로 인해 인민의 고통이 얼마나 심했을까?'라는 질문도 생긴다. 이와 관련해 주어진 대답이 바로 '동양적 전제주의'Orientalische Despotie였다. 헤겔 이후 본격적으로 체계화된 이 해법은 가령 그리스의 아크로폴리스나 로마제국의 콜로세움과 같은 유적을 대할 때 이를 '고전적'이라며 높이 평가하지만, 당시 인민의 고통에 대해서는 말을 아낀다.

동서 냉전의 틈바귀에서 1950년대에 이미 전향한 카를-아우구스트 비트포겔Karl-August Wittfogel은 공산주의를 현대판 '동양적 전제주의'로 단순하게 해석했다(나는 이를 박사 학위논문에서 비판한 바 있다).

그러나 마르크스가 이야기한 동양적 전제주의를 '수경水耕 사회' hydrolic society로 해석했던 그의 주장이 상당 부분 타당하다는 것을 나는 이번 동남아시아 여행에서 확인할 수 있었다. 마르크스의 '아시아적 생산양식'의 핵심은 농업 생산에 가장 중요한 농업용수를 관리하는 일인데, 이를 조직하는 중앙의 강력한 힘이 바로 동양적 전제주의의 핵심이라고 그는 설명했다. 이 농업용수 관리 체제가 기후변화와 같은 재해로 인해 무너질 때 제국의 운명도 다한다는 것이다. 최근 뉴욕 컬럼비아 대학의 연구팀은 두 번에 걸친 긴 가뭄(1340~60년, 1400~20년)이 크메르 제국의 운명을 결정했다는 내용의 논문을 발표했는데, 이 역시 그의 주장을 뒷받침해 준다.

찬란했던 제국들이 멸망하고 남긴 여러 유적과 유물을 볼 때 우리는 한편으로 당시 지배자의 권력, 욕심 그리고 상상력에 놀라지만, 다른 한편으로는 인간 세상의 무상함도 느끼게 된다. 니체는 "아침노을들" 속에서 '폐허의 멜랑콜리'Melancholie der Ruinen만을 아는 사람은 '영원한 건축물의 멜랑콜리'Melancholie der ewigen Bauten를 이해할 수 없다고 주장한 적이 있다.

폐허를 대할 때 우리는 인생무상의 무거운 감정을 얻게 되며 이를 계기로 종교나 형이상학을 찾게 된다. 그러나 영원히 남을 것 같은 엄청난 건축물을 보고 얻는 놀라운 감정은 해방감과 즐거움을 동반하는 어떤 가벼움Leichtsinn도 불러온다. 철학자 게오르크 짐멜Georg Simmel도 1907년에 발표한 논문 "폐허"Die Ruine 속에서 인간이 만든 건축물은 원래 자연과 정신의 조화로운 산물이지만 폐허로 변할 때는 자연 쪽으로 힘이 더 실리게 된다. 인간이 만든 작품이 결국에는 자연의 작품으로 변한다는 사실을 확인하게 하는 이 '희극적 비극'komische Tragik이 바로 '멜랑콜리'라고 그는 보았다. 이런 점에서도 그는 '폐허'와 '영원한 건축물', 우울과 해방감이 교차하는 경계를 지적한 니체의 궤적을 따르고 있다. 비슷한 현상을 우리는 조증과 울증이 교대로 나타나는 조울증에서도 볼 수 있다.

인간보다 자연이, 무생물인 돌보다 생명 있는 나무가 더 강하다는 사실을 나는 (앙코르 유적지에 있는 불교 사원) 타 프롬Ta Phrom에서 확인할 수 있었다. 무너진 신전의 이끼 낀 돌벽, 돌층계, 돌지붕을 가리지 않고 절묘하게 감싸고 있는 무화과의 거대한 나무뿌리를 보며, 나는 독일의 전위예술가 요셉 보이스Joseph Beuys를 생각했다. 그는 1982년에 중부 독일 도시 카셀Kassel에서 열린 "도큐멘타documenta VII"에서 7천 그루의 떡갈나무를 각각 현무암 기둥 옆에 심기 시작했다. 이 '사회적 조형물'Sozialplastik을 통해 자연을, 우리 삶의 공간인 도시를 '관리'Verwaltung하는 존재가 아니라 '변화'Verwandlung시킬 수 있는 존재로 이해할 것을 촉구했다.

'변화'를 상징하는, 계속 자라는 떡갈나무의 생명력과, 행정적인 '관리'를 상징하는, 우중충한 현무암으로 지어진 관공서 건물 간의 상호관계는 타 프롬에서처럼 언젠가는 우람한 떡갈나무의 커다란 뿌리들이 현무암 기둥들을 땅속으로부터 감쌀 때가 올 것이다.

자연이나 과거와의 만남도 중요하지만 동시대를 살아가고 있는 많은 사람과의 만남이야말로 여행이 주는 즐거움이라고 할 수 있다. 이른바 '관광산업'의 소비자에 지나지 않는 오늘날, 여행자가 만날 수 있는 사람들은 상당히 제한되어 있다. 이런 여행을 조금이라도 피하려고 나는 많은 시간을 내어 여행 계획을 스스로 짠다. 그래서 타이에서는 매연으로 꽉 찬 대도시 방콕을 피해 북쪽에 있는 소도시 치앙마

위 _ 요셉 보이스의 7천 그루
떡갈나무와 현무암 기둥의
일부(독일 카셀 시)
아래 _ 캄보디아 '타 프롬'의 거대한
무화과 뿌리 앞에서(2013년 1월)

322

이틀, 라오스에서는 수도 비엔티안보다는 유네스코 세계 문화 유적지인 루앙프라방을 택했다.

다행히 미얀마에는 앞서 린이 양곤을 방문했을 때 좋은 인상을 받은 여행사의 카렌Karene이라는 젊은 여성을 알고 있어 우리도 모든 것을 그녀에게 일임했다. 이름처럼 그녀는 소수민족인 카렌Karen 인에 속했다. 불교 나라지만 카렌 인은 주로 기독교(침례교)도인데, 미얀마가 영국의 식민지일 때 이들과 밀접한 관련을 맺었으며, 이로 인해 독립 후에는 박해와 불이익을 당하기도 했다. 기독교 신학을 전공하는 카렌은 영어와 일본어에도 능통해 여행사에서 일하면서 가계를 돕고 있었으며, 큰아버지는 조그만 신학대학의 학장이었다.

카렌은 연말을 양곤에서 보내고 있는 우리를 교외에 있는 자기 집으로 초대했다. 세밑 식사는 닭백숙이 담긴 큰 그릇을 가운데 놓고 온 가족이 둘러앉아 함께 먹었는데, 꾸밈없는 손님 대접이 인상 깊었다. 어릴 때 제주도에 가면 친척들이 보리밥을 담은 큰 양푼을 가운데 놓고 둘러앉아 먹던 기억이 떠올랐다. 가난해도 마음은 여유 있고 평온한 가정이었다. 영남대학교에 유학해 성악을 전공한 그녀의 사촌 동생도 자리를 함께했는데, 그녀의 아버지인 신학대학 학장은 딸의 졸업식에 특별히 초대받아 대구에 다녀왔다며 자랑스럽게 이야기했다. 그 뒤로도 가끔 이메일로 안부 인사를 전하는 카렌은 얼마 전 대학원을 졸업했다며 졸업 사진을 보내왔다.

여행을 하다 보면 의외의 사람을 전혀 예상치 못한 장소에서 만나기도 한다. 타이의 치앙마이를 출발하는 비행기 편으로 저녁 무렵에 라오스 루앙프라방에 도착했다. 조그만 공항 건물에서 사증을 받아 입국 수속을 끝내고 나오니, 우리를 마중 나온 숙박업소 직원이 세 시간 이상 연착한 우리 비행기를 기다리다 돌아간 뒤였다. 전화를 걸기 위해 주위를 두리번거리는데, 등 뒤에서 "송두율 교수님 아니십니까?"라는 우리말이 들렸다. 정보 계통에서 일하는 사람이 아니고서야 라오스의 이 지방 도시에서 우리를 알아보는 한국 사람이 있을 리 없다는 생각이 본능적으로 떠올랐다.

그는 자신을 백두주라고 소개하며, 부산대학교에서 사회학으로 박사 학위를 마쳤는데 뮌스터에서 공부한 이종래 교수에게도 배웠다고 했다. 2004년 11월 말에 비엔티안에서 '아세안＋3(한·중·일)' 정상 회의가 열렸을 때 참석한 노무현 대통령이 라오스와 한국 간에 교류 협정을 체결했는데, 그 일환으로 수파누봉 대학이 설립되었다. 그는 이 대학에서 진행 중인 지역사회개발 프로젝트 때문에 가족과 함께 루앙프라방에 머무르고 있다고 했다.

우리는 먼 이국땅에서 만난 백 박사 부부의 환대를 받으며, 라오스 사회에 대한 정보도 얻을 수 있었다. 그는 우리가 교민들과 만날 수 있는 자리라도 마련하려고 했지만 여의치 않았던 것 같다. 라오스는 남북한과 모두 외교 관계를 수립해, 과거 동서 베를린에서 그랬듯이 남북이 이곳에서도 서로 첨예하게 대치하고 있었다. 또한 탈북자들이 중국을 거쳐 타이로 빠지는 길목에 루앙프라방이 위치하고 있어 이래저래 신경을 많이 쓰게 되는 곳이라고 백 박사는 설명했다. 그리고 이런 이유에서 남쪽의 선교사들이 다수 이곳에 체류하고 있다는 사실도 귀띔해 주었다.

루앙프라방은 시간이 정지한 것처럼 조용했으며, 유럽인들이 불편 없이 지낼 수 있는 쾌적함도 제공해 주는 곳이었다. 우리가 묵었던 빌라의 여주인도 30여 년을 프랑스의 노르망디에서 살다가 귀국했다. 마치 프랑스의 시골 여관에 머무는 것처럼 편안했다. 아내는 동남아에서 루앙프라방과 치앙마이를 우리가 노년기를 보내도 좋을 곳으로 꼽았으나, 독일에서 자주 오가기에는 너무나 멀다.

동남아시아의 역사는 유럽 식민주의의 역사이기도 하다. 타이를 빼놓고는 모두 영국과 프랑스의 식민지였다. 선조들이 통치하면서 남긴 식민지 유산이 그 후예들의 향수를 자극하기 때문인지 늘 유럽의 관광객들로 붐빈다. 그러나 최근 어디를 가도 만나게 되는 한국과 중국의 관광객 수와는 비교가 되지 않는다. 우리가 묵었던 시엠 렙의 한 호텔에서는 아침 식사에 김치가 나올 정도였고, 야시장에는 무리를 지어 몰려다니는 한국 관광객들을 쉽게 볼 수 있었다.

같은 불교 국가라도 스리랑카는 그렇지 않았다. 오랜 내전(1983~2009년)과 쓰나미(2004년)로 인해 오랫동안 관광객의 발길이 끊겼던 이 나라를 우리는 2014년 2월, 3주 동안 여행했는데, 가족이나 친척이 한국에서 일한다는 스리랑카 사람들을 이래저래 만났지만 한국 관광객은 만나지 못했다. 스리랑카의 내전도 따지고 보면 영국 식민지가 남긴 유산이었다. '분할하고 통치하라'는 식민주의의 지배 철학에 따라 인구의 다수를 점하는 불교도인 싱할라Singhala족을 억압하기 위해 영국 식민주의자들은 힌두교도인 타밀Tamil족을 등용했다. 독립 후에는 이들 간의 세력 관계가 역전되고 정치·경제적 이해관계가 종족 및 종교 갈등과 함께 꼬이면서 내전이 발생했다. 지금도 이들 간의 앙금이 남아 있어, 차밭에서 찻잎을 골라 따는 힘든 노동을 하는 타밀족 여성들은 천민으로 취급받는다.

스리랑카의 불교 사원에 가면 (우리나라에서 절에 가는 길에 성황당이 있는 것처럼) 한쪽 구석에 힌두교도가 예식을 집전할 수 있는 곳이 있다. 미얀마에는 금박을 입힌 사원과 불상이 많이 보였는데 이곳에는 주로 흰 회벽을 칠한 사원과 불상이 많았다. 예외적으로 금박을 입힌 큰 불상이 산등성이에 서있는 담불라Dambulla의 어두운 큰 동굴 속에는 크고 작은 불상이 앉아 있고, 오래된 벽화가 있어 묘한 신비감을 자아냈다.

스리랑카에서는 처음부터 마지막까지 운전수 랄Lal이 우리를 안내했다. 40대 중반인 그는 원래 어떤 장관의 운전수였는데 장관이 선거 유세를 하던 중에 암살을 당하자, 친척이 경영하는 여행사에서 일하기 시작했다. 성품이 무한히 착한 이 독실한 불교신도는 우리를 도착하는 날부터 떠나는 날까지 성심껏 보살폈고, 여행 중에는 자신의 어머니가 사는 시골 동네까지 우리를 안내했으며 그들의 점심 식사에도 초대했다. 양곤의 처녀 카렌처럼 그 역시 가난해도 구김살이 없는 사람이었다. 우리와 헤어지고 나서도 그는 이메일과 전화로 가끔 우리 안부를 묻는다. 자기자본이 없어 독립적인 여행사를 차리지 못하고 하청을 받아 일감을 얻기 때문에 우리도 그를 도와주려고 주위의 친지들에게 적극적으로 그를 추천하고 있다. 그러나 스리랑카는 과거 식민지의 모국인이었던 영국인들과 달리, 대부분의 독일인들에게는 여전히 머나먼 미지의 세계로 남아 있어 여태까지 큰 도움을 주지 못하고 있다.

## '중국의 꿈'과 나의 꿈

동남아시아나 스리랑카에서도 그랬지만, 유럽 어디를 가도 중국 여행객이 무리를 지어 다니는 모습을 쉽게 볼 수 있다. 몇 년 전 친구 부부와 함께 시칠리아 여행을 마치고 떠나기 전날 저녁에 카타니아 Catania의 꽤 오래된 식당을 찾았다. 식당은 열려 있었지만 손님을 받지 않았다. 중국 관광객이 단체로 예약을 해서 자리가 없다는 것이었다. 할 수 없이 우리는 바로 옆에 있는 조그만 식당에 자리를 잡았다. 얼마 지나지 않아 이 식당에도 다수의 중국인들이 들어왔다. 반 시간이 겨우 지났는데 어느새 그들은 식사를 끝내고 인솔자를 따라 다시 식당을 빠져나갔다. 식당 근처는 이내 다시 조용해졌다. 이제 전 세계 관광지에서 흔히 볼 수 있게 된 이런 풍경은 중국인들의 구매력이 빠르게 증가하고 있음을 잘 보여 준다.

독일의 일반적 관심은 역시 중국과의 경제적 이해관계에 있으므로 거의 매일 이와 관련된 보도나 분석을 접하게 된다. 최근에 중국 기업이 독일의 발광다이오드LED 생산 설비를 제작하는 아이크스트론Aixtron에 이어, 오랜 전통을 지닌 오스람Osram 전구 회사의 인수 합병을 시도하자 독일 경제부가 직접 나서 이를 저지했다. 그전에 아우구스부르크에 있는 산업용로봇 생산 회사 쿠카Kuka를 중국 광둥에 있는 전자 회사 메이디美的, Midea가 인수 합병했기 때문에, 이제는 독일이 전통적으로 강한 산업 부분도 중국 자본이 잠식하고 있다는 비판적 여론이 한창 일던 차에 벌어진 일이었다. 이렇게 독일 정부가 직접 나서는 배경에는 독일의 기술이 미래의 경쟁자에게 넘어가는 문제도 있지만, 그동안 해당 분야에서 독일 기업과 합작했던 미국 회사의 첨단 기술도 함께 중국에 이전되어, 중국이 박차를 가하고 있는 군사기술 발전에 전용될 위험이 있다고 미국 정부가 독일 정부에 경고했기 때문이다.

1980년대에 서방 경제가 일본과 동아시아의 '네 마리의 용'으로 부터 경제적 도전을 받았을 때도, 그 후 1992년에 출간된 새뮤얼 헌팅턴Samuel P. Huntington의 『문명의 충돌』The Clash of Civilizations에서 언급된 '유교-이슬람 커넥션'에 이어 이른바 '황색의 위험'黃禍, Gelbe Gefahr이라는 경고등이 다시 켜지고 있다. 오래전 '아편전쟁'에 이은 의화단義和團의 봉기(1900~01년) 과정에서 외교사절과 선교사가 살해되자, 서구 열강들은 이를 빌미로 중국에 대한 군사적 개입을 정당화하기 위해 중국인의 '야만성'을 선전했는데, 이때 사용한 '황색의 위험'이라는 표현이 다시 심심치 않게 등장하고 있는 것이다. 비록 언론 매체가 선정적으로 단어를 선택한 것이겠지만, 그 뒤에는 미국이나 서유럽이 미래의 중국에 대해 갖고 있는 어떤 복잡한 감정이 숨어 있음을 부정하기 어렵다. 거대한 시장으로서의 매력에도 불구하고, 머지않아 중국이 모든 면에서 자신을 압도할 수 있다는 불안감이 자리 잡고 있기 때문이다.

중국을 바라보는 데는 서로 상반된 두 가지 시각이 존재해 왔다. 오늘날 중국의 미래에 대해서도 마찬가지다. 중국의 역할을 서양의 문명사적 관점에서 부정적으로 보는 '중국 혐오'sinophobie, 이와 정반대인 '중국 사랑'sinophile의 시각이다. 몽테스키외의 '법의 정신', 헤겔의 '역사철학'에서 '동양 전제주의'의 명시적인 사례로 등장하는 중국, 또한 제국주의 침략하에서 사회적 혁명의 가능성을 보았으면서도 '아시아적 정체성'을 논증한 마르크스의 아시아적 생산양식론, 비합리적인 주술적 믿음의 체계 안에서 자본주의의 정신이 발흥할 수 없음을 설명한 막스 베버의 '종교사회학'은 바로 앞의 관점을 대표했다. 그러나 유럽 계몽기의 사상가들 중에는 중국을 긍정적으로 평

가한 사람들도 많았다. 볼테르는 그의 『철학사전』*Dictionaire philosophique*
중 "중국" 항목을 "기독교"보다 먼저 다루었고, 라이프니츠는 중국
고전 『역경』易經으로부터, 오늘 우리가 사용하는 컴퓨터의 근본인 이
진법二進法의 수학 세계를 읽어 냈다. 또한 농업을 가치 생산의 근본
으로 파악하고 경제의 순환 논리를 편 프랑수아 케네François Quesnay
와 같은 중농주의자에게 중국은 하나의 이상적인 국가였다.

　1960년대 중반부터 내가 중국에 관심을 기울인 계기 중의 하나는
문화대혁명이었는데, 그 문화대혁명의 진실을 독일에 유학 온 후에
도 나는 알 수 없었다. 1950년대 중반 대약진운동의 실패나 문화대혁
명이 안고 있는 문제는 중국 사회주의혁명과 건설에서 나타날 수 있
는 피치 못할 과정으로 받아들여졌으며, 본질적인 문제로 다가오지
는 않았다. 당시 소련공산당이 앞장서서 마오쩌둥 사상을 '맹동주의'
로 비난한 것에 동조하는 세력도 있었지만, 68운동에 참여한 독일 신
좌파의 일반적인 중국 인식이 그랬다. 내가 중국 사회주의의 이상과
현실 사이의 괴리를 확인할 수 있었던 것은 평양을 방문했을 때였다.
당시 북은 중국의 홍위병이 북의 당 지도부를 수정주의자로, 상대적
으로 부유했던 조선족들을 첩자로 몰아붙여 박해를 가하자 몹시 화
가 나 있었다. 박해를 피해 북으로 피신하는 과정에서 많은 조선족이
홍위병에 붙잡혀 맞아 죽었으며, 이 때문에 두만강이 한때 피로 물든
적이 있었다고 말하면서 북의 어느 당 간부는 분노를 참지 못했다. 이
말을 듣고 나는 큰 충격을 받았다.

　이때의 충격으로 생긴 의문이 현실 사회주의의 한계와 모순에 관
한 것이었다. 이와 관련해, 소련 사회주의와 중국 사회주의의 차이와
유사성을 '내재적·경험적'으로 검증하는 연구 작업을 1970년대 중반

부터 본격적으로 시작했다. 나의 교수 자격 논문의 주제가 되었던 이 연구는, 소련 사회주의에 대한 대안으로서 중국 사회주의 정책의 폭은 일반적으로 생각하는 것처럼 그렇게 크지 않았으며, 소련 사회주의는 일정한 규범성을 지녔다는 결론에 도달했다. 오히려 차이는 그 후 현실 사회주의가 일반적 위기 상황에 처한 1980년대 중반부터 정치와 경제 사이의 모순을 해결하는 과정에서 나타났다. 소련이 정치와 경제의 연동을 전제하고 페레스트로이카를 통해 개혁을 시도했던 반면에, 중국은 이 둘을 애초부터 분리해 '현대화'를 경제 영역으로 제한하고 정치의 핵인 공산당의 위치와 역할을 고수했다. 이런 변화의 과정 가운데 생긴 혼란으로 소련은 결국 해체되었으나 톈안먼사건이라는 위기를 넘긴 중국은 초고속 경제성장을 통해 일단 대국굴기大國崛起의 길에 들어섰다.

이런 변화에 따라 이른바 G2의 한 축인 중국을 다른 한 축인 미국과 비교하고, 이를 기초로 세계 질서의 변화를 전망하는 견해도 나타났다. 미래에 대한 전망은 정확할 수 없기 때문에 이를 '직관적으로 간신히 할 수 있는'intuitive muddling through 정도로 이해한다면, 중국의 미래에 대해 대략 두 가지 정도의 상반된 전망이 있다. 하나는 질과 양에서 엄청난 변화를 겪은 중국의 경제는 기존의 정치 구조를 통해 유지될 수 없으므로 정치적 변화가 필연적이며, 이 변화의 과정을 미국이 조심스럽게 도와야 한다는 견해다. 영국의 싱크 탱크 가운데 하나인 '워크 파운데이션'The Work Foundation의 책임자인 윌 허튼Will Hutton이 『장성에 쓰는 글 : 중국과 21세기의 서방』The Writing On The Wall: China And The West In The 21St Century에서 내놓은 전망이 대표적이다. 이에 대해 『로스앤젤레스 타임스』의 베이징 지국장을 지냈던 제임스 만James Mann은 『중국 환상』The China Fantasy이라는 책에서, 중국 식 자본주의가 중산층이 증가한 덕분에 민주주의를 가져오지 않을 것이며, 정치 질서도 와해되지 않고 '일당독재'가 지속될 것이라는 제 3의 시나리오를, 미국과 서방은 장기적으로 대비해야 한다고 주장했다.

어떤 경우든지 중국의 미래는 먼저 '환구화'環球化, 즉 '지구화' 속에서 진행된다는 사실을 잊어서는 안 된다. 중국은 이제 과거처럼 미국이나 서구의 단순한 '타자'로 설정될 수 있는 대상이 아니라, 주객관 혹은 내부나 외부의 구분이 갈수록 무의미해져 가는 하나의 '세계체제' 속에서 아주 중요한 구성 부분이며, 이 부분은 시간이 갈수록 확대될 것이다. 따라서 중국의 변화를 유도하려면 자신도 변화해야 한다. 물론 2030년에도 중국의 정치·경제·군사적 위상이 미국의 그것을 결코 따라잡을 수 없으리라는 조지프 나이Joseph S. Nye의 예측은 일면 타당하다. 그는 중국공산당의 놀랄 만한 위기관리 능력에도 불구하고, 그동안 성장한 도시 중산층의 민주화 요구, 인구의 급속한 고령화, 빈부 격차, 환경오염, 소수민족 문제, 군사적 팽창이 주변 국가에 주는 압력 등이 복합적으로 작용해, 중국이 미국을 따라잡는 데 걸림돌로 작용할 것이라고 본다. 그러나 이런 분석 역시 중국의 미래를 미국의 눈으로 보고 있다는 한계가 있다. 중국의 미래에는 여러 복잡한 요소들이 혼재되어 있다. 덩샤오핑이 마오쩌둥의 공과를 70 대 30으로 평가했듯이, 오늘의 젊은이들은 영어나 팝송에 열광하지만 이와 동시에 베이징 올림픽이나 티베트 문제에 비판적인 서방 언론에 적의를 드러내는데('분노하는 젊은이'憤靑), 이런 이중성을 이해하지 못하면 중국의 미래를 예측할 수 없다. 어떻든 긴 역사에서, 오늘날 처음으로 하나의 통일된 대륙 안에서 경제적 부를 형성하고 있는 중국인들의 자긍심을 우리는 결코 도외시해서는 안 된다.

지구화가 지역성을 무시할 수 없다는 점을 그동안 많은 사람들이 지적했다. 또한 지구화가 동시에 분절화分節化를 동반한다는 사실을, 최근 영국이 유럽연합에서 탈퇴Brexit를 결정한 일, 트럼프가 미국 대선에서 승리한 것에서도 확인할 수 있다. 지구화는 결코 일방통행로가 아니다. '중국식 사회주의' 혹은 '중국식 자본주의'로 불리는 중국의 지구화 정도는 (스위스 취리히 공대 기업사이클연구소KOF가 개발한 지구화 지수에 따르면) 경제·사회 분야에서는 낮고, 정치 분야에서 상대적으로 높게 나타난다. 유럽에서는 네덜란드나 아일랜드, 아시아에서는 싱가포르나 말레이시아처럼 작은 나라들의 경우 지구화의 정도가 높고, 중국이나 인도와 같은 큰 나라들은 낮다. 그러나 지구화의 정도가 낮다고 해서 꼭 불리한 것만은 아니다. 지구화가 몰고 올 충격이나 불안정을 어느 정도 방지 혹은 상쇄할 여유가 있기 때문이다.

앞으로 미국이 보호무역의 장벽을 높여 중국의 대미 수출품 관세율을 높이고, 중국을 환율 조작 국가로 지정해 위안화 절상을 압박하는 카드가 미국에 득이 될 것이라고 보는 견해가 있다. 반면에 이런 견해는 단견이며, 중국의 내수 시장 확대를 위해 실질임금의 상승으로 이어질 수 있는 장기적 전망의 대중 무역 정책이 필요하다는 목소리도 있다. 어떤 경우든 두 거대한 항공모함이 각자의 항로를 갑자기 변경할 수는 없으므로, 앞으로도 무역에서 미·중 간의 경쟁 관계는 지속되겠지만, 양국 모두가 피해를 입는 선택은 우선 피할 것이다. '미국 우선주의'America First를 내세운 트럼프의 등장은 '아시아로의 회귀'라는 오바마의 개입주의에 비해 오히려 미국의 대중국 정책을 좀 더 현실적인 방향으로 바꾸는 계기가 될 수도 있다. 그러나 미국이 현재 지역 갈등이 발생하고 있는 중동 지역에서는 가급적 빨리 군사적 개입을 끝내겠지만, 동북아 지역에서 미·중 간의 갈등은 무역 전쟁의 강도에 따라 상당 기간 지속될 것으로 보인다.

미국의 개입주의가 어느 정도 약화될 조짐이 나타나는 상황에서 한반도의 긴장은 어떻게 될까? 일본과 남한의 핵무장을 미국이 허용할 가능성은 없지만 작전권 이양, 주한 미군 주둔비 부담 문제와 더불어, 북핵 문제에 있어서는 일정한 변화가 예견된다. 이런 상황에서 '친중' 혹은 '친미'라는 식의 양자택일은 지나치게 단순한 접근이다. 중국은 한반도의 안정 관리가 우선적 관심사였으며, 이에 따라 미국의 책임인 북·미 관계의 개선을 줄곧 요구해 왔다. 이를 지렛대 삼아 남한도 (미국과 실리적 외교를 지향하면서 남한을 배제하려 한다는) 북한의 이른바 '통미봉남' 정책을 반드시 파탄시켜야 한다는 피해 의식과 강박관념에서 이제는 벗어나 남북 관계를 전향적으로 개선해야 한다. 중국과 미국 간의 헤게모니 싸움에서 나타나는 조그만 변화의 조짐이나 공간을 활용할 줄 아는 지혜가 정말 필요하다.

나는, 미국도 그렇지만 중국은 하나의 나라라기보다 '대륙'이라고 늘 생각한다. 그만큼 내부 구성이 복잡해 전체를 파악하기가 상당히 힘들다. 14억 명에 가까운 인구가 사는 중국 땅에서 '평균적인 중국인'을 상상하기란 쉽지 않다. 이들이 과연 어떻게 생활하고 있으며 어떤 미래상을 그리는지에 대해, 나는 얼마 전 흥미 있는 두 권의 책을 접했다. 하나는 『뉴요커』*The New Yoker*의 베이징 특파원으로 2008년부터 2013년까지 일했던 에반 오스노스Evan Osnos의 『야망의 시대』 *Age of Ambition*였다. 오늘을 살아가는 여러 계층의, 그리고 상이한 직업을 가진 중국인들이 일상적인 삶 속에서 갖는 개인적인 고민과 꿈을 대화 형식으로 풀어낸 이 책은, (현재 베를린에서 활동 중인 설치미술가) 아이웨이웨이艾未未와의 대화는 물론, 앞서도 이야기했던 것처럼 중국인 유럽 관광단이 90분 만에 파리의 루브르박물관을 구경하는 모습도 기록하고 있다.

또 다른 책은 위화余華의 『사람의 목소리는 빛보다 멀리 간다』十個詞彙里的中國였다. 동시대의 고민을 느끼고 살아가는 중국인이 자신의 사회를 비판적으로 들여다보는 책으로, 흡사 열 장의 슬라이드 사진처럼 인민, 영수領袖, 독서, 글쓰기寫作, 루쉰, 차이差距, 혁명, 풀뿌리草根, 산채山寨, 홀유忽悠라는 열 개의 단어를 통해, 위화는 현재 중국 사회가 처한 모순의 핵심을 보여 준다. 특히 '짝퉁' 문화의 원조격인 '산채' 현상에 대한 그의 날카로운 분석은 가짜가 진짜를 공략하는 저항성과 함께, 가짜가 진짜로 둔갑하는 비도덕성에 대해 무감각, 나아가 이를 즐기는 중국 사회의 모순을 지적하고 있다.

대중 소비문화가 정치와 사회적 갈등과 모순을 덮고 있는 이런 현실에서, 시진핑은 2013년 3월 제12기 전국인민대표대회 폐막 연설에서 "중국의 꿈中國夢과 중국 인민 개개인의 꿈은 결코 다르지 않다. 인민 모두가 재능을 발휘해 꿈을 실현할 수 있는 사회를 만들겠다. 13억 인민의 지혜와 역량을 모아 꿈이 실현되는 사회를 만들자."라고 호소했다. 집단의 꿈과 개인의 꿈이 다르지 않다고 강조했지만 역시 강조점은 국가와 민족에 있다. 개인주의에 기초한 '미국의 꿈'American Dream과 다른 '중국의 꿈'이 있다는 것이다. 꿈은 인간의 일면성이나 한계성을 보상報償하고 완전성을 지향하는 원형Archetype의 기능을 보여 준다고 카를 구스타프 융Carl Gustav Jung이 지적했듯이, 중국이 근세에 겪었던 빈곤과 민족적 멸시라는 집단적 체험과 기억이, 바로 이 집단적 꿈을 정당화하고 있다. 문화대혁명이 강요한 집단적 꿈의 야만성과, 개인적 꿈의 과잉이 낳고 있는 오늘의 모순을 반추하면서, 그리고 나름대로 집단의 꿈과 개인의 꿈이 균형을 잡고 공존할 수 있는 꿈을 다시 그리고 있는 중국을 생각하며, 내가 한때 구상했지만 유감스럽게도 실현되지 못했던 계획을 떠올렸다.

1995년부터 개최되었던 남북해외학자통일회의와 좀 다른 형식으로, 남북·해외에서 활동하는 정치·경제·문화·예술·종교 분야 전문인들로 모두 15명 정도가 만나 서로 격식 없는 대화를 나눌 수 있는 기회를 만들어 보려 한 적이 있었다. 어려운 논문을 앞에 두고 토론하는 것이 아니라 "우리가 바라는 최고의 가치는 무엇인가"라는 질문에, 참석자들은 한 단어로 대답해야 한다. 일견 쉬울 것 같지만 한 단어로 표현하는 일은 결코 쉽지 않다. 나 자신도 이 대답을 찾기 위해 한동안 많은 생각을 했다. 내 결론은 '아름다움'이었다. 고민 끝에 얻은 결론이 결국 백범 김구 선생의 대답을 반복한 셈이 되었다. "나는 우리나라가 세계에서 가장 아름다운 나라가 되기를 원한다. 가장 부강한 나라가 되기를 원하는 것이 아니다. 내가 남의 침략에 가슴이 아팠으니 내 나라가 남을 침략하는 것을 원치 아니한다."라고 백범은 내 질문에 이미 대답했다.

칸트는 우리가 일상적으로 자주 말하는 '아름다움'은 '무관심 속의 쾌적함'das interesselose Wohlgefühl의 감정을 유발한다고 설명했다. 아름다움은 부드러움도 담고 있지만, 보들레르의 시 "악의 꽃"Les fleurs du Mal을 빌려 막스 베버가 설명한 것처럼, 선과 악, 또는 진리와 허위라는 경계도 넘어설 수 있는 포괄적이고 강한 메시지도 전달한다. 백범은 부강한 나라를 바라지 않는다고 했지만, 진정으로 아름다운 나라는 부강한 나라도 넘어설 수 있음을 그는 확신했던 것 같다. '중국의 꿈'은 미국과 맞설 수 있는 부강한 나라이다. 그러나 '아름다운' 우리나라는 그 이상의 원대한 꿈이다. 한반도의 평화와 통일이 바로 이 꿈을 실현하기 위한 우리 모두의 노둣돌임은 새삼 강조할 필요가 없을 것이다.

## 유기

큰아들 준이 안야와 함께 가정을 꾸린 지 3년이 넘어가니 은근히 손주가 기다려졌다. 그러나 두 사람 모두 직장 생활을 하느라 바쁘고 나름의 계획이 있을 것으로 생각해, 우리는 아무런 이야기를 하지 않았다. 그러던 중 2013년 부활절 휴가 때 베를린에 들른 준과 안야가, 가을에 출산 예정이며 아들이라는 소식을 전했다. 그러고는 우리에게 손자의 이름을 미리 생각해 보라고 했다. 손자는 예정일보다 조금 빠른, 2013년 10월 29일 아침 하이델베르크 대학 병원에서 세상 빛을 보았다. 이름은 '유기裕基-에밀Emil-민우旼宇'로 제법 길었지만, 보통은 'Yuki'로 부르기로 했다. 세상을 풍요롭게 만드는 밑거름이 되라는 뜻에서 '유기', 루소의 『에밀』Emile처럼 자유로운 인간으로 성장하는 손자의 모습을 그리며 두 번째 이름을 '에밀', 그리고 높고 푸른 가을 하늘 아래에서 태어났다고 해 '민우'라는 이름을 붙였다. 동서양이 만나 태어난 새 생명이라 그런지 어떤 때는 서양에 더 가까워 보이기도 하고 또 어떤 때는 동양에 더 가까워 보이기도 하는 유기는 건강하게 자라고 있다. 멀리 떨어져 있어서 직접 만나는 것은 1년에 서너 번이지만 시간이 허락하는 대로 우리는 화상으로 자주 만난다.

유기의 첫돌 때, 린도 미국에서 오고 우리 내외도 내려가 모처럼 온 가족이 만하임에서 만났다. 그리고 하루 오후 하이델베르크의 유명한 '철학자의 길'Philosophenweg로 산책을 갔다. 47년 전에 당시 유학 중이었던 서너 사람과 함께 이곳에서 산책을 하고 근처 밤나무에서 떨어진 밤을 줍던 기억이 난다. 그때 그 밤나무들은 다시 찾을 수 없었지만, 시인 프리드리히 휠덜린Friedrich Hölderlin이 "하이델베르크 노래"Ode Heidelberg에서 읊었던 네카 강 건너편 산등성이의 (검붉은 사암砂岩으로 지은) 옛 성이며, '오래된 다리'Alte Brücke는 그대로였다. 당시 서울에서 가끔 찾아오는 손님을 안내해 몇 번 올라갔고, 마지막으로는 1974년 여름, 아버지가 슈투트가르트Stuttgart에 있는 지멘스 Siemens 회사에 들르시는 길에 함께 그 성에 올랐던 추억이 남아 있다. 네카 강의 범람과 교통 체증 때문에 시민들의 반대에도 불구하고 다리를 축조했다는 뉴스를 하이델베르크를 떠나고 나서 들은 적이 있었지만, 산등성이 아래로 보이는 그 다리는 예나 다름없었다.

47년 전에 내가 혼자 섰던 그 자리를, 이제 손자 유기까지 포함한 가족과 함께 찾으니 독일 땅에 와 처음으로 하이델베르크에 둥우리를 틀었던 그때의 기억이 떠올랐으며, 이어 미래 우리의 모습도 상상하게 되었다. 특히 유기가 성인이 되는 20년 후의 세계는 과연 어떻게 될지……. 그때를 내가 경험할 수 있을 것 같지는 않지만 이른바 '미래학'이 예견하는 2030년의 세계는 참으로 복잡할 것 같다. 물론 과학과 기술의 발전을 기반으로 한 생활 세계는 지금까지 그랬던 것보다 더 빠르게 변화할 것이 분명하지만, 지금 우리가 안고 있는 문제

하이델베르크의 '철학자의 길'에서(1968년 4월)

와 고민을 이런 변화만으로 과연 설명하거나 해결할 수 있을지는 의문스럽다. 그래서 나는 유기를 위해 편지를 남기기로 했다. 이 편지는 동시에 미래 세대에게 보내는 나의 편지이기도 하다.

사랑하는 유기,

47년 전에 걸었던 하이델베르크의 '철학자의 길', 첫돌을 갓 넘긴 너를 데리고 다시 찾았던 할아버지가 네게 보내는 첫 편지다. 47년 전에 하이델베르크 대학에서 공부를 시작한 10월 어느 날 한국인 유학생들과 함께 땅에 떨어진 조그만 밤톨들을 주웠다. 그 나무들을 다시 찾을 수 없었지만 건너편에 보이는 검붉은 사암으로 지은 성이며 옛 다리는 그때 모습 그대로다.

그러나 세상은 그 사이 정말 많이도 변했다. 이제 갓 두 살 반인 네가 아버지의 아이폰을 만지면서 너의 사진을 자랑스럽게 우리에게 보여 주기도 하고, 아버지의 아이패드를 가지고 계속 놀고 싶어 하는 것을 금지하니 이내 떼를 쓰면서 울기조차 하는구나. 정보와 통신 기술은 앞으로도 계속 발달하는 기술의 하나임에는 틀림없고, 20년 후의 모습은 나의 상상력 밖에 있다. 그러나 이런 발달이 결국 인간을 그것의 시녀로 만든다면 분명히 문제가 되겠지. 인간의 시녀인 기계나 도구 들이 반대로 인간을 지배하게 되는 것이다. 올더스 헉슬리Aldous Huxley의 『멋진 신세계』Brave New World는 기본적으로 개인의 자유를 무의식적으로, 아니 스스로가 방기한 비인간적인 세계이다. 그런 세상이 오지 않도록 너는 싸워야 한다.

사랑하는 유기,

2015년 9월에 세계를 충격 속으로 몰아넣은 사진 하나가 있었다. '에이란'이라 불린, 시리아의 한 난민 어린이의 주검을 보여 준 사진이었다. 얼

내가 47년 전에 섰던 '철학자의 길' 바로 그 자리에 큰아들 준과 손자 유기가 있다(2014년 10월).

굴을 모래에 박고 오가는 파도에 휩쓸리는 그의 시체는 터키의 보드룸 해변에서 발견되었다. 그의 가족은 내전으로 휩싸인 시리아를 탈출해 터키를 거쳐 안전한 곳인 서유럽을 가려고 했다. 유감스럽게도 에이란의 여행 목적지는 도달하기에는 너무나도 멀었다. 그가 탄, 난민으로 꽉 찬 배는 그만 도중에 깊은 바닷속으로 침몰하고 말았다. 그의 비극적인 운명은 세상을 경악시켰지만 난민의 비극은 멈추지 않고 있다. 서유럽의 어떤 나라도 이들을 위해 진정한 도움을 주지 않기 때문이다.

전쟁, 억압, 착취 그리고 기아는 사람들을 그들이 살았던 낯익은 환경으로부터 추방하고 있다. 이런 비극이 과연 어떻게, 그리고 언제쯤 종식되려는지에 대한 질문은 20년 후에도 아무 해결책 없는 상태에서 또 제기될 것이다. 그럼에도 불구하고 우리는 왜 평화스럽고 정의로운 세계를 만들 수 없는가라는 질문을 항상 던져야 한다. "좋은 질문은 반타작이다."라는 속담처럼 제대로 된 질문은 우리가 바른 해답을 얻는 데 아주 중요하다.

사랑하는 유기,

우리 집 거실 벽에는 붓으로 쓴 "大疑之下, 必有大悟"(큰 질문 아래 큰 깨달음이 반드시 있다)라는 큰 족자 두 개가 걸려 있다. 13세기 중국의 한 선승禪僧의 글귀다. 잘 알려진 베르톨드 브레히트도 비슷한 내용을 그의 시 "배움의 찬양"에서 다음과 같이 표현했다.


"동무여, 물어보는 것을 부끄러워 말라.

설득 당하지 말라/ 스스로 들여다보라.

너 자신이 모르는 것은 결국 너는 모르게 된다.

계산서를 검토하라/ 네가 이를 지불해야만 한다.

모든 항목을 세밀하게 검토해라.

손자 유기와 함께

물어보라, 어떻게 되어 이 항목이 들어갔지?

너 자신이 주인이 되어야 한다."

사랑하는 유기,

어려운 문제를 풀기 위해서는 확고한 신념을 지닌 동지와 친구들이 네 주위에 반드시 있어야 한다. 우리는 다른 사람들의 도움으로 살고, 형성되고, 성장하고, 발전하기 때문이다. 저항 가운데 생기는 연대성 위에 남과 북, 동과 서의 희망이 서있다. 점점 더 조밀해질 정보의 그물망 세계는 그런 연대적인 공동체를 건설하는 데 있어 더 많은 가능성을 선사하기도 하지만 인간 사이에 새로운 형태의 고립과 경쟁을 심화시킬 위험도 있다. 세상에는 네가 싸워야 할 것만 있지 않고 네가 사랑하고, 귀중하게 여기고, 즐길 수 있는 것도 많다. 이들 가운데는 특히 진정한 우정, 아름다운 예술, 그리고 여행을 들 수 있다. 진정한 우정은 네게 기쁨의 받침목과 희망을 주는 살아 있는 힘이고, 아름다운 예술은 네게 창조적인 힘을 주는데, 이와 관련해 러시아의 작가 도스토옙스키는 "거대한 사상은 커다란 오성悟性에서가 아니라 커다란 감성에서 나온다."라고까지 주장했다. 여행은 편협함, 우둔함과 허영을 막는 최고의 수단이고 인간과 자연을 배우는 데 가장 빠른 길이다. 프랑스의 작가 프루스트는 "짧은 여행만으로도 자신과 세계를 변혁시키는 데 충분하다."라고까지 말한 적이 있지.

사랑하는 유기,

할아버지는 스물세 살 나이에 독일로 건너와 이제 고향에서 멀리 떨어진 곳에서 내 삶의 마지막 구간을 보내고 있다. 그동안 나는 행복한 순간도, 또 불행한 순간도 당연히 경험했다. 그러나 네가 세상에 태어난 것은 내 삶에 있어서 가장 행복했던 순간 중의 하나였다. 네가 있는 곳이 바로 내

고향이다. 나는 네 걸음마다 함께 있고 싶고, 나중에 더 이상 경험할 수 없을 때까지 너의 행복한 많은 순간들을 내 속에 담고 싶다. 너는 얼마 전에 여동생 로미Romy, 露美를 얻었지. 앞으로 사랑과 즐거움뿐만 아니라, 짜증과 슬픔도 로미와 항상 나눌 수 있게 되었으니 굉장한 경사다.

사랑하는 유기,

"행복한 어린이는 행복한 사람을 만든다."라고 독일의 자연 탐구자이자 혁명가인 게오르그 포스터Georg Forster는 말한 적이 있다. 그렇다. 그의 말이 옳다. 너는 행복한 어린이다. 네가 가족에게뿐만 아니라 같은 시대를 사는 사람에게도 많은 행복을 선사할 것으로 나는 확신한다.


그런 의미에서 너의 행운을 비는

할아버지로부터


## ‘3G’에 대한 이야기

내가 대학을 다닐 때 아버지의 후배였던 어떤 물리학자가, 훌륭한 학자가 되기 위한 조건으로 ‘3G’에 대한 이야기를 들려준 적이 있다. 이분은 독일어로 3G는 건강Gesundheit, 돈Geld 그리고 기회Gelegenheit 라며, 모두 ‘G’로 시작한다고 했다. 그러나 정작 독일에 와보니 그런 이야기는 없었다. 그럼에도, 어떤 직업을 선택하든 성공하기 위해 이 세 가지 객관적 조건이 필요하다는 데 이의를 제기할 수는 없을 것 같다. 막스 베버가 1917년에 "직업으로서의 학문"Wissenschaft als Beruf이 라는 제목으로 강연하면서, 학문의 ‘전문화’와 학문이 정치나 그 밖의 가치판단으로부터 독립해야 한다고 강조하면서 '행운'Hazard이 학자적 길의 성공과 실패를 가른다는 점을 지적했으니, 앞에서 말한 '3G' 가운데 '기회'와 일맥상통한다고 볼 수 있다.

뒤돌아보면 내 경우 학자로서의 길에 항상 행운이 따른 것만은 아니었다. 일반명사가 아닌 고유명사 '철학자'Der Philosoph로 불리는, 당대의 세계적인 지성인 하버마스 교수를 은사로 만났으며, 사회적 정의를 향한 투철한 신념의 소유자이자 이를 위해 생의 마지막까지 투쟁한 지그리스트와 크리스만스키 등 좋은 동료가 항상 옆에 있었다는 사실은 분명히 내게 행운이었다. 외국인이라는 조건을 고려하지 않아도 28세에 학위를, 38세에 교수 자격을 취득했으니 내 이력은 독일 학계의 평균적인 학자의 그것보다 빨랐다. 그러나 30대 초반부터 많은 시간과 정열을 조국의 민주화와 통일 운동에 쏟다 보니 기성의 학회나 인맥을 통해 독일의 '학문 공동체'에 적극적으로 참여할 수 없었다.

게다가 '독일 사람보다 더 독일적'이라는 말을 들을 정도로 사교적인 성격의 소유자도 아니어서, 체면 불구하고 경쟁에 적극적으로 뛰어들어야 하는 현실이 나의 생리에 맞지 않았다. '외국인'에다가 '좌익'이라는 자격지심이 항상 마음 한구석에 도사리고 있어, 갈수록 우경화하는 통일 이후 독일 학계의 분위기도 싫어졌다. 게다가 신자유주의 열풍 속에서 하루가 다르게 '미국화'하는 독일 대학의 현실은 이런 나의 심기를 한층 더 불편하게 만들어 빨리 은퇴하고 싶은 마음이 시간이 지날수록 더욱 강해졌다. 한마디로 기회나 행운이 없었던 것은 아니나 내 자신이 이를 적극적으로 이용하지 못했고 또 그런 생각을 하지도 못했다. 요즘 말로 '스펙'은 좋은데 이것만으로는 '직업으로서 학문'의 길에서 꼭 성공한다는 보장은 없다는 것이 내 결론이다.

2009년 여름 학기를 끝으로 대학을 떠나니 처음에는 모든 것이 홀가분했으나 시간이 흐를수록 어딘가 허전한 느낌이 들 때도 있다. 이럴 때는 아내와 함께 전시회나 음악회를 찾고 여행도 하지만 우리 둘만이 아니라 가깝게 지내는 몇 사람과 함께하면 좋겠다는 생각을 가끔 하게 된다. 생전에 윤이상 선생님이, 이야기를 나눌 사람들이 주위에 없는 외로움을 종종 내게 토로한 적이 있었는데, 이제는 내가 그런 처지가 되었다. 독일어에는 '친교'나 '사교'를 의미하는 '게젤리히카이트'Geselligkeit라는 말이 있다. '3G'에 관한 이야기를 할 때, 나이가 들어가면서 기회나 행운 대신에 이 '친교'를 생각하게 된다. 즉 건강, 돈, 그리고 친교가 노년에 필요한 '3G'라는 생각이 굳어졌다.

칸트는 '비사교적인 사교'ungesellige Geselligkeit라는 개념을 통해, 서로 경쟁 관계에 있는 개인들이 사회의 혼란을 피하고 안전과 안정을 위해, 갈등을 피할 수 있는 질서의 수립에 서로 동의할 수밖에 없는 모순적인 상황을 설명했다.

그러나 내가 여기서 이야기하는 친교나 사교는 후에 독일의 철학자 짐멜이 이야기한 '사회화의 유희遊戲 형식'에 좀 더 가깝다. 이는 사회적 실체는 아니지만 일상생활에서는 흔히 경험할 수 없는 행복감을 증진시키는 체험이다. 피치 못할 경쟁 관계를 통해 다른 사람을 꼭 희생시켜야 얻을 수 있는 것도 아니며, 사교 클럽이나 그 밖의 많은 동호회에서 볼 수 있는 것처럼 교육 수준이나 취미와 성향 또는 부의 정도에 따라 함께 어울릴 때 얻어질 수 있는 감정이다.

최근에는 발달된 여러 정보 기술 매체를 통한 '채팅'chatting이나

'사회 연결망'social network을 통한 친교도 활발하지만, 내게는 여전히 생소하다. 포도주 잔을 앞에 놓고 인생살이나 철학과 예술에 대해 이야기 나눌 수 있는 친구 몇 명이면 나로서는 족하다.

미국에 들를 때마다 느끼게 되는데, 무슨 동창회나 골프 대회 같은 모임이 곳곳에서 그렇게도 자주 열리는지……. 독일에서는 보기 힘든 현상이다. 이민자들이 만나 함께 외로움을 달래고 취미도 함께하며 교제하는 일은 지극히 당연하지만, 내게는 유감스럽게도 그런 기회가 흔하지 않다. 그렇다고 격의 없이 사귀는 독일 친구들이 옆에 항상 있어 함께 여가를 즐길 수 있는 상황도 아니다. 그래서 우리가 은퇴하면 스페인의 바르셀로나로 이주해서 여생을 보낼 생각도 해보았다. 1990년대 말 둘째 린이 1년 동안 공부할 때 근 20년 만에 우리가 다시 들른 바르셀로나는 프랑코의 망령이 여전히 어둡게 드리웠던 당시보다 훨씬 활기찼다. (화가 호안 미로Joan Miró와 건축가 안토니오 가우디 이 코르네트Antoni Gaudí i Cornet의 도시이자 내가 즐겨 읽는 작가 카를로스 루이스 사폰Carlos Luiz Záfon 소설의 무대로 항상 등장하는) 바르셀로나는 그 사이 산과 바다 그리고 예술이 더 잘 어울리는 도시로 변모했다. 그러나 1992년 하계 올림픽경기를 치르고 나서 주거비는 천정부지로 뛰었고, 특히 이주민이 폭증하고 범죄도 기승을 부리게 된 어두운 측면도 있어 망설이다 결국 우리는 이주 계획을 접었다.

우리는 마지막으로 북아프리카 서쪽 대서양에 있는 스페인령 카나리아제도Canarie Isole의 하나인 테네리페 섬을 선택했다. 친교를 나눌 수 있는 기회는 오히려 베를린보다 줄어들 수 있고, 의료 시설에 대한 정보도 확실하지 않다. 연중 평균기온이 항상 20도 전후를 넘나드는 이 섬은 화산섬인데 한라산보다 훨씬 높은, 해발 3천7백 미터를

넘는 테이데Teide 산이 섬 중심에 자리 잡고 있다. 면적은 제주도보다
조금 넓고 인구도 제주도보다는 많은 80만 명이 산다. 화산섬인 까닭
에 검은 모래 해변도 곳곳에 있다. 어릴 적 여름방학 때면 제주시 근
교 삼양해수욕장의 유달리 뜨거웠던 검은 모래 해변에서 놀던 나의
추억들도, 이곳의 잔잔한 파도에 휩쓸려 나갔다가 다시 돌아오는 모
래알들처럼 되돌아올 것만 같다. 제주도에서 말년을 보내면서 가끔
강의를 하고 낚시도 하고 싶은 간절한 소망이 있었으나 지금과 같은
상황이 계속되면 불가능할 것으로 생각해 꿈을 접었다. 앞으로 테네
리페에 간간히 체류하면서 적응해 볼 생각이다. 내가 앞으로 그곳을
마지막 안식처로 삼게 된다면, 그래서 지금 우리 집의 거실 벽에 걸려
있는, "깨끗함은 화락으로 통한다"는 네 글자, '청통화락'淸通和樂의
흔적을 그곳에 남길 수 있다면 나로서는 충분하다. 서예의 대가 석전
石田 황욱黃旭 선생이 84세에 오른손이 마비된 상태에서 악필握筆로
남긴, 이 힘 있게 쓴 글귀를 보며 나는 어려움을 당할 때 스스로를 위
로했다.

마지막 안식처에 대해 이런저런 생각을 떠올릴 때마다 나는, 이역
에서 떠돌다가 지금은 파리 몽마르트에 묻혀 있는 혁명 시인 하이네
의 시 "어디에"Wo가 문득 떠오른다. 『노래의 책』Buch der Lieder에 실려
있으며, 그의 묘비에 새겨진 시다.

방랑에 지친 나그네의 마지막 안식처는 어디에
남쪽의 야자수 아래에 있을지
라인 강가의 보리수 그늘 아래에 있을지
어떤 사막에서 모르는 사람들에 의해서 매장될지

석전 황욱 선생의 작품 〈청통화락〉

어떤 해변의 모래 속에서 안식처를 찾을지

그곳이든 이곳이든 어디에 있든지

신이 계신 하늘에 둘러싸여 있겠지

죽었다는 것을 알리려고 별들은

나의 무덤을 비추는 등불이 되겠지.

　민주화 운동을 했던 동지들 가운데 독일에서 생활하는 사람들의 숫자도 적지만, 여기저기 흩어져 살고 나이 들면서 건강 문제도 있어 자주 만날 수 없게 되었다. 그래도 시간이 허락하는 대로, 프러시아 황제들의 별장이 있었던 옛 동독 지역의 해변 휴양지나, 괴테와 테오도어 폰타네Theodor Fontane가 걸었던 길을 따라 통일된 동서독의 국경에 있는 하르츠Harz의 산간 지역을 부부 동반해서 며칠 다녀오기도 했고, 옛 동지들이 모처럼 독일을 방문하는 기회에는 함께 라인 강의 유람선을 타고 강가에 있는 고성을 찾기도 했다. 몇 년 전부터는 내가 어려운 처지에 있을 때 진심으로 도왔던, 미국 뉴저지에 사는 동창 부부와 함께 매년 가을에 프로방스·프라하·부다페스트·빈·시칠리아 등지를 여행했다. 돌아본 곳을 다시 돌아보는 경우도 있지만 여행할 때마다 다른 분위기를 느끼기 때문에 지루하지는 않다. 한번은 요리에 일가견을 지닌 이 친구가 시칠리아의 카타니아에 있는 유명한 어시장에서 싱싱한 갈치를 사다가 직접 회를 장만했는데, 그 감칠맛은 수십 년 전 내가 제주도에서 먹었던 그때의 맛이었다.

어떻든 정치적 견해를 떠나 각각 다른 대륙에 떨어져 살고 있는 옛 친구들 말고는, 가까이서 쉽게 만날 수 있는 사람도 이제 거의 없고, 취미나 취향이 비슷해서 부담 없이 친교를 나눌 수 있는 사람들과 만날 기회도 갈수록 드물어졌다. 특히 2003년 가을 나의 귀국을 둘러싸고 국내에서 광풍이 일자 유럽에서도 이 분위기에 편승해, "송두율만 민주화와 통일 운동을 했느냐"며 비방하거나, 나와 우리 가족이 겪고 있던 고통을 오히려 즐겼던 사람들도 있었다. 내가 덕이 부족해서 그렇겠지 하고 생각하면서도, 이들의 복잡한 마음새를 난들 어떻게 헤아릴 수 있을까 자문하게 된다. 그렇게 나도 그들의 행사에 발길을 끊은 지 오래되었다. 외국 땅에서 나이를 먹을수록 친교가 절실하다고 느껴 나름대로 '3G'의 마지막 'G'를 '기회'에서 '친교'로 바꿔 보았지만, 최근에는 이것도 건강이나 돈처럼 마음대로 쉽게 얻어지는 것이 아니라는 생각이 든다. 그래서 내키지 않는 불편하고 어색한 '친교의 시간'보다는, 지난 시간을 혼자 곰곰이 돌아보면서 그동안 밀렸던 저술 작업에 내 마지막 시간을 보내고 있다.

얼마 전 나는 한 방송에서, 1949년에 헤르만 헤세가 직접 낭송한 『유리알 유희』*Das Glasperlenspiel*에 나오는 시 "계단"Stufen의 녹음을 들었다. 그가 또렷한 목소리로 낭송하는 시를 들으며 이제 삶의 마지막 계단을 오르는 나 자신의 모습을 돌아보게 된다.

모든 꽃이 시들듯이 청춘이 나이에 굴복하듯이

생의 모든 과정, 지혜와 덕도

그때그때 피었다 지는 꽃처럼 영원하진 않으리.

삶이 부르는 소리를 들을 때마다 마음이 슬퍼하지 않고

용기 속에서 새로운 문 안으로 걸어 들어갈 수 있도록

이별과 재출발의 각오를 해야만 한다.

무릇 모든 시작에는 마술적인 힘이 깃들어 있어

우리를 지키고 살아가는 데 도움을 준다.

우리는 장소를 하나씩 지나가야 한다.

어느 장소에서도 고향처럼 집착해서는 안 된다.

세계정신은 우리를 붙잡아 두거나 구속하지 않고

우리를 한 계단 한 계단 높이며 더 넓히려 한다.

삶의 한 계단에 머물러 슬퍼하자마자 우리는 곧 무기력에 빠진다.

자리를 박차고 떠날 각오가 되어 있는 자만이

자신을 묶고 있는 속박에서 벗어나리라.

임종의 순간에도 아마도 새로운 장소는 나타날 것이다.

우리를 부르는 생의 외침이 끝나는 일은 결코 없으리라.

그러면 좋다. 진정으로 작별을 고하니 부디 건강하시라.


## 디지털 세계

내가 9개월 동안 서울구치소의 독방에 있을 때 차입된 책들이 지금 내 서가의 한구석을 차지하고 있다. 어림잡아 3백여 권이나 되어 상당한 짐이었지만, 석방되어 독일로 돌아올 때 나는 37년 만에 조국을 방문한 '기념'으로 모두 가지고 왔다. 내 이름과 미결수 번호 65가 적힌 '개인 도서 확인 필증'이라는 종이쪽지를, 구치소 담당자가 검열한 후에 부착한 책들이다. 이 중에는 사회과학과 문학 관련 서적들도 있지만, 의외로 종교와 명상, 요가에 관한 서적들이 많다. 내 구치소 생활을 염려해 친지들이 명상과 건강에 관한 책들을 많이 들여보냈기 때문이다. 불교 서적이 많았는데『금강경』,『화엄경』,『법화경』,『유마경』 등은 서로 다른 번역본으로 중복되어 차입되기도 했다.

2002년에 출간된『경계인의 사색』에 실린 "동서양 사상의 새로운 접점들"이라는 글에도 서술했던, "모든 것이 모든 것으로 들어갈 수 있다"一切攝一切라는 화엄 세계가 구치소에서도 생생하게 다가왔다. 비록 나는 한 평 남짓 되는 독방에 갇혀 있었지만 나의 구명과 석방 운동이 세계 도처에서 활발하게 전개된 것처럼, 나는 고립된 존재가 아니라 이미 온 세계와 연결되어 있다는 사실을 확인해 주었기 때문이다. 완전히 독립적으로 보이는 사건일지라도 이에 대한 정보는 오늘날 실시간으로 지구 반대편에도 전달되며, 어떤 반응과 구체적인 행동을 촉발한다. 그러나 정보는 왜곡되기 쉽기 때문에 제공된 정보를 선별하는 능력이 없으면 정보 수신자는 전혀 다른 판단이나 결론에 이르게 되며, 그에 따라 행동하게 된다. 이런 점에서도 내 사건은 좋은 본보기였다.

내가 서울구치소 문을 나섰던 2004년에는 불과 130엑사바이트(1엑사바이트는 10억 기가바이트)였던 세계 정보량이 2015년에는 이미 8,591엑사바이트에 이르렀고, 2020년에는 4만 엑사바이트를 초과할 정도의 정보량이 지구를 돌 것으로 전망된다. 이메일을 겨우 이용할 수 있는 나로서는, 앞으로 더 많은 정보량이 유통될 수 있는 기술적 조건에 대해 상상할 수 없을 뿐만 아니라, 이런 세계에 살게 될 사람들의 일상생활도 가늠하기 힘들다. 나도 얼마 전부터 페이스북에 가입해 그런 정보 생산에 미미한 기여를 하면서부터 '사회 연결망'의 장점을 보기도 하지만 문제점도 많이 느낀다. 개인의 일상사가 주된 내용이다 보니 관심과 흥미를 끌기도 하지만, 개인의 사생활 정보가 범람하니 이내 식상해진다.

'신경제'new economy, 또는 '전자 경제'e-economy가 '가상 공동체'virtual community 안에서 갈수록 활기를 띠는 현실에서, 나도 이제는 서점에 들러 여유 있게 커피도 마시며 책을 사거나 주문하기보다는, 〈아마존〉Amazon에 들어가 필요한 책을 주문하게 된다. 인터넷으로 주문한 책이 도착한 후에도 '당신의 관심'에 부합할 책이라는 명목으로 개인의 관심과 취향에 맞춤한 정보가 그 후에도 계속 날아온다. 모든 정보를 분석해 유행 산업의 상품 생산 기획과 접목시킨 '사회적 미디어 분석'Social Media Analytics이 이루어진다. 가령 캘빈 클라인 Calvin Klein이 구글Google과 함께 유행의 경향을 예견하고 새 컬렉션을 시장에 내놓는 것과 같은 맥락이다. 결국 개인은 맞춤형 정보로 재단된 소비자에 지나지 않게 된다. 정보사회에 사는 오늘날의 개인은 '휴대전화를 지닌 달팽이'라는 지그문트 바우만Zygmunt Bauman의 지적처럼, 정보 데이터의 총체로서 개인은 스스로 의미를 찾고 결정하는 자아自我라기보다는 거대한 정보의 거품 속에서 허우적대는 고립된 개인일 뿐이다.

2000년 여름, 한일병합조약에 대한 국제 학술회의를 준비하기 위해 하와이 대학을 방문했을 때, 게스트 하우스에서 며칠 머물렀던 적이 있다. 그런데 마침 정전이라 모든 사무가 중단되었다. 아르바이트 학생은 컴퓨터가 다시 가동되어야 접수할 수 있다며 아예 일손을 놓고 앉아 있었다. 입실 수속이야 간단하게 할 수 있는데도 쩔쩔매는 것을 지켜보던 교수가 요즘 학생들은 컴퓨터가 없으면 아무것도 못한다고 핀잔했다. 정보는 항상 저장되어야 하며, 또 이 저장된 정보는 수시로 불러올 수 있어야 한다는 조건반사적 습관은 여러 가능성을 찾아보려고 노력하는 일을 어렵게 만든다. 나도 원고를 쓰는 과정에서 저장된 파일을 다시 찾을 수 없어 매우 당황한 적이 종종 있다. 그럴 때는 찾는 것을 아예 포기해 다시 쓰기로 하고 기억을 되살리면서 새로운 구상을 하고 새롭게 작업을 시작했다. 컴퓨터에 저장된 정보에 인간이 항상 의존하다 보니 스스로 자유롭게 상상력을 발동하는 노력을 게을리하게 된다는 것을 다시 느낀다.

기억상실증Amnesie에 대한 집단적 공포 때문에, 잊지 않기 위해 더 많은 저장 용량을 선호하는 현대인들은, 기다림과 더불어 잊을 수 있는 여유를 가르친 "시간이 약이다"라는 속담이나, "인간은 잊을 때만 선하게 마련이다"Man bleibt nur gut, wenn man vergisst라는 니체의 경구를 잊은 지 이미 오래되었다. 그래서 기억이나 추억을 무덤에 갈 때까지 생생하게 간직하고 싶어 하는 현대인은 알츠하이머병을 무서운 천형으로 생각하는지도 모른다. 디지털 시대의 인간을 지배하는 행동 규범은 우리에게는 이미 익숙한 "빨리빨리!"다. 무수히 쏟아지는 정보에 따라 분주히 쫓아다니지만 정말 유용한 정보라기보다는 '쓰레기'spam에 가까운 정보와 마주칠 때가 더 많은 디지털 세계는, 사람의 숨결을 느낄 수 있는 아날로그 세계와는 다르다. 그뿐만 아니라 이른바 '빅 데이터'big data라 불리는 엄청난 양의 정보를 구글과 같은 거대한 디지털 기업이 관리하고, 에드워드 조지프 스노든Edward Joseph Snowden이 폭로했듯이 전 세계를 대상으로 미국의 국가안보국NSA이 통제하고 있다. 조지 오웰George Orwell의 『1984』는 결코 멀리 있는 이야기가 아니다.

이런 상황에서도 개인들은 무수한 정보의 수동적인 소비자가 될 수도 있고, 〈위키피디아〉Wikipedia처럼 정보 생산과 유통에 적극적으로 참여해 일종의 '집단 지성'을 만들어 가는 성원이 될 수도 있으며, 우버Uber(스마트폰 애플리케이션으로 승객과 차량을 이어주는 서비스)나 에어비앤비Airbnb(숙박 공유 서비스를 제공하는 회사 및 사이트) 같은 디지털 공유 경제에도 참여할 수 있다. 그러나 여기에도 문제는 있다. 디지털 문명의 비판자 재런 러니어Jaron Lanier는, 너나없이 참여할 수 있는 '집단'의 위력에 매혹되어 개인이 이 속에서 소실될 수 있는 위험을, 중국 문화대혁명 시기의 홍위병에 빗대어 '디지털 마오쩌둥주의'digital maoism라고 비판한 적도 있다.

개인적인 '소유'보다 '나눔'을 강조하는 경제적 사조들 또한 기존 종사자들과 경쟁하며 갈등을 빚기도 한다. 베를린에서는 최근 우버와 에어비앤비가 금지되기도 했다. 전반적으로 볼 때 아직까지는 새로운 형식의 집단 지성 및 '나눔'의 경제를 모색하는 시기라고 할 수 있다. 공급 주도의 신자유주의적 경제철학인 '빨리빨리'와 '더 싸게'에 익숙한 소비자들이 수요 주도의 경제on-demand-economy를 앞으로 얼마나 받아들일 수 있는지는 여전히 숙제로 남아 있다.

## 비움과 나눔

이런 디지털 세계가 본격적으로 전개되기 시작한 것은 불과 20여 년 전이었다. 그때 나도 처음 메일 주소를 만들었던 기억이 난다. 당시는 동서 냉전의 막도 내렸고 바야흐로 신자유주의가 발흥하던 때였다. '터보 자본주의'turbo-capitalism 시대의 자본은 민족국가의 틀을 넘어 세계를 경영하기 시작했고, 이와 더불어 선진 산업국 내에서는 물론, 이들 선진국과 제3세계 간의 격차가 더욱 심화되기 시작했다. 1980년대 말에 시작된 '월 스트리트'의 위기는 1990년대 중반에는 타이에서 시작된 아시아 신흥공업국의 금융 위기로 연결되어, 컬럼비아 대학의 사스키아 사센Saskia Sassen이 '추방'expulsion이라는 개념으로 묘사했던 경제 위기 현상이 세계 도처에서 나타났다. 한때 잘나가던 월 스트리트의 젊은 중개인이 아파트 집세를 낼 수 없어 쫓겨나기도 하고, 서울에서 괜찮은 중소기업을 운영하다가 졸지에 망하자 주위의 눈을 피해 도미해서는 '스시 바'에서 허드렛일을 한다는 50대 초반 남성을 맨해튼에서 만나기도 했다.

그렇다면 신자유주의는 어찌할 도리 없는 지구적 숙명인가? 공급 주도로 수요를 창출해 성장을 이룬다는 신자유주의 경제철학이 지구적 차원에서 불평등을 야기하는 현 상황에서 대안은 없는가? 대안을 모색하기 위한 근본적 사고의 틀은, 무엇보다 먼저 '한계'에 대한 성찰이라고 나는 생각한다. 현재 인간이 살 수 있는 유일한 행성 지구에는 인간의 삶에 필수 불가결한 수많은 종류의 자원이 있지만 모두 무한한 것은 아니다. 무제한으로 들이마실 수 있다고 여겨지는 공기조차 오염되면 인간의 생존 자체를 파괴하는 자원에 불과하다.

『성장의 한계』*The Limits of Growth*가 1972년에 발표된 이래 네 번째 후속 연구로 2012년에 발표된『2052년 : 향후 40년의 지구적 전망』*2052: A Global Forecast for the Next Forty Years*은 과거의 예측들을 비판적으로 검토하면서, 이제는 예측보다 '권고'에 역점을 두었다. 대체로 여러 논의를 통해, 미래에 대한 배려 없이 현재의 무제한적인 욕망을 채우기 위해 자원과 환경을 약탈해 온 것을 반성하는 이른바 '지속 가능한 성장'이나 '제로성장', 나아가 '성장 없는 복지' 등 여러 대안들이 제시되고 있다. 내일을 위한 오늘의 성찰은 바로 오늘의 '한계'가 무엇인지를 먼저 반성하고 이에 근거해 삶을 꾸려 나가는 태도인데, 나는 이를 '비움'이라 표현하고 싶다.

물론 이미 드러난 신자유주의적 모순에 저항하고, 연대를 통해 이 모순의 장벽에 크고 작은 균열을 만들어 내는 일이 필요 없다는 뜻은 결코 아니다. 국제 시민 연대 운동인 국제금융관세연대ATTAC나, 지금은 조금 열기가 식은 '월가를 점령하라'Occupy the Wall Street 운동도 더 발전되어야겠지만, 내가 여기서 말하는 '비움'은 이런 연대 속의 투쟁을 위해 우리가 가져야 할 기본적인 마음가짐이라고도 볼 수 있다. 자본주의사회에 사는 인간의 심층 저변에 정태적으로 숨어 있는, 지그문트 프로이트Sigmund Freud의 '무의식'이 아니라, 질 들뢰즈Gilles Deleuze가 이야기한, 여러 형태로 꿈틀거리면서 나타나는 역동적인 '욕망의 기계'la machine désirante를 제어하는 힘이 없으면 저항을 위한 연대도 흔들릴 수밖에 없다.

오늘날의 삶과 다른 형식의 삶은 과연 가능한가, 이를 실현하려는 과정에서 필연적으로 제기될 자본주의적 욕망을 제어할 수 있는가를 둘러싼 여러 논의가 있다. 이 가운데 흥미로운 것은 이탈리아 철학자

조르조 아감벤Giorgio Agamben의 '고고학'古考學을 위한 변론이다. 이른바 미래학은 인간의 더 많은 욕망과 권력에 봉사할 위험성을 지니고 있으나, 고고학은 현재 속에 흐르는 과거의 흔적을 비추어 보고 자기 성찰을 돕는다고 그는 주장한다. 이 점에서 그는 '지식의 고고학'Archéologie du savoir을 제기한 미셸 푸코Michel Foucault의 전통을 충실히 따른다고 볼 수 있다. 소유를 거부하고 "세상으로부터 버림받는 자와 함께 있는 것을 기뻐하라."는 '아시시의 프란체스코'Francesco de Assisi의 가르침에 따라 13세기부터 금욕과 절제된 생활을 신조로 했던, 이른바 '동냥승'Bettelmönch이라 불리는 프란체스코회 수도승들의 삶을 오늘의 소비문화에 대한 하나의 대치점으로 그는 설정하고 있다. 지금 교황이 바로 그의 이름을 따른 것은 그래서 시사하는 바가 적지 않다.

30여 년 전 여름, 오스트리아의 잘츠부르크Salzburg 근처에서 휴가를 보낸 적이 있는데, 마침 잘츠부르크 축제가 열렸다. 매년 열리는 이 세계적인 축제는 휴고 폰 호프만슈탈Hugo von Hofmannsthal의 연극 〈예더만〉Jedermann이 1920년부터 계속 서막을 장식하는데, 이 도시의 돔 광장Domplatz에서 야외 공연된다.

유명한 배우 막시밀리안 셸Maximilian Schell이 예더만 역을, 젠타 베르거Senta Berger가 그의 정부情婦인 불샤프트Buhlschaft 역을 하는 까닭에 입장권이 완전 매진되었다. 그러자 우리가 묵었던 집주인은 걱정할 필요 없다며, 바로 돔 광장 옆에 있는 프란체스코회 수도원으로 나를 안내했다. 우리는 무대 위에서 펼쳐지는 공연을 창가에서 공짜로 보았다. 진갈색 수도복을 입은 수도승 한 사람이 출입구에 조용히 앉아 있었는데, 수도원을 나올 때 책상 위에 있던 적선함에 얼마간의 돈을 집어넣으면 된다고 해서 그렇게 했다. 독일 말로 '모든 사람'이라는 뜻을 지닌 〈예더만〉은 "부자의 죽음에 관한 연극"Das Spiel vom Sterben des reichen Mannes이라는 부제가 있었다. 주인공 예더만의 엄청난 부도 죽음에 대한 두려움을 물리칠 수 없었고, 오직 그리스도에 대한 믿음만이 마지막 구원의 손을 펼친다는, 어떻게 보면 진부하게까지 들리는 내용이다. 그러나 금욕과 절제를 계율로 삼는 프란체스코회 수도원의 창가에 기대어 이 연극을 볼 수 있었기에 내게 아주 깊은 인상을 남겼다.

몇 년 전 라오스의 루앙프라방에서도 비슷한 경험을 했다. 매일 새벽 먼동이 틀 무렵 탁발托鉢을 하기 위해 맨발에 적황색 가사를 걸친 젊은 승려 일행이 줄지어 나타나면, 일찍부터 문밖에 나와 이들을 기다리던 사람들이 시주를 했다. 우리도 새벽같이 일어나 승려들을 기다렸다. 수행자의 자만과 아집을 버리게 하고, 무소유의 원칙에 따라 끼니를 해결하는 것조차 남의 자비에 의존하는 수행 형식의 하나인 탁발과, 이에 화답하는 시주는 우리가 일반적으로 생각하는 부정적 의미의 '동냥'이 아니라, 출가한 자와 세속에 묶인 자 사이에 증여를 통한 나눔의 사회적 관계를 강조한다.

소비에 대한 한없는 욕망이 실시간으로 움직이는 오늘날의 디지털 세계에서, 과거의 삶의 형식이나, 동시대이지만 프란체스코회 수도승 혹은 불교의 탁발 승려가 택한 예외적인 삶의 형식이 대안이 될 수 있다고는 생각하지 않는다. 그러나 '한계'가 주어진 인간과 자연에 대한 반성으로부터 출발해 한없는 욕망을 더 많이 비우고, 자신이 가진 것을 더 많이 남과 나누는 삶의 형식이 전혀 불가능하지 않다는 발상을 제안하기 위해 나는 프란체스코회 수도승과 탁발승에 대한 이

위 _ 시주하는 아내(라오스의 루앙프라방, 2013년 1월)
아래 _ 프란체스코회 수도원에서 내려다본 〈예더만〉 공연(오스트리아 잘츠부르크, 1982년 8월)

야기를 꺼낸다. 이런 종교적 삶의 형식과는 다르지만 코뮌이나 협동조합 같은 생활공동체적 삶의 형식은 사실 여러 곳에서 찾을 수 있다. 멀리 있는 스페인의 몬드라곤Mondragón까지 눈 돌릴 필요 없이, 우리 주위에도 나의 대학 동기, '농사꾼 철학자' 윤구병이 시작한 변산 공동체나, 이미 고인이 된 박재일 선배가 중심이 되어 일군 한살림도 있다.

폴 메이슨Paul Maison은 위키피디아의 예를 들어, 종래의 노동과 생산의 개념, 그리고 이에 기반을 둔 가치 체계와는 전제가 다른 '디지털 자본주의'의 새로운 정보 기술이 열어 놓은 공간이 오히려 개인 소유에 기초한 자본주의의 종언을 역설적으로 앞당길 수도 있다고 주장한다. 스위스에서 얼마 전에 국민투표에 붙여 부결되었던 전 국민의 '기본 소득제' 도입 또한 '탈자본주의'post-capitalism를 위해 추구되고 있는 구체적인 대안 가운데 하나이다. 이런 발상의 전환과 새로운 시도는 앞으로 더 활발해질 것이다. 이를 위해 사회 성원들이 실천적 삶에 동력을 가질 수 있도록 꿈을 키우는 일이 급선무라고 나는 생각한다. "다른 세계는 가능하다"Um outro mundo é possível라는 꿈이 없다면, 신자유주의가 개별 국가는 물론, 지구적 차원에서 몰고 오는 심각한 불평등과 이에 따른 불행을 마치 신의 섭리처럼 받아들이고 신자유주의의 광신도가 되거나, 이를 피할 수 없는 숙명처럼 받아들이는 패배주의자, 나아가 자신과는 아예 무관한 일로 여기는 냉소주의자로 남게 된다.

## 저항과 희망

젊었을 때 사회주의자가 아니면 심장이 뛰지 않는 것이고, 나이가 들어서도 사회주의자라면 그의 이성은 마비된 것이라는 처칠의 이야기는, 사람이 나이가 들면서 보수적이 된다는 통념을 합리화하는 데 자주 인용된다. 대개 1940년에서 1950년 사이에 출생했던 '68운동'의 주역들이 오늘날 어떤 정치적 성향을 갖고 있는지를 경험적으로 연구한 결과가 최근 독일·프랑스·스위스 등지에서 발표되었다. 당시 반권위주의를 지향한 변혁 운동을 선도했거나 이에 적극적으로 동조한 사람들의 정치적 견해는 그리 큰 변화를 보이지 않는 것으로 나타났다. '저항은 정당하다'는 기본적 태도는 여전하다는 것이다. 서유럽에서 '68년'의 주역 세대는 이미 은퇴 생활에 들어갔다. 이들과 비견될 수 있는 한국의 '80년대' 주역들은 아직 현역에서 활동하고 있으므로 양자를 단순 비교하기는 어렵지만, 이들에게 저항 의식보다 우월 의식이 좀 더 자리 잡고 있지나 않을까 우려스럽다.

미국과 서유럽에서 이른바 Y세대Generation Y로 불리는, 1980~95년에 출생해 주로 디지털 문화 속에서 성장한 세대는 그 이전 세대보다 자유분방하면서도 개인의 자유와 사회의 요구를 적당히 조화시킬 줄 아는 세대로 이해되고 있다. 내가 과문한 탓인지 몰라도, 하루가 멀다 하고 해외의 온갖 사조와 개념 들이 수입되는 한국 사회에서 아직 이에 합당한 개념은 없고 그 대신에 이른바 '88만 원 세대'라는 말은 있는 것 같다. '88만 원 세대'는 Y세대와 달리 취업하기 어렵고 비정규직 일자리만 주어져 실의와 절망에 빠진 세대를 가리키는 것처럼 들린다.

2013년 12월 대자보 "안녕들 하십니까"를 써서 잘 알려진 고려대 학생 주현우 군을, 그다음 해 베를린에서 한국 문제와 관련된 행사가 열렸을 때 만나 본 적이 있다. 그 역시 대자보가 사회적으로 그렇게 큰 반향을 불러오리라고는 생각하지 못했으며, 자신이 대자보를 썼던 직접적인 동기는 단지 무기력감에 빠진 같은 또래의 청년들에게 무엇인가를 호소하고 싶었던 것이라고 말했다. 나는 그 자리에서, '젊은 늙은이'를 만드는 사회에 무슨 희망이 있겠느냐고 하면서, "젊음과 지성은 반항할 권리가 있다."는, 프랑스의 사회주의자이자 작가인 앙리 바르뷔스Henry Barbusse의 말로 그를 격려했다. '헬조선'이라는 말에 일부 기성세대들은, 청년들이 자랑스러운 한국 사회를 애국심도 없이 비하한다고 역정을 내거나, 노력은 해보았느냐고 비난하지만, 그런 현실에 대해 과연 책임을 느끼고 있는지 묻고 싶다. 삶의 질이 나빠지는 것은 물론, 장래가 보이지 않는 현실 앞에 자포자기한 젊은이들에게 그저 애국심만 강요한다고 해결될 문제는 결코 아니다.

최근 들어 현실에 대한 젊은 세대들의 비판은 한국 사회에서만 나타나는 현상은 아니다. '샌더스 열풍'이 보여 주었듯이, 격화되는 흑백 인종 간의 갈등, 빈부 격차의 심화, 중산층의 몰락으로 얼룩진 미국 사회에서 기성 정치 세력을 불신하는 젊은이들의 분노와 저항은 이미 결집되기 시작했고, 비슷한 문제를 안고 있는 유럽 사회에서도 아직 미국 정도는 아니지만 비슷한 분위기가 감지되고 있다. 인종 갈등이나 이주민 문제가 미국과 유럽처럼 첨예하지 않은 한국 사회에서, '금수저'와 '흙수저'와 같은 논쟁은 아마도 이에 못지않은 사회적 폭발력을 가질 것으로 생각된다.

여담이지만 나와 주현우 학생의 대담은 〈오마이뉴스〉 통신원의 취재로 사진과 함께 기사로 올라갔고, 내게도 링크를 보내왔다. 그런데 다음 날 기사가 사라졌다. 그 까닭을 통신원에게 물으니, '진보적'인 성향의 어느 독일 교포가 주현우 군이 귀국하면 혹시 다치지 않을까 '걱정'된다며 항의해 와 고민 끝에 해당 부분을 삭제할 수밖에 없었다고 했다. 또한 이 사건을 통해 자신도 독일 교민 사회의 정치의식이 어느 정도인지 처음 알게 되었다고 대답했다. 만약 그 학생이 나를 만난 것 때문에 귀국해서 곤경에 처하게 된다면, 싸울 이유가 되는 것이 아닌지 통신원에게 되물었다. 여전히 레드 콤플렉스에서 자유롭지 못한 현실을 보면서, "어느 경우든 둥글둥글한 없는 것無보다 모난 어떤 것이 훨씬 좋다"Jedenfalls ist es besser, ein eckiges Etwas zu sein, als ein rundes Nichts라는, 독일 극작가 프리드리히 헤벨Friedrich Hebbel의 경구를 환기하고 싶다.

예술의 상상력을 매개로, 파시즘과 투쟁하는 과정에서 나타나는 여러 저항 주체, 이들 사이의 피치 못할 갈등과 함께 연대성을 사실주의적으로 형상화한 『저항의 미학』Ästhetik des Widerstandes을, 1992년 겨울 학기에 나의 세미나 "장엄성에 관한 사회학적 논의"에서 다룬 적이 있다. 작가의 탄생 1백 주년을 맞아 이 작품이 서울에서도 2016년 봄에 번역 출간되었다는 소식이 들렸다.* 이 방대한 작품을 남긴 독일 작가 페터 바이스Peter Weiss는 이 작품의 마지막에서 "희망은 남는다. 유토피아는 필연적이다. 우월한 적들에게 압살되어도 희망은 수없이 되살아날 것이다. 우리 시대에 있었던 것보다 희망의 폭은 더

---

* 페터 바이스 지음, 탁선미·홍승용·남덕현 옮김, 『저항의 미학』 1, 2, 3(문학과지성사, 2016).

커질 것이며, 또 온 대륙에 퍼질 것이다."라고 서술하고 있다. 그렇다. 저항과 희망은 젊음만이 누릴 수 있는 특권이다.


## 검색어

나는 사춘기 시절 한때 일기를 썼지만 그 후로는 쓰지 않았다. 일기 대신 수첩과 책상용 달력에 중요한 메모를 그때그때 간단하게 남겼다. 그러나 이런 수첩과 책상용 달력도 1990년대 들어서야 간수하기 시작했다. 내 삶의 무게가 겨우 이것뿐인가 허무함이 들 정도로 모든 자료를 조그만 가방 속에 다 집어넣을 수 있다. 그래도 내 필적으로 남긴 크고 작은 일정에 관한 기록들은 비록 암호 해독하는 것처럼 쉽지는 않지만 많은 기억을 복원할 수 있는 귀중한 단서이다. 인터넷의 검색 알고리즘이 표방하는 속도나 단순함의 기준과는 달리 내가 해독하려는 이 암호는 오히려 나를 과거의 미로迷路로 유혹하는 것 같다. 단순하게 정리한 기록들이 오히려 복잡한 생각들을, 꼬리를 물고 불러온다.

오늘날 검색 알고리즘의 대명사처럼 되어 버린 구글에서 우리말이나 외국어로 내 이름을 입력하면 나 자신도 몰랐거나 잊었던 신상 정보가 줄줄이 쏟아져 나온다. 제일 먼저 올라오는 정보 제공자는 물론 위키피디아이다. 그만큼 제공된 정보에 대해 많은 사람들이 신뢰하고 있다는 뜻이다. 그러나 그것의 '분류' 항목은 비록 상호 연결되어 있지만, 출생 연도, 출생지, 국적, 직업, 출신 학교 등 상당히 도식적인 범주들이 열거되어 있다. 사실 내 경우 독일 여권만 보면 출생지가 도쿄인 독일인이다. 한국이라는 흔적은 어느 구석에도 없다.

위키피디아는 그래도 내가 '한국계 독일인'임을 밝혀 주고 있지만 정작 한국 사람의 흔적을 보여 주는 것은 내가 책상 서랍 속 깊이 간직하고 있는 네 개의 빛바랜 한국 여권이다. 이 여권도 당시 실효 기간이 지나면 해당 기관에 반납해야 했지만, 다행히 나는 이를 보관할 수 있었다. 그러나 여권에는 한국 영사관의 여권 연장, 독일 외국인청의 거주 허가, 그리고 국경을 넘을 때마다 입출국을 확인하는 도장만 무수히 찍혀 있을 뿐이다. 당시에는 가장 중요한 문서였으나 이제는 내 삶의 기억을 재생시키는 데도 별로 큰 도움을 주지 못하는 '기념품'이다. 이렇게 수첩과 달력, 여권, 심지어 검색엔진이 찾아 낼 수 없는 '나'는 어디에서, 또 어떻게 찾아낼 수 있을까. 결국 이 해법이 '자서전'이라는 형식을 빌린 자신의 검색이 아닐까 하는 생각이 들었다.

식민지 지배에서 해방으로 넘어가는 시점에 태어나 한국전쟁을 겪었고, 독재와 빈곤 그리고 부정부패로 인해 희망이 보이지 않았던 시절에 청소년기를 맞았다. 대학에 들어갔지만 당시 전 세계를 풍미하는 '시대정신'을 동시대인으로서 느끼고 함께 고민하는 것도 불가능했다. 그런 내게 서독 유학은 일종의 출구였다. 이때 처음으로 나는 경계선을 넘었다. 이 경계선을 넘어서니 제국주의와 반제 민족해방투쟁 사이에 있는 첨예한 경계선을 또 만나게 되었고, 나는 이를 넘어서기로 결단했다. 냉전의 최전선인 한반도마저 관통하는 경계선을 넘는다는 결단을 내린 것은 당연했다.

"심장은 왼쪽에서 뛰고 있다"고 믿는 나의 많은 독일 동료들도 비슷한 결단을 내렸지만, '휴전선'을 가운데 두고 상상조차 불허하는 증오와 저주를 퍼붓는 살기 서린 땅에서 살아왔던 내게 그 결단이 몰고

내가 지녔던 네 개의 한국 여권(1967년 6월~1993년 6월)

온 결과는 결코 가볍지 않았다. 자신 또한 평범한 이력을 지니지 않았던, 그리고 2016년 저세상으로 간 동료 지그리스트는 내게 자서전을 꼭 남기라고 종용하곤 했는데, 바로 이 때문이었던 것 같다. 만약 당시에 그런 결단을 내리지 않았다면, 따라서 그것에 따라 행동하지 않았다면 지금의 나는 일개 은퇴한 교수일 것이고, 자서전은 그저 허영심의 산물에 지나지 않을 것이다.

사실 어느 누군들 경계선을 넘을 때 긴장하지 않고 불안을 느끼지 않겠는가? 1960년대 중반에 지적 호기심 속에서, 가난과 독재로 찌들었던 분단된 한반도를 뒤로하고 제2차 세계대전의 폐허 위에서 풍요와 안정을 누리기 시작한 또 다른 분단국을 찾았다. 그리고 동서 냉전의 높은 장벽을 넘는 결단은 내게 적지 않은 용기와 대가를 요구했다. 그 후로 수많은 경계선을 넘으면서, 때로는 텅 빈 공항 대합실에 외롭

게 앉아 있는 자신을 발견하기도 했고, 가족과 아까운 동지를 잃고 망
연자실해지기도 했다. 꿈과 희망을 실현하기 위해 치열한 싸움터에 나
선 나도 이때는 쇠렌 오뷔에 키르케고르Sören Aabye Kierkegaard가 『이것
이냐 저것이냐』Entweder-Oder에서 지적했던, 내면으로 향한 실존적 자
기 확인도 하게 되었다.

> 보라, 절대적인 고립은 가장 깊은 지속성과 동일하기 때문에 자기 자신을
> 선택한다는 것이 얼마나 어려운가를 보여 준다. 그런 선택을 통해 자신이
> 달리될 어떤 가능성도 배제될 뿐만 아니라, 더 나아가 다른 것으로 개작改
> 作될 수도 없기 때문이다.

개인의 실존적 삶의 흔적을 쫓는 기록이 성 아우구스투스Augustus
의 『참회록』으로까지 승화되기도 하지만 내 경우는 대부분 분단·억
압·착취·전쟁·가난과 같은 어두운 '검색어'로 뽑아 낼 수 있는, 다분
히 세속적이자 사회적인 문제와의 투쟁 기록이다. 그러나 강골한 투
사가 외치는 기록이라기보다는, 회의와 번민 속에서도 "그래도 싸워
야지." 하면서 책상을 밀치고 일어선 사람이 남기는 기록이다. 그래
서 언론이나 소문을 통해 '송두율'에 대해 그린 이미지와 실제 만나
본 '송두율'의 괴리에 당황하거나 실망하는 사람이 적지 않은 것 같
다. 전형적인 투사의 모습이 아니기 때문이다. 2003년 가을 나의 귀
향이 한국 사회에 태풍을 몰고 왔을 때, 안팎으로 싸워야 했던 아내는
이런 나를 대신해 투사가 될 수밖에 없었다. 상대방의 이야기를 먼저
듣고 자신의 이야기를 하는 내가 그런 상황에서는 오히려 바보 취급
당하기 마련이라고 아내는 가끔 역정을 내기도 했지만 생각처럼 쉽

게 고쳐지지 않았다. (이런 나를 두고 아내는 내가 어머니를 너무 일찍 잃어 고집이나 성질을 제대로 부리지 못하고 자라서 그렇게 된 것 같다고 종종 말한다.)

철학적으로는 동양 사상과 서양 사상의 경계선 위에서, 정치적으로는 냉전 체제의 산물인 분단국가의 첨예한 경계선 위에서, 그리고 풍요와 가난의 격차가 날로 심화되는 지구촌의 남북 경계선 위에서 고민하는 '경계인'의 지적 모험과 실천적인 행동에는 사실 많은 지혜와 탁월한 능력이 필요하다. 이에 대해 꿈과 희망을 많이 품었지만, 지혜와 능력이 부족해 큰 성과를 보여 주지 못했다는 자괴감이 자주 든다. 타자의 이해를 돕는 계몽의 철학은 여전히 걸음마를 하고 있는데, 서로 다른 종교와 문화 사이의 갈등은 하루가 멀다 하고 곳곳에서 폭력으로 이어지고 있지 않은가. 분단된 땅의 공고한 장벽에 틈을 만들어 서로 소통할 수 있는 '제3'의 공간을 창출하려 했지만, 그런 나의 노력도 두꺼운 현실 정치의 벽 앞에 봉착했다. 하루가 다르게, 한반도는 이른바 'G2'로 불리는 미국과 중국의 각축장이 될 징조가 분명해지는 이 시점에도, 기득권을 시키려는 세력들이 민족의 운명은 제쳐놓고 당리당략에 따라 행동하고 있다. 전쟁과 빈곤으로 말미암아 정든 땅을 떠나야 하는 수많은 난민들이 지중해에서 수장당하고, 요행히 살아남아도 부유한 땅으로 가는 길을 가로막는 장벽은 점점 더 높아지고 있다. 이런 답답한 현실을 직시할수록 어떤 충격적인 해결책을 자꾸 기대하게 된다. 그러나 궁극적인 해결책은 더 많은 사람들이 연대 속에서 현실을 개선하려는 의욕을 지피고, 작은 실천이라도 하는 데 있다.

## 화쟁의 경계인

"자, 떠나자!"

"우리는 떠날 수 없어."

"왜?"

"우리는 고도Godot를 기다리고 있지."

"아, 그렇지!"

사무엘 베케트Samuel Beckett의 연극 〈고도를 기다리며〉En entandent Godot에 등장하는 두 주인공 아스트라공Astragon과 블라디미르Vladimir 사이의 대사이다. 극 중에서 이 대사는 또 반복된다. 그들이 목이 빠지도록 기다리는 '고도'는 누구인가? 일반적으로 이야기되는 신神인가, 아니면 연극학자 탕킨Valentin Temkine이 증언하듯이 나치 점령하의 프랑스 유대인을 안전지대로 안내하는 레지스탕스 요원인가? '고도'를 둘러싼 이런저런 해석과 주장에도 불구하고 베케트는 "내가 '고도'가 누구인지를 알았다면 그 작품을 쓰지 않았을 것이다."라고 대답한 적이 있다. 이 대답은 창조적이며 무한한 생명력과 신비스럽고 깊은 체험을 안겨 주는 신을, 한계가 있는 인간이 만든 개념들로 이야기할 수 없다고 주장한 '부정적 신학'Negative Theologie을 상기시킨다. 또한 『도덕경』의 첫 장에 나오는, "도가 말해질 수 있으면 진정한 도가 아니고, 이름이 개념화될 수 있으면 진정한 이름이 아니다"道可道, 非常道. 名可名, 非常名라는 도가道家의 가르침도 연상시킨다.

전망이 없는 기다림은 비극적인 동시에 희극적이다. 분명히 불합리한 상황이다. 곧 오리라 설렘 속에서 기다렸지만 오지 않은 '고도'

는 우리에게 우선 '평화와 통일'이라고 해도 무방하다. 그러나 평화와 통일은 이제 현실과 동떨어진 희망 사항에 불과하다는 주장과 함께, 기다림 자체를 거부하거나 아예 냉소하는 분위기가 우리 사회에 이미 만연되어 있다. 그럼에도 불구하고 〈고도를 기다리며〉의 마지막 장면에서 "떠나자"고 말하면서도 정작 발걸음을 옮기지 못하는 두 주인공처럼, 떠나지 못하고 머뭇거리는 사람들도 여전히 많다.

그러나 '고도'는 또 다른 어떤 것일 수도 있다. 나는 이를 '경계인'이라고 부르고 싶다. 많은 사람들에게 '경계인'은 '평화와 통일'보다 더 추상적이거나, 확실한 의미를 전달하지 못함에도 나는 이를 나의 '고도'라고 생각하며 기다린다. 나는 경계인을 우선 형이상학적 개념이 아니라 경험을 확인시키며, 이를 집적集積하는 개념으로 사용하고 있다.

다시 말해 분단으로 말미암아 친구와 적으로 구분하는 단순한 이원론의 틀에 갇혀 있는 동시대 사람들에게 새로운 경험 공간을 열어주는 개념으로 사용하고 있다. 열린 사고를 방해하고 이에 따른 실천적 행동을 극도로 제한하고 있는 분단 시대는 적을 항상 전제하게 되는데, 이를 극복하기 위해 우리는 먼저 타자의 언어를 배워야 한다. 이때 필요한 안내자가 바로 경계인이다.

그러나 이 경계인은 일인칭 단수인 나 '송두율'도 아니고 삼인칭 단수로 한때 세상을 떠들썩하게 만든 그 '송두율'도 아니다. 내가 기다리고 있는 '고도'는 그래서 개인만을 지칭하는 경계인이 아니라 우리 모두일 수 있는 '집단적 단수'Kollektivsingular로서의 경계인이다. 나무가 숲을 이루고 무수한 개인의 역사가 '역사'로 기록되는 것과 같은 맥락이다. 내가 경계인으로서 37년 만에 귀국했을 때 경험한, '종북'

을 둘러싼 한국 사회의 야만과 광기는 여전하지만 나는 그래도 언젠가는 경계인이 사회 갈등을 해소하는 실질적 힘이 될 날이 오리라 믿는다.

경계인은 먼저 개인, 집단 또는 사회가 자기동일성만을 고집하는 틀에 갇혀 자신과 다른 것을 배제하거나 지배하는 갈등 구조 속에서 양자 사이를 중재하는 '제3'을 뜻한다. 철학이나 사회학 또는 문학에서 '제3'은 관찰자·통역자·심판관·재판장 등 긍정적으로 묘사되기도 하지만, 반대로 국외자·중개상·방해자·속죄양·기회주의자·기생물·식객 등 부정적인 모습이나 그런 역할이 부각되기도 한다. 전체적으로 보면 나 자신이 한국 사회에서 겪었던 '제3'은 전자보다는 후자인 경우가 훨씬 많았다. 그만큼 '제3'이 설 수 있는 공간이나 여유가 없는 땅이었다. 그로부터 13년이 흘렀지만 상황은 조금도 변하지 않았다. 한마디로 말해, 모든 사회적 문제의 근원을 '종북'으로 환원시키면 만사형통이라고 생각하는 일차원적 인간들이 너무나 많다. 이들의 눈에 '경계인'은 단지 남북에 '양다리를 걸친 기회주의자'나 '민족을 등치는 식객' 정도로 비칠 뿐이다.

휴전선을 가운데 두고 꽉 막힌 오늘날의 한반도는, 남에서 북을 발견하고 북에서 남을 발견할 수 있는 창조적인 '제3'의 공간이 없다면 하나의 거대한 '출구 없는 방'일 뿐이다. 이 '제3'의 공간을 찾고자 '경계인'들이 모여 '집단적 단수'인 경계인이 될 때, 남북에서 그리고 해외에서 서로가 서로에게 들어갈 수 있는 새로운 세계가 열릴 것으로 믿는다. 이럴 때 '경계인' 송두율도 그런 경계인의 한 사람이 될 것이다. 그것이 내가 오랫동안 기다리는 바로 그 '고도'이다.

그렇다면 동서 냉전이 끝났다는 시대에 유럽과 아시아에 부는 새로운 냉전 분위기, 이슬람을 둘러싼 갈등과 테러, 끝없는 난민 행렬이 이어지는 지구촌에서 기다려지는 경계인은 누구인가. 니체는 1876년 여름에 자신의 기다림을 이렇게 적었다.

나는 유럽-미국적인 쉴 새 없는 움직임과 오랜 세월에 걸쳐 유전된 아시아적 명상을 결합하는 미래의 사상가를 그리고 있다. 바로 이런 결합이 세계의 수수께끼를 푼다. 관찰하는 자유로운 정신은 그동안 인간 사이의 용해를 가로막는 모든 장애물 ― 종교, 국가, 왕조적 본능, 빈부에 대한 환상, 건강과 인종에 대한 편견 등 ― 을 제거하는 사명을 수행한다.

니체가 140년 전에 이 글을 썼을 때의 상황은 물론 지금과는 다르다. 그러나 니체가 기다렸던 '미래의 사상가' 역시 경계인이었다.

지구화, 정보사회, 신자유주의 등을 특징으로 하는 지구촌에서 과거 정치·경제·사회·문화·예술·종교 등에 존재했던 안팎의 경계선이 무너지거나 사라지고 있기 때문에 많은 경우 쉽게 자신을 '경계인'으로 자처할 수도 있다. 유럽연합과 미국 간에 체결이 추진되고 있는 범대서양자유무역투자협정TTIP을 둘러싸고 유럽 내의 저항운동이 거세게 일고 있다. 노동계와 문화계의 반발이 특히 격렬하다. 우리 동네에 있는 조그만 서점도 창문에 반대 포스터를 부치고 서명운동을 벌이고 있다. 협정이 체결되면, 도서 정가제가 있는 독일은 〈아마존〉의 저가 공략에 동네 서점들이 문을 닫을 수밖에 없기 때문이다. '문화산업'이라는 말처럼 문화를 주로 상품으로 보는 미국과, 문화를 인권과 결부된 자유로운 공간으로 보는 유럽의 시각차도 갈등의 중요한 배경을 이룬다. 니체에게 깊은 영향을 주었던 스위스 바젤Basel 출신의 미술사가 야코프 부르크하르트Jacob Burckhardt가 당시에 이미 '유럽의 미국화'를 우려했던 것과, 그의 초상화가 그려진 1천 프랑짜리 스위스 지폐가 현존하는 세계의 지폐 가운데 액면가가 가장 높다는 사실은 우리에게 이 문제를 은유적으로 전달해 준다.

이처럼 경계를 허무는 일이 일방적으로 강자에 의한 약자의 파괴로 귀결될 때 '제3'으로서의 경계인도 추방되게 마련이다. 오늘날 신자유주의가 몰고 오는 파고를 막아 낼 견고한 수단은 과연 없는가. 부유한 북반구와 가난한 남반구, 소수의 부자와 다수의 빈자, 안정된 일자리와 불안정한 일자리, 내국인과 외국인 등을 '분열시켜 통치하는' 신자유주의 전략에 맞서 싸우는 방법은 '밑으로부터의 연대'뿐이다. 이런 연대는 강자만을 보호하기 위해 높이 쌓아 만든 공고한 장벽 모두에 크고 작은 균열을 만들어 마침내 지구촌의 숨통을 틔운다. 그리고 이 틈을 만드는 사람이 지구촌의 경계인이다.

경계인은 비록 서로 다르지만 모두 함께 평화스럽게 살 수 있는 세계를 위해 싸운다. 서로 같으면서도 다른亦同亦異, 서로 다르지만 같은亦異亦同 인간·사회·세계가 상호 통하는 길을 만드는 화쟁和諍의 경계인이다. 그는, 우리가 모든 경계선이 사라지고 이미 하나가 된 지구촌에 살고 있다는 착각이나 근거 없는 낙관에 빠지지 않으며, 상존하는 높은 경계선과 장벽 앞에서 실망하거나 주저앉지도 않는다. 나는 바로 그런 경계인을 기다리고 있다. 분단 속에서 여전히 보대끼는 한반도와, 날이 갈수록 갈등이 증폭되고 있는 지구촌에 화쟁의 정신으로 '청통화락'清通和樂의 땅을 다지는 경계인을, 나는 어디에서든 내 삶의 마지막 순간까지 기다리겠다.

# 불타는 얼음

젊었을 때의 관심이 나이 들면서 변한다는 말이 맞는다는 생각을 자주 하게 된다. 젊었을 때는 바다가 산보다 좋았으나 이제는 바다보다 산을 먼저 찾게 된다. 그래서 "지혜로운 자는 물을 좋아하고, 어진 자는 산을 좋아한다. 지혜로운 자는 움직이고, 어진 자는 고요하다. 지혜로운 자는 즐기고, 어진 자는 오래 산다"知者樂水 仁者樂山. 知者動 仁者靜. 知者樂 仁者壽라는 『논어』의 "옹야편"翁也篇을 거듭 생각하게 된다. 젊을 때는 가족과 함께 지중해 코르시카나 마요르카의 넓고 푸른 바다와 뜨거운 모래를 찾았으나, 이제는 이런저런 생각을 떠올리며 남부 독일이나 오스트리아의 그늘진 침엽수 길이나 우거진 숲속을 걷는 것이 편하다.

젊을 때는 베토벤, 브람스나 말러 교향곡의 열정적이며 큰 호소를 좋아했지만, 지금은 조용한 실내악이나 슈베르트, 슈만의 잔잔한 독일 가곡을 즐겨 듣는다. 그림도 마찬가지다. 아우구스트 마케August Macke나 프란츠 마크Franz Marc의, 강렬한 원색을 쓰며 자유로운 형식을 강조한 표현주의적 작품보다는 막스 리버만Max Liebermann의 작품처럼 순간에 포착된 대상의 직접적인 인상을 빛과 분위기로 조용하게 전달하는 인상주의적 계열의 작품이 더 좋아진다. 리버만이 살았던 별장이 지금 우리가 사는 곳에서 그렇게 멀지 않고, 그의 작품이 늘 전시되기 때문에 나는 가끔 찾는다.

'68년'은 분명히 저항의 시대였다. 한마디로 마르크스로 시작해서 마르크스로 끝나는 질풍노도의 시대였다. 이런 분위기에서 20대를 보낸 나는 당시의 화두였던 '해방'의 진정한 의미와 그것을 실천하는 문제를 안고 실로 많은 고민을 했다. 이로부터 얻은 나의 결론이 바로 '계몽'과 '해방'의 상호 보완성이었다. 해방이 되었다고 저절로 계몽에 도달할 수 없고, 계몽이 되었다고 당연히 해방으로 연결되지도 않는다. 전자의 대표적인 예는 주관주의적 맹동이다. 실천으로 세계를 변혁시킨다고 하지만 그것은 실천이 전제하는 이성의 바탕을 파괴한다. 후자의 대표적인 예는 냉소주의다. 스스로 세상만사를 다 알고 있다고 믿으며 팔짱을 낀 채 훈수나 두려 한다. 전자는 지식의 힘을 과소평가하고 후자는 이를 과대평가한다.

보드리야르가 지적했듯이, 베를린장벽이 무너진 '89년'을 전환점으로 해서, 한때 비관적이었던 우익은 낙관적으로, 낙관적이었던 좌익은 비관적으로 변했다. 또한 이를 기점으로 마르크스는 '죽은 개'처럼 취급당하고 '회의의 대가'였던 니체와 하이데거는 재림한 예수처

럼 떠받들어졌다. 마르크스의『정치경제학 비판』대신 니체의『권력
에의 의지』나 하이데거의『존재와 시간』이 철학과의 강의와 세미나
를 채우고 이들의 사상적 토양 위에서 이른바 탈현대가 만개했다.

사실 정치경제학 비판으로부터 출발해 현실 사회주의 이론과 실
천이 안고 있는 구체적인 한계에 대해 일찍부터 연구했음에도 나 또
한 소련과 동유럽 사회주의가 그렇게 빨리 몰락하리라고는 예견하지
못했다. 나는 인간 해방의 집단적 주체로서 요청된 '노동계급'이 자신
에게 부과된 혁명적 소명을 배반했다는, 당위성에 근거한 비판이 아
니라, 가령 하이데거의『존재와 시간』에 등장하는 '누구든지'Das Man
라는 인간 현존의 일상성과 평균성을 통해 현존 사회주의 몰락의 한
원인을 보게 되었다. 이런 사태가 일어나기 전에 동독의 루돌프 바로
Rudolf Bahro와 같은 체제 내 비판적 지식인들도, 개인의 자유와 자발성
을 보장하지 못하는 집단적 삶 탓에 생긴 '결여된 자율성'Subalternität
을 비판했다. 본디『공산당 선언』에도 "한 개인의 자유로운 발전이
모든 사람의 발전의 조건이 되는 그런 하나의 연합이 도래한다."라고
쓰여 있지, 많은 사람들이 생각하는 것처럼 "모든 사람의 자유로운
발전이 한 개인의 자유로운 발전의 조건이 되는 그런 하나의 연합이
도래한다."라고 쓰여 있지 않다. '개인의 자유로운 발전'을 동력으로
건설되는 세계, 마르크스도 그런 세계를 그렸다.

어떻든 이런 상황에서 이제 '역사는 끝났다'고 환호하며 신자유
주의 외에 어떤 이데올로기도 존재할 수 없다고 단언하는 이들을 비
웃듯, 9·11 사건이 '탈역사' 승리의 상징이었던 맨해튼의 거대한 쌍
둥이 빌딩을 잿더미로 만들었다. 그러나 내게 더 절실하게 다가온 문
제는 내가 성장했던 분단된 땅 위에 드리운 불길한 그림자였다. 자신

의 처지를 돌아보지 않고 덩달아 '역사의 끝'을 외치면서, 그렇지 않아도 고립무원의 처지에 빠진 상대방의 자존심을 상하게 만드는 오만은 결국 폭력적인 대응을 불러올 수도 있기 때문이다. 타자를 이해하기 위한 '내재적-비판적' 이론을 매개로 한, 실천의 장으로서 '남북 해외학자통일회의'를 추진했던 것은 그런 불행한 사태의 발전을 방지하기 위해 '경계인'으로서 내가 할 수 있는 일이었다.

그러나 시간이 흐르면서, '경계인'을 이해하거나 포용할 수 있는 전통과 역사가 없는 땅에서 이런 작업이 지속될 수 없다는 사실을 깨달았다. 불행한 일이지만 개인의 역량에는 한계가 있는 법이라고 나 스스로도 받아들였다. 하지만 둘로 갈라진 세계에서 '배제하면서 동시에 통합하는 제3'이 불가능하면 도대체 어떤 길이 가능할지를 늘 생각하게 되었다. 서로 싸우는 둘을 동시에 안으려다가 실패하면 어느 한쪽만을 택할 수도 있다.

그러나 비록 어렵고 고통스럽지만 둘을 동시에 포기하는 것이 바른 길이라고 생각했다. 한때 서독 유학을 결정하기 전 프랑스에 유학 가려고 생각할 때 읽었던, 앙드레 지드Andre Gide의 『좁은 문』La porte étroite의 한 장면이 떠오른다. "좁은 문으로 들어가라. 멸망으로 인도하는 문은 크고 그 길이 넓어 그리로 들어가는 자가 많고, 생명으로 인도하는 문은 좁고 길이 협착하여 찾는 이가 적음이니라."는 『마태복음』의 구절이 등장한다. 나 자신이 십자가를 지려고 '좁은 문'을 택했다는 뜻이 아니라, 내가 택하는 '제3'이 실은 '좁은 문'이라고 종종 생각했기 때문에, 읽은 지 반세기가 넘었어도 이 대목을 기억하고 있다.

이제 나는 반세기를 외국 땅에서 살고 있다. 오래, 그리고 멀리 떨어져 살아온 망명의 땅에서도 소중한 추억과 기억을 간직한 고향의 아름다운 언어를 잊지 않으려고 노력했다. 그러나 하이네가 고백한 것처럼 그런 노력이 꿈일 수도 있다. 그는 "낯선 곳에서"In der Fremde 라는 시에서 이렇게 읊었다.

> 나는 한때 아름다운 조국을 가졌다/ 그곳에는 떡갈나무가 높이 자랐고/ 제비꽃은 부드럽게 고개를 떨구었다/ 그것은 꿈이었다/ 나를 독일식으로 입맞춤하고/ 독일 말로(얼마나 좋게 들렸는지) 나에게 '나는 너를 사랑한다'라고 말했다/ 그것은 꿈이었다.

고향을 이야기하면 우리는 대부분 공간적·시간적·사회적·문화적으로 자신의 정체성을 키워 주었던 가까운 세계를 먼저 떠올린다. 그러나 이는 반드시 어떤 고정된 곳을 의미하지는 않는다. '낯선 고향'이나 '제2의 고향'이라는 말이 있듯이, 고향이지만 고향이 아니고, 오히려 현재 살고 있는 사회적 공간이 과거의 고향을 대신할 수도 있다. 이 말은 역설적으로 기억과 추억 속에 등장하는 고향은 실제로 존재하지 않는다는 사실을 의미한다. 따라서 고향은 '아무 데도 없는 곳', 즉 '유토피아'다. 이 점에서 고향은, 오늘날 컴퓨터를 통해 생성된 사이버 공간cyberspace이 구체적인 장소나 공간을 전제하지 않고서도 새로운 의미 지평을 열어 주는 것과 유사한 기능을 보여 준다.

그럼에도 우리 주위에는 죽기 전에 고향 땅을 한번 밟아 봤으면 한이 없겠다는 소박한 꿈을 이야기하는 사람도 많고, 고향을 '실지 회복'이라는 전투적 이데올로기 안에서 재확인하는 사람도 있다. 이런 사람들에게 고향은 유토피아가 아니라 구체적인 장소다. 실향민의 강한 향수가 그렇게 만들었다. 나는 독일 통일을 지켜보면서 이들 역시 언젠가는 깨어진 환상과 어려운 싸움을 할 것으로 생각한다. 우리는 매일 축제 분위기 속에서 살 수 없다는 프리드리히 폰 실러Friedrich von Schiller의 말처럼, 장벽이 무너진 직후의 기쁨은 그리 오래 지속되지 않았다. '마음의 통일'이 얼마나 어려운지를 일상생활을 통해 확인할 수 있었기 때문이다.

내게 '고향'은 우선 과거의 고향이 아니다. 물론 반세기를 외국 땅에서 살아온 내게 고향이 주는 무게는 결코 가볍지 않았다. 그러나 추억과 갈망을 뒤섞이게 만들었던 그런 고향을 현실 세계 안으로 끌어들이기가 얼마나 어려운지를 2003년과 2004년에, 37년 만의 귀향을 통해 나는 경험했다. 그렇다고 해서 이를 내 삶의 영역으로부터 완전히 축출할 수도 없다. 이방인으로서 소외를 경험할 때 고향은 그래도 어떤 방식으로든 외로운 영혼을 위로해 주었기 때문이다. 그래서 이런 상황이 나로 하여금 "아무 데도 없지만, 그러나 어딘가에 있을" Irgendwo im Nirgendwo 고향을 생각하게 만들었다.

그런 고향은 과거의 구체적 장소가 아니라 어느 누구도 아직 밟아보지 못한 미래의 '고향'이다. 아련한 향수만을 자아내는 곳이 아니라 희망을 지피는 곳이다. 여기서 나는 에른스트 블로흐Ernst Bloch가 '고향'Heimat 안에서 세계를 변혁시키는 과제를 해명하려고 했던 『세계로서의 실험』Experimentum Mundi의 한 구절을 떠올린다.

그럼에도 불구하고 세계는, 통속적인 비관주의나 전투적이지 않고 소모적인 낙관주의와 반대로 인식될 수 있으며, 따라서 변화시킬 수 있다. 우리뿐만 아니라 세계 그 자신도 아직 자기 집에 있지 않다. …… 과정을 거처 중재될 수 있는 것이지만, 아직 도착하지 않은 것, 소홀하게 대할 수 없는 것인 바로 이 고향은 진실 그 자체에 대한 마지막 증명이다. 유토피아라는 훌륭한 가능성의 핵심에는 바로 신뢰 속에서 (자기 집에) 도착하는 문제가 놓여 있다.

블로흐가 '고향'을 매개로 이야기한 '희망의 원칙'은 그래서 '아무 데도 없지만, 그러나 어딘가에 있을' 나의 '고향'에 하나의 단서를 제공한다.

과거의 고향은 사라졌지만 나를 포함해 아무도 밟아 보지 못한 미래의 '고향'을 함께 만들 수 있다는 희망은 여전히 남아 있다. 젊은 날에 지녔던 정의감, 신념 그리고 정열은, 반드시 있다고 믿었던 '고향'을 당장이라도 밟을 수 있으리라 생각하게 했지만 현실은 그렇지 않았다. 낙관이 체념으로 변하지는 않았으나, 낙관이 그저 낙관을 위한 자기변명이 아니라 생명력 있는 낙관이 되기 위해서는 긴 과정과 많은 실험이 필요하다는 것을 배우게 되었다. 블로흐는 이를 두고 '상장喪裝이 달린 낙관주의'Optimismus mit Trauerflor라고 표현한 적이 있다. 한마디로 절제할 줄 아는 낙관주의다.

나는 이를 은유적으로 '불타는 얼음'brennendes Eis이라고 부른다. 그것은 차세대 에너지원으로 떠오르고 있는 메탄히드라트Methanhydrat인데, 천연가스가 깊은 바다나 땅속에서 낮은 온도와 높은 압력에서 물의 분자와 결합해 형성된 고체 에너지원이며, 주성분은 메탄이다. 얼음처럼 생겼지만 새파란 불길을 지피면서 고열을 낸다. 가스가 오랜 시간의 인고 끝에 고체가 되고, 이것이 다시 열을 뿜어내면서 다시 대기 속으로 사라진다. 베토벤 음악의 전문가들 중에는 피아노 소나타 23번 〈열정〉Appassionata을, 그의 '영원한 연인' 요세피네 브룬스비크Josephine Brunsvik와 이루지 못한 사랑을 그렸다고 하기도 하고, 큰 의지로 기존 관계를 변혁시키고자 했던 투쟁이 해방으로 연결되지 못한 비극을 그 렸다고 평하지만, 나는 이 곡을 들을 때마다 '불타는 얼음'을 떠올린다.

미국 국민 시인의 한 사람으로 일컬어지는 로버트 프로스트Robert Frost는 "불과 얼음"Fire and Ice이라는 은유적인 짧은 시에서 열정의 표 상인 불과 증오의 표상인 얼음의 파괴적 속성을 경고했다. 그러나 나 의 '불타는 얼음'은 희망과 절망 그리고 또 희망, 낙관과 비관 그리고 또 낙관의 열린 과정을 은유적으로 묘사한다.

빠른 1악장이 폭발적인 지하 가스의 화학적 본성을 표현한다면, 느린 2악장은 이 가스가 바닷속 깊은 곳에서 압력을 받아 고체화되는 과정을 떠올리게 하며, 다시 빠르게 흐르는 마지막 3악장은 이 덩어 리가 산소와 결합되면서 다시 그 폭발적인 본성을 보이며 장렬하게 소멸되는 것으로 내 귀에는 들리기 때문이다. 3악장의 마지막에 가까 워지면서 숨 막힐 듯 격렬하게 움직이는, 러시아가 낳은 20세기 최고 의 피아니스트 스뱌토슬라프 리흐테르Swjatoslaw T. Richter의 손가락이 마지막 건반을 치고 남긴 여운은 마치 내가 지금 '고향'의 문 앞에 서 있음을 알려 주는 것처럼 들린다. 동시에 '아무 데도 없지만, 그러나 어딘가에 있을' 그 '고향'을 찾아가는 길이 쉽지 않고, 또 그 땅을 내 가 설사 밟지 못할지라도 슬퍼하지 말라는 위로의 소리로도 들린다. 내 삶이 끝나도 세계와 그의 시간은 여전히 열려 있기 때문이다.

# 약력

| | |
|---|---|
| 1944년 10월 12일 | 일본 도쿄에서 출생 |
| 1951~57년 | 광주 중앙초등학교 |
| 1957~60년 | 광주 서중학교 |
| 1960~63년 | 서울 중동고등학교 |
| 1963~67년 | 서울대학교 문리과대학 철학과, 문학사 |
| 1967~68년 | 독일 하이델베르크 대학(철학, 사회학, 경제사 전공) |
| 1968~72년 | 독일 프랑크푸르트 대학(철학, 사회학, 경제사 전공) |
| 1972년 6월 7일 | 독일 프랑크푸르트 대학, 철학 박사(Dr. Phil.) |
| 1972~77년 | 독일 뮌스터 대학, 사회학과 조교수 |
| 1974년 3월 1일 | 민주사회건설협의회 창립, 의장(1974~76, 1979~80) |
| 1977~83년 | 독일 베를린 자유대학, 동아시아학부 조교수 |
| 1982년 1월 20일 | 독일 뮌스터 대학, 사회학 교수 자격 취득(Habilitation) |
| 6월 20일 | 독일 뮌스터 대학, 취임 강연(Antrittsvorlesung) |
| 1988년 | 미국 롱아일랜드 대학, 철학과 초빙교수 |
| 1994~97년 | 독일 베를린 훔볼트 대학, 한국학과 초빙교수 |
| 1995~99년 | 중국 베이징, 5차에 걸쳐 매년 열린 남북해외학자통일회의, 해외 측 대표 |
| 2000년 7월 4일 | 제5회 늦봄통일상 수상 |
| 2003년 3월 | 평양, 제6차 남북해외학자통일회의, 해외 측 대표 |
| 9월 22일 | 민주화운동기념사업회 초청으로 37년 만에 고국 방문 |
| 10월 22일 | 〈국가보안법〉 위반 혐의로 수감 |
| 2004년 3월 26일 | 제3회 안중근평화상 수상 |
| 3월 30일 | 1심 선고 공판, 징역 7년 선고 |
| 7월 21일 | 2심 집행유예로 석방 |
| 8월 5일 | 독일로 돌아옴 |
| 2009년 10월 | 은퇴 |

# 저서

## | 한국어 |

『계몽과 해방 : 헤겔, 마르크스, 막스 베버에 있어서 동양 세계의 의미』(한길사, 1988).

『소련과 중국 : 사회주의사회에 있어서 노동자, 농민, 지식인』(한길사, 1990).

『현대와 사상 : 사회주의, (탈)현대, 민족』(한길사, 1990).

『전환기의 세계와 민족지성』(한길사, 1991).

『통일의 논리를 찾아서』(한겨레신문사, 1995).

『역사는 끝났는가』(당대, 1995).

『계몽과 해방』(당대, 1997, 증보판).

『21세기와의 대화』(한겨레신문사, 1998).

『민족은 사라지지 않는다』(한겨레신문사, 2000).

『경계인의 사색』(한겨레신문사, 2002).

『미완의 귀향과 그 이후』(후마니타스, 2007).

『불타는 얼음 : 경계인 송두율의 자전적 에세이』(후마니타스, 2017).

## | 독일어 |

● 저서

"Die Bedeutung der asiatischen Welt bei Hegel, Marx und Max Weber,"
Frankfurt/M. 1972 (Diss.).

*Wachstum, Diktatur und Ideologie in Korea, Bochum 1980* (Studienverlag
Brockmeyer)(편저).

*Sowjetunion und China, Egalisierung und Differenzierung im Sozialismus,*
Frankfurt/M.- New York 1984 (Campus-Verlag).

*Aufklärung und Emanzipation, Die Bedeutung der asiatischen Welt bei Hegel, Marx und
M. Weber* ("Die Bedeutung der asiatischen Welt bei Hegel, Marx und Max
Weber"의 증보 개정판), Berlin 1987 (Express-Edition).

*Südkorea, kein Land für friedliche Spiele*, mit M. Denis/E. Dischereit/R.Werning,
Reinbek 1988 (rororo aktuell Bd. 1080).

*Metamorphosen der Moderne, Betrachtungen eines Grenzgängers zwischen Asien und
Europa*, Münster 1990 (Wurf-Verlag).

*Korea-Kaleidoskop, Aktuelle Kontexte zur Wiedervereinigung*, Osnabrück 1995 (secolo
Verlag).

*Schattierungen der Moderne, Ost-West-Dialoge in Philosophie, Soziologie und Politik*,
Köln 2002 (PapyRossa Verlag).

*Wohin steuert Nordkorea?*, mit Hyundok Choe/Rainer Werning, Köln 2004
(PapyRossa Verlag).

*Korea, Von der Kolonie zum geteilten Land*, mit Rainer Werning, Wien 2012
(Promedia).

*Zur Konstitution der Moderne*(집필 중).

● 논문

"Südkorea: auf den Spuren der Japaner?," Offenbach a. M. 1984 (KoFo).

"Ist Japan ein Modell für Deutschland?" Berliner Beitrag zur sozial-und
   wirtschaftlichen Japanforschung, FU Berlin 1981; 개정판, Berlin 1985
   (Schiller Verlag).

"Zur Archäologie der Postmoderne." Begegnungen zwischen Orient und Okzident,
   FU Berlin 1988.

"Kapitalismus, soziale Bewegungen und Gesellschaftsformationen in Südkorea," Eine
   kritische Bestandsaufnahme, Münster 1990 (Wurf-Verlag) 등 60여 편.

# 찾아보기